SCHÄFFER
POESCHEL

Wolfgang Krüger

Unternehmensführung

Grundlagen des Managements

2015
Schäffer-Poeschel Verlag Stuttgart

Prof. Dr. Wolfgang Krüger lehrt und forscht im Bereich Unternehmensführung an der Fachhochschule des Mittelstands (FHM). Nach Tätigkeiten als Dekan des Fachbereichs Wirtschaft der FHM Bielefeld und als Leiter der FHM Hannover widmet sich der Autor schwerpunktmäßig der Frage der »digitalen Transformation« der Wirtschaft und deren Auswirkungen auf die Arbeitswelt von morgen.

Krüger war in leitender Position in der Bank- und Versicherungswirtschaft tätig und ist Autor und Mitherausgeber zahlreicher Schriften zu Managementthemen.

Gedruckt auf chlorfrei gebleichtem, säurefreiem und alterungsbeständigem Papier

Bibliografische Information der Deutschen Nationalbibliothek
Die Deutsche Nationalbibliothek verzeichnet diese Publikation in der Deutschen Nationalbibliografie; detaillierte bibliografische Daten sind im Internet über http://dnb.d-nb.de abrufbar.

Print ISBN 978-3-7910-3434-8   Bestell-Nr. 20276-0001
EPDF ISBN 978-3-7992-6977-3   Bestell-Nr. 20276-0150

© 2015 Schäffer-Poeschel Verlag für Wirtschaft · Steuern · Recht GmbH
www.schaeffer-poeschel.de
info@schaeffer-poeschel.de

Einbandgestaltung: Melanie Frasch/Jessica Joos (Foto: Shutterstock)
Satz: Claudia Wild, Konstanz
Druck und Bindung: Schätzl Druck, Donauwörth

Printed in Germany
August 2015

Schäffer-Poeschel Verlag Stuttgart
Ein Tochterunternehmen der Haufe Gruppe

Vorwort

Mit dieser Veröffentlichung werden die Ziele verfolgt,

▸ die Grundlagen der Unternehmensführung kompakt zu vermitteln,

▸ die Aktionsfelder des Managements abzustecken und

▸ die Herausforderungen des digitalen Wandels in allen Bereichen der Unternehmensführung zu verdeutlichen.

Vom Leser wird erwartet, dass er mit betriebswirtschaftlichen Grundlagen vertraut ist, bzw. sich die Bedeutung verwendeter Schlüsselbegriffe, wie beispielsweise »Gesamtkapitalrendite«, durch Literaturstudium oder per Mausklick aneignet.

Auf eine breite und tiefe Auseinandersetzung mit theoretischen Ansätzen, beispielsweise zur Marktforschung, zur Motivationslehre oder zur Wertermittlung von Unternehmen wird weitgehend verzichtet. Allerdings werden diese Themen in einen systematischen Zusammenhang gestellt und an praktischen Beispielen erläutert. Fallstudien, z. B. zu Auseinandersetzungen in Familienunternehmen, haben exemplarische Bedeutung und sollen regelhafte Mechanismen verdeutlichen, zu denen auch Konflikte gehören.

Den Hauptakteuren der Unternehmensführung, den Managerinnen und Managern, ist das erste Kapitel gewidmet. Dabei wird zum einen der Frage nachgegangen, welche Bedeutung Persönlichkeitsmerkmale, Kompetenzen und Verhaltensweisen für die Ausübung der Tätigkeit und für Managerkarrieren haben können. Zum anderen werden idealtypisch die Funktionen, Aufgaben und Rollen des Managements dargestellt und zugleich vor dem Hintergrund des realen Managementalltags »geerdet«.

Die Veröffentlichung dieses Buches fällt in eine Zeit, in der das Thema Industrie 4.0 in aller Munde ist. Auch wenn das öffentliche Interesse an diesem Thema erfahrungsgemäß schnell nachlassen wird, werden die Auswirkungen cyber-physischer Systeme und von Big Data-Clouds alle Bereiche der Unternehmensführung erheblich verändern. Die Folgen dieser vierten industriellen Revolution für die unternehmerische Wertschöpfung aufzuzeigen, von der »Forschung und Entwicklung«, über die »Produktion« bis zum »Marketing« und das »Personalwesen«, wird in diesem Buch durchgängig versucht.

Prof. Dr. Wolfgang Krüger, August 2015

Inhaltsverzeichnis

1 Management als Aufgabe

Leitfragen

Was verstehen wir unter Management?

▸ Management im internationalen Kontext

▸ Begriffsklärung und Definition

Wie sieht das Handlungsfeld des Managements aus?

▸ Die Funktionen des Managements

▸ Die Aufgaben des Managements

▸ Die Rollen des Managements

Was begünstigt Managerkarrieren?

▸ Persönlichkeitsfaktoren

▸ Kompetenzen

▸ Ergebnisse

Wie erfolgt der Karriereeinstieg ins Management?

▸ Karrierewege

▸ Bewertung von Managerpositionen

1.1 Management: Begriff und Bedeutung

Management ist ein international gültiger und zur globalen Verständigung beitragender Terminus. Mit Management wird zum einen der Personenkreis der Manager selbst bezeichnet. Zum anderen deren Tätigkeit der Führung, Planung, Organisation und Problemlösung in Unternehmen.

In der Praxis des Managements trägt die weltweite Vernetzung der Wirtschaft mit dazu bei, dass über Ländergrenzen und Kontinente hinweg gleich in zweifacher Weise *eine* Sprache gesprochen wird:

▸ Zum einen dient Englisch in der persönlichen Kommunikation und bei internationalen Managementmeetings als gemeinsame Arbeitssprache.

▸ Zum anderen verfügen die Beteiligten, trotz interkultureller Unterschiede, über einen identischen Verständigungshintergrund: die angelsächsische Tradition der Managementlehre und die Terminologie. Fragen der Internationalen Rechnungslegung (International Financial Reporting Standards, IFRS), der Digitalisierung der Wirtschaft (Cyber Physical Systems) oder des Kunden-Beziehungs-Managements (Customer-Relationship-Management) stellen sich dem Management in gleicher Weise in Tokio, Los Angeles, Stockholm und Düsseldorf.

Auch die *wissenschaftliche Beschäftigung mit Managementfragen* in der internationalen »Scientific Community« basiert auf einer angelsächsischen Tradition der Managementlehre. In dieser Forschungstradition begründet ist auch der pragmatische

Angelsächsische Tradition

Gemeinsame Sprache

Forschung

Ansatz, Ergebnisse der wissenschaftlichen Forschung und Lehre praktisch zur Anwendung kommen zu lassen. Das schlägt sich nieder in zahlreichen populären Fachbüchern und Managementratgebern, die mit etwas zeitlichem Verzug auch in deutscher Übersetzung auf den Markt kommen.

Die Balanced Scorecard

▶▶▶ David P. Norton leitete zusammen mit Robert S. Kaplan, Professor an der Harvard Business School, 1990 eine Auftragsstudie mit dem Ziel, das ausschließlich an quantitativen Kennziffern orientierte Berichtssystem um qualitative Messgrößen zu erweitern. Das schließlich vorgelegte Konzept der Balanced Scorecard (ausgewogener Berichtsbogen) fand schnell Umsetzung in der Wirtschaft und verbreitete sich über die USA hinaus. Unternehmensberater hatten gut zu tun und die Zahl der Fachbücher wuchs schnell an. ◀◀◀

Die Forschung und Lehre auf dem Gebiet des Managements hat sich auch im deutschsprachigen Raum in den letzten Jahrzehnten eigenständig etabliert und von der allgemeinen Betriebswirtschaftslehre gelöst. Auch wenn beide Wissensgebiete eng miteinander verknüpft sind, ist die Managementlehre stärker auf praktische Umsetzung ausgerichtet. Entsprechend haben sich an der Schnittstelle zwischen theoretischen Managementkonzepten und praktischer Umsetzung an der Peripherie oder außerhalb von Universitäten viele kleine und große Managementberatungen etabliert. Die ganz großen Beratungsgesellschaften verfügen neben dem systematischen Informations-Research über eigene Entwicklungsteams für Konzepte, Systeme und praktische Problemlösungen. Damit wird der zunehmenden Komplexität der Managementaufgaben und der wachsenden Nachfrage nach Beratungsdienstleistungen entsprochen.

Information

Management als Alltagsbegriff

Management ist zu einem modernen Alltagsbegriff geworden. Die Spannbreite seiner Verwendung reicht von der Tätigkeit eines CEO (Chief Executive Officer) im Top-Management eines Weltkonzerns bis hin zum Kindergarten-Management durch die Leitung einer städtischen Einrichtung. Die Transaktion von Geldbeträgen in Millionenhöhe erfolgt, beispielsweise bei Konzernen wie Amazon oder Siemens, durch Führungskräfte im Finanz-Management. Begeben sich diese Manager – um beim Beispiel zu bleiben – vom Sitz ihrer Zentralen in Seattle oder München auf eine Geschäftsreise, werden sie auf den Flughäfen durch ein »Warteschlangen-Management-System«

vom Check-in über die Kontrollen bis zum Einstieg ins Flugzeug geleitet. Auch im privaten Bereich hat der Begriff Einzug gehalten: Man managt seinen Haushalt und die Kleinfamilie. Was früher verwaltet, organisiert oder ausgeführt wurde, wird heute mit dem Begriff Management versehen. Management ist inhaltlich auch nicht auf den Wirtschaftssektor allein beschränkt, sondern ist in allen gesellschaftlichen Bereichen populär geworden: Auch Non-Profitorganisationen, Vereine, Verbände und soziale Einrichtungen werden gemanagt. Erforderlich ist also eine Begriffsbestimmung im Kontext der Unternehmensführung.

Vor dem Hintergrund der skizzierten internationalen Verwendung des Begriffs Management in der Unternehmenspraxis, der Wissenschaft, der Managementliteratur und in der Unternehmensberatung wird hier im Folgenden dieser Terminus konsequent verwandt. Der angelsächsische Begriff »Business Administration« hat sich nicht durchgesetzt. Der im deutschen Sprachraum gebräuchliche Begriff »Unternehmensführung« markiert seinen Geltungsbereich zwar eindeutiger als der Begriff Management, findet aber im globalen Kontext keine Resonanz. Der Einfachheit halber verwenden wir aber beide Begriffe synonym.

In Abgrenzung zu der popularisierten Begriffsverwendung wird der Terminus Management hier auf den Kontext erwerbswirtschaftlich ausgerichteter Unternehmen beschränkt. Dem entspricht die folgende Definition.

Management in erwerbswirtschaftlich ausgerichteten Unternehmen

> Management umfasst die zielorientierte Planung und Steuerung erwerbswirtschaftlich handelnder Unternehmen und seiner Teilfunktionen mit der Absicht der Gewinnerzielung.

1.2 Funktionen, Aufgaben und Rollen des Managements

Die folgende systematische und schematische Darstellung der Funktionen, Aufgaben und Rollen des Managements darf nicht darüber hinwegtäuschen, dass der Managementalltag von Aktualität, Problemen und Entscheidungssituationen geprägt ist. Die aktuelle Ereignisfolge im Unternehmensalltag erfordert häufig den situativen »Troubleshooter«, dessen Entscheidungen und Handlungen zu Mosaiksteinen eines Unternehmensplans werden. Mintzberg spricht in diesem Zusammenhang von vier Mythen, die er durch Beobachtungen und empirische Erhebungen zu widerlegen versucht:

Mythen des Managementalltags nach Mintzberg

▸ *Der Manager handelt als reflektierender, systematischer Planer*.
  Mintzberg stellt dagegen fest, dass bei seinen Beobachtungen von Führungskräften, die Hälfte ihrer Handlungen weniger als neun Minuten dauern und nur 10 Prozent der Handlungen eine Stunde überschreiten.
▸ *Der effektive Manager ist von Routineaufgaben befreit; diese delegiert er und widmet sich seinen originären Aufgaben*.
  Beobachtungen zeigen, dass Manager bis in die oberste Hierarchiestufe, teils gedrängt, teils gewollt sich in hohem Maße Routineaufgaben widmen.
▸ *Der Top-Manager stützt sich auf aggregierte Informationen, die vorzugsweise von einem Management-Informationssystem bereitgestellt werden*.
  Die Beobachtungen zeigen dagegen, dass Führungskräfte im hohen Maße auf unterschiedliche Formen der verbalen Kommunikation vertrauen. Dabei werden auch Informationen aufgenommen, die als Klatsch, Gerede und Spekulation klassifiziert werden können.

Unternehmensführung ist durch analytisches und professionalisiertes Handeln gekenn-zeichnet. Dem gegenüber steht, dass viele Manager sich auf subjektive Urteile und Intuitionen verlassen (vgl. Mintzberg, H. 1991; Macharzina, K. Wolf, J. 2010).

Dieses »menschliche Bild vom Manager« bedeutet aber nicht, dass die Funktionen Aufgaben und Rollen nicht erfüllt werden müssen. Sie werden im Ereignisstrom des Alltags allerdings fragmentiert und zeitlich versetzt wahrgenommen. Zudem kann strategische Planung nicht nebenher erfüllt werden. Dazu bedarf es besonderer Sitzungen und Workshops, die in den Jahresplan des Managements eingepasst werden müssen (vgl. Kapitel 3).

1.2.1 Funktionen des Managements

Der im Kapitel 1.1 vorgenommenen Definition des Managements entsprechend, lassen sich die Basisfunktionen des Managements in einem zirkulären Kreislaufmodell darstellen (vgl. Abbildung 1-1).

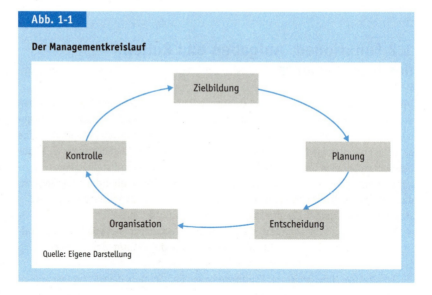

Abb. 1-1

Der Managementkreislauf

Zielbildung

Kontrolle

Planung

Organisation

Entscheidung

Quelle: Eigene Darstellung

Beispiel **Eröffnung neuer Filialen einer Optikerkette**

▸▸▸ Im Rahmen der strategischen *Zielbildung* des Unternehmens wird die Eröffnung von Filialen in einem neuen Auslandsmarkt beschlossen. Auf der Basis von Marktstudien sowie Kosten- und Ertragsberechnungen (Mietkosten, Lage, Käuferströme, Umsatzschätzung usw.) wird anschließend eine *Planung* vorgenommen, woraufhin das Management die *Entscheidung* trifft, in einem ersten Schritt an drei Standorten innerhalb von zwölf Monaten Filialen zu eröffnen. Die *Organisation* der Maßnahmen schließt den Zeitplan, die Logistik, den Umbau und die Einrichtung der Filialen ein. Der Vorstand lässt sich im Sinne der *Kontrolle* über den Fortgang der Aktivitäten berichten. Auf der Basis der fortlaufenden Kosten- und Ertragsrechnung erfolgt in der Folgeperiode erneut eine Zielplanung für die Filialexpansion, gefolgt wiederum von Planungen, Entscheidungen usw. ◄◄◄

Das Beispiel verdeutlicht, dass das Top-Management immer nur punktuell in den Managementkreislauf unmittelbar einbezogen ist. Der strategische Impuls und die Entscheidungen gehen von dort aus. Ansonsten sind die für die Unternehmensfunktionen Einkauf, Produktion, Marketing/Vertrieb, Organisation usw. (vgl. Kapitel 4) zuständigen Managementebenen mit der Umsetzung des Vorhabens betraut (Abbildung 1-2).

Idealtypisch sind die Verantwortlichkeiten im Handlungs- und Aufgabenfeld des Managements über drei Hierarchiestufen verteilt. Mit aufsteigender Hierarchie nehmen die Komplexität des Handlungsfelds und der Aufgaben, aber auch der Status und die Einkommens- und Einflussmöglichkeiten zu. Das Top-Management ist die strategische Entscheidungsinstanz und von hier aus müssen die Steuerung und das Controlling aller Managementprozesse erfolgen.

Top-down werden im Delegationsverfahren (nach vorausgehenden Abstimmungsprozessen) Managementaufgaben und Verantwortlichkeiten an das Mittelmanagement bzw. das untere Management übertragen. Das Delegationsprinzip besagt aber, dass die letztendliche Verantwortlichkeit für Entscheidungen und Handlungen (und Fehler) auf unteren Managementebenen vom Top-Management verantwortet wird.

Das Top-Management wird per Vertrag – zumeist befristet – von den Eignern bzw. Kapitalgebern eines Unternehmens mit der Wahrnehmung der Managementaufgaben beauftragt. Je nach Gesellschaftsform des Unternehmens ist das Top-Management gegenüber einem Aufsichtsrat, einem Beirat und einer Aktionärs- bzw. Gesellschafterversammlung berichtspflichtig und wird von diesen Instanzen kontrolliert.

Top-down und Bottom-up

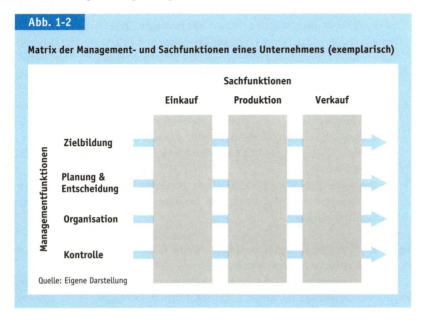

Abb. 1-2

Matrix der Management- und Sachfunktionen eines Unternehmens (exemplarisch)

Quelle: Eigene Darstellung

Abb. 1-3

Hierarchiestufen im Management

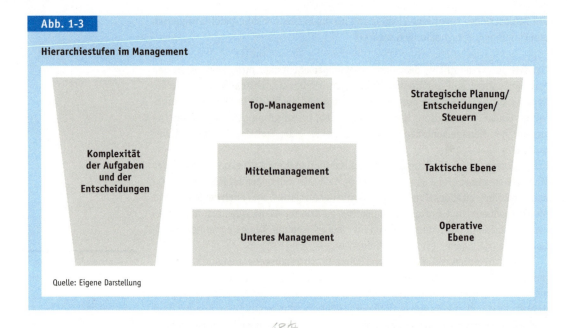

Quelle: Eigene Darstellung

Wie und in welchem Umfang auf den einzelnen Hierarchieebenen Managementfunktionen wahrgenommen werden und welche Erfolge und Misserfolge des Unternehmens daraus mittelbar und unmittelbar resultieren, ist im Sinne eines Ursache-
Wirkungszusammenhangs nicht immer eindeutig nachvollziehbar. Folgende Gründe
lassen sich dafür anführen:

Messbarkeit von Erfolgen und Misserfolgen

▶ Die Aktivität und der Aktionsradius des mittleren und unteren Managements hän-
gen stark davon ab, in welchem Umfang und in welcher Qualität auf der obersten
Hierarchieebene (nach einer Phase der Top-down- und Bottom-up-Abstimmung)
Ziele definiert, Planungsaufträge erteilt und Entscheidungen getroffen werden.
Auch das Maß und die Konsequenz der Kontrolle durch das Top-Management ent-
scheiden mit über das Verhalten auf den nachgeordneten Ebenen.

▶ Im weiter oben dargestellten Beispiel der Eröffnung neuer Filialen einer Optikerkette im Ausland lässt sich die Realisierung des Vorhabens zwar zeitnah überprüfen. Strategisch orientierte Zielsetzungen und Entscheidungen führen zu Aktivitäten, deren Resultate sowie Folge- und Nebenwirkungen sich aber erst langfristig
auswirken.

▶ Die Menge der Ziele, Pläne, Entscheidungen und organisatorischen Umsetzungs-
aktivitäten sagt nichts über die Qualität der damit verbundenen unternehmerischen Leistungen aus.

Im Kapitel 1.3.3 wird allerdings dargestellt, wie der individuelle Ergebnisbeitrag von
Managern messbar gemacht werden kann.

Um die Überprüfbarkeit und Ergebnisorientierung bei der Wahrnehmung der
Managementfunktionen zu steigern, müssen folgende Qualitätskriterien angelegt

Qualitätskriterien für Managementfunktionen

werden (an denen auch die Qualität des Managements bei der Ausübung der Managementfunktionen gemessen werden kann):

▸ Ziele müssen klar und eindeutig und messbar formuliert werden.

▸ Planungsverantwortung wird eindeutig und transparent verteilt.

▸ Entscheidungen werden abgestimmt und eindeutig und transparent getroffen.

▸ Kontrolle erfolgt prozessual *und* zu bestimmten, vorher vereinbarten *Meilensteinen*.

Fehlt es in einem Unternehmen an einer starken Führung und werden diese Qualitätskriterien nicht eingehalten, kann sich der Managementkreislauf als störanfällig erweisen.

Berater die von außen in ein Unternehmen kommen, diagnostizieren aufgrund ihrer Interviews mit Führungskräften und Mitarbeitern häufig folgende Funktionsstörungen:

Diagnose: Funktionsstörungen im Managementkreislauf

▸ Orientierungsprobleme: keine oder zu viele widersprüchliche Ziele.

▸ Planungswirrwarr: Der eine weiß vom anderen nichts.

▸ Aktionismus: Die Organisation und Umsetzung von Maßnahmen läuft parallel und unkoordiniert.

▸ Kontrollvakuum: Rückkopplungen und Feedback bleiben aus.

Neben der Einhaltung der oben genannten Qualitätskriterien ist für eine wirksame abteilungsübergreifende Wahrnehmung der Managementfunktionen ein ständiger Prozess horizontaler und vertikaler Abstimmungen zwischen den Führungskräften erforderlich. Das setzt ein offenes, sachbezogenes Klima voraus, in dem Ziele, Pläne und Entscheidungen immer wieder gemeinsam auf Plausibilität geprüft werden und die notwendige Nachjustierung vorgenommen wird.

1.2.2 Aufgaben des Managements

Hauptaufgabe eines erwerbswirtschaftlich agierenden Managements ist es,

▸ an Märkten gewinnbringend Produkte und Dienstleistungen zu platzieren,

▸ die Finanzierung und Liquidität des Unternehmens jederzeit sicherzustellen und Risiken zu minimieren,

▸ die Strukturen und Prozesse des Unternehmens funktionsfähig zu halten und zielorientiert zu steuern.

Damit ist das Handlungsfeld des Managements aber nicht abschließend beschrieben. Die Komplexität des Unternehmens fordert vom Top-Management die Wahrnehmung weiterer Aufgaben, die in der letztendlichen Verantwortung nicht delegierbar sind (vgl. Abbildung 1-1). Dabei ist das Management allerdings auf die Zuarbeit anderer Instanzen und Personen angewiesen.

Top-Management

Um den Erfolg oder Misserfolg bei der Wahrnehmung dieser Aufgaben erkennen zu können, bedarf es definierter Kriterien, an Hand derer die Manager selbst im Sinne der Selbstevaluation, aber auch die Aufsichtsgremien und Investoren die Aufgaben-

Erfolgskriterien für Manageraufgaben

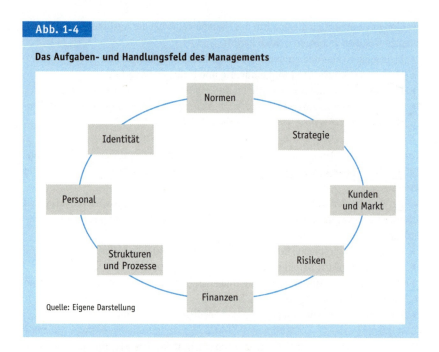

Abb. 1-4

Das Aufgaben- und Handlungsfeld des Managements

Quelle: Eigene Darstellung

erfüllung durch das Management beurteilen können. Auch wenn diese Kriterien sich nicht immer eindeutig quantifizieren lassen und das Management nicht allein und ausschließlich den Erfolg oder Misserfolg eines Unternehmens verantwortet, werden die im Folgenden detaillierten Aufgaben mit Erfolgskriterien versehen.

Normative Verantwortung

Werteorientierung

Ein Unternehmen bewegt sich in einem *rechtlich-verbindlichen Rahmen* (vgl. Kapitel 2.1), für dessen Beachtung und Einhaltung das Top-Management verantwortlich ist. Wird beispielsweise gegen Umweltauflagen verstoßen, haften die geschäftsführenden Manager, auch wenn die fachliche Verantwortung auf einer anderen Führungsebene angesiedelt sein kann. Im *nicht verbindlichen Ermessensspielraum* des Managements liegt es, eigene normative Richtlinien und Positionierungen im Sinne von Leitbildern (vgl. Kapitel 2.2) zu initiieren. Das Management stellt also eine normative Instanz im Unternehmen dar. Das Management muss dafür Sorge tragen, dass normative Ansprüche auf allen Führungs- und Mitarbeiterebenen eingehalten und umgesetzt werden. Für die Einhaltung normativer Ansprüche muss sich das Management gegenüber den Shareholdern und Stakeholdern verantworten.

Erfolgskriterien:
▸ Quote an gerichtlichen Auseinandersetzungen
▸ Reportingergebnisse zur Corporate Governance, zum Compliance-Management und zu den Nachhaltigkeitszielen (vgl. Kapitel 2.2.1/2.2.2).

Strategische Beharrlichkeit

Top-Aufgabe für
das Top-Management

Zu der übergeordneten Verantwortung des Managements gehört es, zusammen mit internen Verantwortungsträgern und externen Experten Antworten auf folgende Fragen zu suchen:

▶ Wie geht es in der nahen und ferneren Zukunft mit dem Unternehmen weiter und wo wollen wir hin? (Strategisches Management)

▶ Wie sehen die Landkarten, Meilensteine und Zeitpläne aus, die zu dem Ziel führen sollen? (Taktisches Management)

▶ Wie werden die Ziele und Pläne durch Maßnahmen und Prozesse realisiert? (Operatives Management).

▶ Wie lassen sich Innovationen durch Projekte steuern (Projektmanagement)?

Die Beantwortung dieser Fragen dient dazu,

▶ Ziele zu definieren,

▶ Pläne zur Erreichung der Ziele aufzustellen,

▶ Entscheidungen zu treffen,

▶ den Prozess der Umsetzung von Plänen und der Erreichung von Zielen zu steuern,

▶ Ziel- und Plankorrekturen vorzunehmen.

In der Verantwortung des Managements ist es, die wichtigsten Personen und Abteilungen, die an der Strategieumsetzung beteiligt sind, in den Prozess einzubeziehen, und mithilfe von Kennziffern, den Fortschritt und die Abweichungen der Strategieumsetzung zu kontrollieren und zu steuern.

Erfolgskriterien:
▶ Shareholder Value (vgl. Kapitel 2.3.1)
▶ Zielerreichung
▶ Betriebswirtschaftliche Kennziffern.

Kunden und Märkte

Bodenhaftung

Während in mittelständischen Unternehmen mehr auf unmittelbaren Kundenkontakt des Managements Wert gelegt und auf diese Weise eine Vertrauensbasis aufgebaut wird, die von langer Dauer ist, setzen Großunternehmen – der großen Zahl der Kunden entsprechend – mehr auf ein professionelles Marketing. Die häufig zu hörende Kritik am Management in Großunternehmen ist, dass sie den Kontakt zu den Zielgruppen und Märkten ihrer Produkte und Dienstleistungen verloren haben. Gutes Management zeichnet sich auch in Großunternehmen dadurch aus, dass Manager sowohl im B2B-Geschäft als auch im B2C-Geschäft regelmäßig Kundenkontakt haben. CEOs von McDonald's – beispielsweise – stehen deshalb mehrfach im Jahr in den Filialen ihrer Franchisenehmer.

Erfolgskriterien:
▶ Customer Value (vgl. Kapitel 2.3.1)
▶ Marktposition und Wachstum
▶ Kundenbindung und Kundengewinnung.

Risikobewusstes Handeln

Vorsicht

Mit zunehmender Größe eines Unternehmens wird das Risikomanagement institutionalisiert und spezialisiert. Ob Risikomanagement in kleineren Unternehmen »Chefsache« ist, oder es eigene Abteilungen hierfür gibt, das Management muss in irgendeiner Weise über ein Sensorium verfügen, Risiken frühzeitig zu erkennen:

- Risiken der Markt- und Wettbewerbsentwicklung (z. B. Preisattacke eines Wettbewerbers),
- Risiken der internen Prozesse und Abläufe (z. B. Qualitätsmängel),
- Rechtliche Risiken, beispielsweise bei der Nichteinhaltung gesetzlicher Vorgaben, der Corporate Governance- und der Compliancegrundsätze (vgl. Kapitel 2.2).

Erfolgskriterien:
- Risikoeintrittsquote.

Beispiel **LEHMAN BROTHERS**

▸▸▸ Nach dem spektakulären Zusammenbruch des Investmenthauses Lehman Brothers 2008, konnte bei einer Befragung durch einen Senatsausschuss der CEO die Konstruktion der eigenen Investmentpapiere, die das Unternehmen in den Ruin getrieben hatten, und die Mitverursacher einer weltweiten Finanz- und Wirtschaftskrise waren, nicht erklären. ◂◂◂

Finanzen

Solides Wirtschaften

Die Stabilität eines Unternehmens und seine Wachstumschancen durch Investitionen hängen entscheidend von seiner Finanzierung ab. Top-Management-Aufgabe ist es, mit Kreditgebern (Banken) und möglichen Investoren (Private Equity) oder durch die Nutzung anderer Finanzierungsinstrumente (z. B. die Emission von Schuldverschreibungen) die kurz-, mittel- und langfristige Finanzierung des Unternehmens zu sichern. Auch die Sicherung der Liquidität gehört zu den Aufgaben des Managements in diesem Bereich.

Erfolgskriterien:
- Bilanz- und Finanzstruktur
- Liquidität.

Strukturen und Prozesse

Komplexität beherrschen

Unternehmen sind keine statischen Institutionen, sondern sie bewegen sich in einem dynamischen Marktumfeld. Entsprechend müssen die Aufbauorganisation und die Abläufe ständig darauf hin untersucht werden, ob das Unternehmen richtig am Markt aufgestellt ist und seinen strategischen Auftrag optimal erfüllt. Organisatorischer Wandel darf allerdings nicht zum Selbstzweck werden, sondern erfordert aus der Perspektive der Kunden und den Kundenbedürfnissen ständige Anpassungsleistungen.

Erfolgskriterien:
- Effektivitäts-, Effizienz- und Qualitätskennziffern.

Personal

Die Steigerung des Unternehmenswertes (Shareholder Value), die Steigerung der Kundenbindung und Kundenzufriedenheit (Customer Value) und die Loyalität und Produktivität der Mitarbeiter (Human Resources Value) werden hier als zentraler normativer Auftrag der Unternehmensführung verstanden (vgl. Kapitel 2.3.1). Personal kann demnach für das Management nicht auf einen bilanziellen Aufwandsposten reduziert werden, sondern bedarf einer eigenständigen Strategie (vgl. Kapitel 6).

Human Resources Value

> Erfolgskriterien:
> ▸ Human Resources Value (vgl. Kapitel 2.3.1)
> ▸ Fluktuationsquote
> ▸ Bindung und Gewinnung von Top-Performern.

Identität

Erfolgreiche Unternehmen sind stets darum bemüht, am Markt Produkte und Dienstleistungen mit *Alleinstellungsmerkmalen* im Vergleich zu den Wettbewerbern zu platzieren und mit unverwechselbaren Marken wahrgenommen zu werden. Erfolgreiche Marken bieten zugleich Identifikationsmöglichkeiten für die Mitarbeiter des Unternehmens. Weitere Identifikationsmöglichkeiten bietet eine Unternehmenskultur, die durch eine positive Tradition und eine mitarbeiterorientierte Führungspraxis gekennzeichnet ist. Markenbildung nach außen und innen und aktive Gestaltung einer beteiligungsoffenen Unternehmenskultur sind Aufgabe des Managements. Marken aufzubauen und eine *Corporate Identity* zu schaffen, ist zwar Aufgabe aller Funktionsbereiche und Managementebenen des Unternehmens. Sensoren für diese Prozesse zu installieren und Initiativen zu ergreifen, obliegt allerdings dem Top-Management.

Corporate Identity

Die Unternehmenskommunikation nach innen und außen wird auch durch den Auftritt und die Repräsentanz des Managements in der Öffentlichkeit bestimmt. Gerade in der Krisenkommunikation zeigt sich, ob das Management dieser Aufgabe gewachsen ist.

> Erfolgskriterien:
> ▸ Image
> ▸ Markenwert

1.2.3 Die Rollen des Managements

Die definierten Funktionen und Aufgaben des Managements und deren Erfüllung decken aber nur einen Teil des Handlungsfeldes ab. Ein anderer Teil des Handlungsfeldes wird durch Rollen und Rollenerwartungen der sozialen Bezugsgruppen, z. B. der Investoren, der Mitarbeiter oder der Öffentlichkeit explizit oder implizit definiert. Dabei gibt es keinen offiziellen Spielplan für die Wahrnehmung der einzelnen Rollen. Allerdings achten die sozialen Bezugsgruppen durchaus darauf, ob, und in welchem Umfang Manager diese Rollen wahrnehmen. Das Maß, in dem Manager ihre

Soziale Erwartungen

Rollen
Stellenwert

Intensität
Situation

Zeit und Energie auf Haupt- und Nebenrollen verteilen, entscheidet mit über ihre Effizienz. Räumt ein Manager repräsentativen Rollen einen hohen Stellenwert ein und vernachlässigt dabei seine Hauptrolle als Impulsgeber und Treiber von Neuerungen und Veränderungen, dann kann das möglicherweise dem persönlichen Ego und der gesellschaftlichen Wertschätzung des Managers, aber weniger der Zukunftssicherung des Unternehmens dienen. Die Intensität der Wahrnehmung der einzelnen Rollen hängt auch von der wirtschaftlichen Situation des Unternehmens und der Aktualität von Ereignissen ab. In einer schwierigen Entwicklungsphase des Unternehmens ist es für den Manager nicht opportun, viel Zeit, z. B. für Funktionsrollen in Branchen- und Fachverbänden aufzubringen. Spielt der Manager eine gewählte Rolle bei Tarifverhandlungen, ist das Zeitfenster für diese Verpflichtung begrenzt.

Rollenkonflikte

Rollenkonflikte

Beziehungen

Darüber hinaus kann die Wahrnehmung von Rollen mit objektiven und persönlichen, sehr menschlichen Rollenkonflikten verbunden sein. Rollenerwartungen spiegeln zum Teil die oben ausgeführten Managementfunktionen und Managementaufgaben wider, zum Teil gehen sie darüber hinaus.

Abb. 1-5

Das Rollen- und Beziehungsgeflecht des Managements

Quelle: Eigene Darstellung

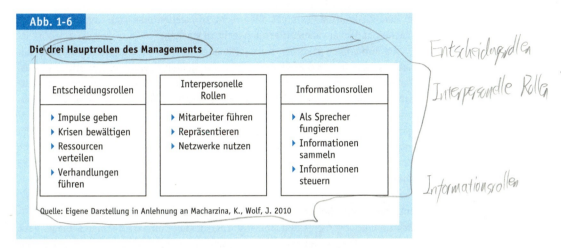

Abb. 1-6

Die drei Hauptrollen des Managements

Entscheidungsrollen	Interpersonelle Rollen	Informationsrollen
▸ Impulse geben ▸ Krisen bewältigen ▸ Ressourcen verteilen ▸ Verhandlungen führen	▸ Mitarbeiter führen ▸ Repräsentieren ▸ Netzwerke nutzen	▸ Als Sprecher fungieren ▸ Informationen sammeln ▸ Informationen steuern

Quelle: Eigene Darstellung in Anlehnung an Macharzina, K., Wolf, J. 2010

(handschriftliche Notizen am Rand: Entscheidungsrollen, Interpersonelle Rollen, Informationsrollen)

In diesem Rollen- und Beziehungsgeflecht unterscheiden Macharzina und Wolf drei Hauptrollen (vgl. Macharzina, K., Wolf, J. 2010, S. 638), siehe Abbildung 1-6.

Im Einzelnen lassen sich die Rollen wie folgt beschreiben.

Impulse geben

(handschriftliche Notiz: Impulse geben = Entwicklungen)

Als *Impulsgeber* treiben Manager Entwicklungen an, indem sie zum Beispiel Aufträge zur Neuentwicklung von Produkten, zur Überprüfung der Organisationsprozesse oder zur Einführung eines neuen Vergütungssystems für den Außendienst erteilen und Projekte initiieren. Bedenkt man, dass in dem oben skizzierten Aufgabenfeld von Managern acht Hauptaufgaben verortet sind, dann führt die Nachverfolgung der erteilten Aufträge und Projekte zu einer starken Beanspruchung und Fragmentierung im Managementalltag. Ein möglicher Zielkonflikt besteht darin, die richtige Balance zwischen Bewahrung und Veränderung zu finden. *(Randnotiz: Veränderungstreiber / Aufgaben)*

Als *Krisenbewältiger* müssen Manager dann auftreten, wenn akut interne oder externe Risiken eintreten. Dazu können beispielsweise gravierende Probleme im digitalen Informations- und Kommunikationssystem oder Unruhen in der Belegschaft gehören. Extern kann es eine Niedrigpreisattacke eines Mitbewerbers oder der drohende Ausfall der Belieferung mit Rohstoffen oder Waren sein. Hier ist der Manager als Troubleshooter gefragt. Beim Troubleshooting kann es – um im Bild zu bleiben – Verletzungen bei den beteiligten Akteuren geben, andererseits muss das Problem gelöst werden. Hierin besteht ein möglicher Zielkonflikt. *(Randnotiz: Troubleshooter / Krisenbewältiger / Risiken, Probleme)*

Die *Zuteilung von Ressourcen* erfolgt zumeist im Rahmen einer Budgetierung. Dennoch werden ständig Ressourcenanforderungen aufgrund notwendiger außerordentlicher Investitionen und bei kurzfristigen Projekten gestellt. Eine besondere Form der Ressourcenverknappung kann das Management selbst erzeugen, indem es sich die Entscheidung auch bei Fragen vorbehält, die eigentlich an andere Hierarchiestufen delegiert sind. Das besondere Kontrollbedürfnis von Managern kann somit auch eine Organisation lähmen. Es liegt im Wesen des Wirtschaftens, dass Ressourcen nicht unbegrenzt zur Verfügung stehen. Insofern ist der zuteilende Manager immer *(Randnotiz: Ressourcenallokator / Zuteilung)* in dem Zielkonflikt, es nicht allen recht zu machen oder sich unglaubwürdig zu machen, indem er versucht, es allen recht zu machen.

Verhandler

Als *Verhandlungspartner* treten Manager auf bei Verkaufsverhandlungen mit Schlüsselkunden, bei größeren Einkaufsverhandlungen und Investitionen, bei Investoren und Banken und bei Verhandlungen mit den Interessenvertretern der Mitarbeiter, vom Betriebsrat bis hin zu Verhandlungen in Tarifkommissionen. Die exponierte Stellung bringt es mit sich, dass das Wort und die Entscheidungen des Managers große und ultimative Bedeutung mit weitreichenden Folgen haben kann. Ein möglicher Rollenkonflikt besteht darin, bestehende Interessenunterschiede durch Kompromissbereitschaft zu überbrücken, oder als »harter Hund« zu gelten und zu agieren. Beide Rollen können situativ angemessen sein.

Interpersonelle Rollen

Gallionsfigur

Repräsentationspflichten im Sinne interpersoneller Kontakte nehmen Manager nach außen war. Dieses wird von ihnen aufgrund des Status und der gesellschaftlich herausgehobenen Stellung erwartet. Der Zielkonflikt besteht darin, dass sich ein Manager diesen Erwartungen nicht entziehen kann, es sei denn, er nimmt einen Rufschaden für das Unternehmen und einen Schaden für sein persönliches Renommee in Kauf.

Stilpräger

Personalführung ist integraler Bestandteil der interpersonellen Rollen eines Managers. Über die Führung der Mitarbeiter und Mitarbeiterinnen im unmittelbaren Umfeld, den Umgang mit den nächsten Führungsebenen, durch Mitarbeiterversammlungen und Gespräche mit dem Betriebsrat vermittelt der Manager symbolisch den Führungsstil eines Unternehmens. Das Maß an Nähe und Distanz im Führungsverhalten wird immer von den Gesprächspartnern beobachtet und bewertet. Manager sind gut beraten, in diesen Situationen persönliche Authentizität zu wahren und so ihren Stil zu prägen. Bei der Einstellung von Führungs- und Fachkräften befindet sich die Führungskraft im Rollenkonflikt, die Besten zu rekrutieren und sich damit aber auch selbst Konkurrenz zu schaffen.

Netzwerker

Verbindungsperson ist der Manager zu externen Personen und Gruppen in Berufsverbänden, öffentlichen Einrichtungen (z. B. Industrie- und Handelskammer) zur Politik und zu den Medien. Manager können durch diese Tätigkeiten regional und überregional an Bedeutung gewinnen, allerdings auf die Gefahr hin, sich zu weit vom Hauptgeschehen des Unternehmens zu entfernen. Der mögliche Nutzen, den ein Manager für sein Unternehmen aus Netzwerken beziehen kann, ist unumstritten. Manager können sich aber auch in ihren Netzwerken verstricken und dabei viel Zeit vergeuden.

Informationsbezogene Rollen

Die Stimme des Unternehmens

Als *Sprecher* des Unternehmens geben Manager gezielt Informationen auch nach außen, sei es an Medien, Interessengruppen oder die Politik, um die externe Meinungsbildung zu beeinflussen. In Situationen der Krisenkommunikation, bei wirtschaftlichen Rückschlägen oder betrieblichen Pannen, müssen Manager entscheiden, ob sie an die Öffentlichkeit treten oder die Aufgabe an einen Unternehmenssprecher delegieren.

Als *Informationssammler* aggregiert der Manager formelle und informelle Informationen aus seinem Umfeld. Dieses erfolgt durch das Reporting der nächsten Führungsebenen, Aktennotizen, Schriftverkehr und Mails, aber auch durch informelle Gespräche mit Mitarbeitern, sei es im Fahrstuhl, in der Kantine oder beim Gang durch die Abteilungen oder die Produktion. Der Zielkonflikt besteht darin, den Wahrheitsgehalt von Informationen und die Absichten und Interessen des Informanten unterscheiden zu können.

Informationsquelle

Als *Informant* fungieren Manager dann, wenn sie externe Informationen oder Informationen von einem Unternehmensmitglied intern verbreiten. Dabei handelt es sich weniger um Fakten, als um Beurteilungen, Interpretationen und Wertungen anderer. Manager sind, mehr oder weniger, wie alle Mitarbeiter zugänglich für Gerüchte und Spekulationen.

Als Erfolgskriterien für die Rollenumsetzung können gelten: Manager

Erfolgskriterien für Rollenumsetzung

▸ legen das Schwergewicht auf die Wahrnehmung interner Rollen,
▸ zeigen ihr Gesicht nach außen, ohne zu »Gesellschaftslöwen« zu werden,
▸ bewahren ihre persönliche Authentizität,
▸ prüfen Informationen daraufhin, welche möglichen Interessen der Informationsgeber damit verfolgt,
▸ beteiligen sich nicht an innerbetrieblichen »Gerüchteküchen«.

Zu den wichtigsten Fähigkeiten bei der Wahrnehmung der unterschiedlichen Rollen als Manager gehören:

Fähigkeiten zur Erfüllung der Rollen

▸ Frustrationstoleranz, d. h., die Fähigkeit, mit Misserfolgen, aufgeschobenen Problemlösungen und persönlichen Enttäuschungen umzugehen.
▸ Ambiguitätstoleranz, d. h. die Fähigkeit, mit den unterschiedlichen Erwartungen und Ansprüchen verschiedener Bezugsgruppen umgehen zu können.
▸ Meta-Kommunikation, d. h. die Fähigkeit, mit Bezugspersonen darüber zu sprechen, wie man miteinander produktiv umgeht und kommuniziert.

1.3 Was begünstigt Managerkarrieren?

Studenten, Berufsstartern, Mitarbeitern auf der Suche nach einer neuen Tätigkeit und Personalverantwortlichen stellt sich dieselbe Frage: Was befähigt eine Person für eine Managementkarriere? Sind es bestimmte Persönlichkeitsmerkmale oder Kompetenzen, die eine erfolgreiche Tätigkeit im Management begünstigen? Oder lässt sich der Erfolg von Managern nur in der Praxis, d. h. am gezeigten Verhalten und den Arbeitsergebnissen messen und beurteilen? Dieser Frage wird hier nachgegangen.

人品性格

1.3.1 Persönlichkeitsfaktoren

Manager-Gen oder
erlerntes Verhalten?

Welche Zusammenhänge zwischen bestimmten *Persönlichkeitsmerkmalen* und einer *herausgehobenen Führungsposition* als Unternehmer oder Top-Manager bestehen, ist mit methodisch unterschiedlichen Ansätzen vielfach untersucht worden. Dabei hat sich das sogenannte *Fünf-Faktoren-Modell*, sowohl in seiner testpsychologischen Anwendung als auch in der Gültigkeit seiner Ergebnisse als valide erwiesen.

In diesem Modell werden fünf Faktoren unterschieden, die als Persönlichkeitsmerkmale relativ stabil und konstant sind. Die Ausprägung dieser fünf Faktoren wird mithilfe eines psychologischen Tests erhoben und vor dem Hintergrund eines Persönlichkeitsmodells gedeutet (vgl. Borkenau, P. Ostendorf, F. 2011). Dabei wird der Versuch unternommen, die Ausprägung einzelner Faktoren bzw. ihrer Gesamtheit in den Zusammenhang mit beruflichen Tätigkeiten zu stellen. Dabei hat sich – im Vergleich zu anderen Berufsgruppen – ein Ausprägungsprofil ergeben (vgl. Abbildung 1-7), das sich gehäuft bei Unternehmern und Managern findet. Demnach zeichnen sich Persönlichkeiten in diesen Positionen aus durch:

▸ ein hohes Maß an emotionaler Belastbarkeit,
▸ ein hohes Maß an Extraversion,
▸ ein hohes Maß an Aufgeschlossenheit für neue Erfahrungen (Neugier),
▸ ein geringes Maß an »Verträglichkeit«, bzw. ein hohes Maß an Durchsetzungsfähigkeit sowie
▸ ein mittleres bis höheres Maß an Gewissenhaftigkeit.

Abb. 1-7

Das Persönlichkeitsprofil von Managern nach dem Fünf-Faktoren-Modell

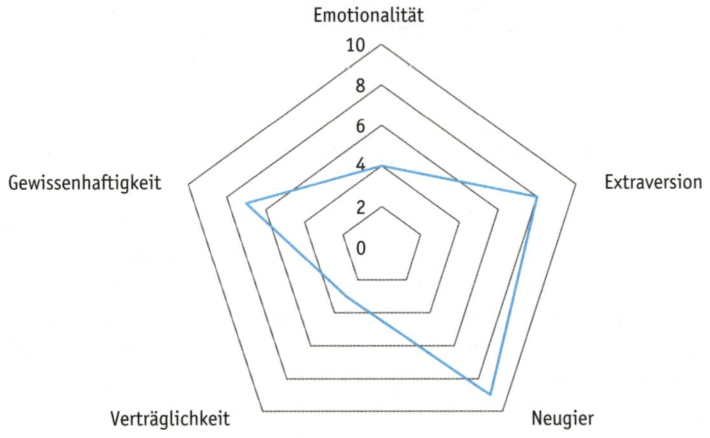

Quelle: Eigene Darstellung

Um an dieser Stelle Missverständnissen vorzubeugen, sei angemerkt, dass es sich bei diesen Merkmalsausprägungen um Häufigkeiten einer repräsentativen statistischen Grundgesamtheit handelt. D. h. aber auch, dass es in vielen Fällen deutliche Abweichungen geben kann. Angemerkt sei auch, dass der niedrige Wert für »Verträglichkeit« nicht aussagt, dass ein Manager generell im Stil und Verhalten unverträglich ist. Hier geht es mehr um die »Durchsetzungsbereitschaft« in der Sache. Auch der niedrige Wert für den Faktor »Emotionalität« ist kein Indiz für Gefühlskälte, sondern ein Indikator für emotionale Stabilität, gerade auch in kritischen Situationen. Führungskräfte können trotz eines niedrigen Wertes für »Emotionalität« durchaus empathische Fähigkeiten haben und sich entsprechend verhalten.

Die fünf Persönlichkeitsfaktoren zeigt Abbildung 1-8.

Abb. 1-8

Die »Big-Five«- Persönlichkeitsfaktoren

Persönlichkeits-faktoren	Beschreibung
Emotionalität	Emotional robuste Personen sind weniger gefühlsbestimmt und erweisen sich in kritischen Situationen zumeist als stabil. Empfindungsstarke Persönlichkeiten erfahren Gefühle stärker und deutlicher als emotional robuste Menschen. Emotional belastbare Menschen findet man häufiger in Berufen mit ausgeprägt wettbewerbsorientierten Karrieremustern der Wirtschaft und des Finanzmanagements.
Extraversion	Extravertierte Menschen neigen dazu, schnell soziale Kontakte zu knüpfen und aktiv zu kommunizieren. Manager sind, statistisch gesehen, häufiger extravertiert als introvertiert.
Offenheit für neue Erfahrungen (Neugier)	Geistige Beweglichkeit, Kreativität, Neugier und intellektueller Ehrgeiz kennzeichnen eine hohe Ausprägung dieses Persönlichkeitsfaktors. Bei kreativen Erneuerern sind die Interessen breit gestreut. Sie fühlen sich von Neuigkeiten angezogen und suchen die Abwechslung. Unternehmer, Manager, künstlerisch orientierte Architekten, Berater und Entwickler sind meist aufgeschlossener für neue Erfahrungen als andere Berufsgruppen.
Verträglichkeit/ Durchsetzungs-bereitschaft	Verträglichkeit bezeichnet ein Verhalten, anderen entgegenzukommen, Konfrontation zu vermeiden, sich anzupassen und um Konformität zu bemühen. Im Gegensatz dazu zeigt der wettbewerbsorientierte Mensch eine hohe Durchsetzungsbereitschaft. Dieser Typus ist stärker auf seine persönlichen Normen und Anliegen fokussiert und versucht, seinen eigenen Anliegen bei Anderen Geltung zu verschaffen. Der Machertyp ist in der Wirtschaft, der Politik und in der Leitung von Verbänden und sonstigen Organisationen zu finden. Kooperationswillige Teamplayer dagegen sind häufig in Kreativagenturen, in stabilen Teams und im Dienstleistungsbereich zu finden.
Gewissenhaftigkeit	Menschen mit einer hohen Ausprägung dieses Faktors erfüllen ihre Aufgaben mit hoher Selbstdisziplin und ausgeprägten fachlichen Kenntnissen. Selbstkontrolle und Orientierung am Detail kennzeichnen auch den Kommunikationsstil dieses Typs. Ein geringes Maß an Gewissenhaftigkeit ist Merkmal des Typus, dessen Interessen weit gefächert und weniger auf die systematische Erfüllung von Aufgaben fokussiert sind. Top-Manager sind je nach situativem Kontext, zum Beispiel bei der Bewältigung von Krisen, sehr gewissenhaft, konzentrieren sich ansonsten aber eher auf das große Ganze.

Neben den fünf genannten Persönlichkeitsfaktoren sind in diesem Zusammenhang auch die lernpsychologischen Befunde von Interesse, die signifikante Unterschiede bei Menschen hinsichtlich ihrer Kontrollüberzeugung nachweisen (vgl. Levenson, H. 1972; Rotter, J. B. 1975). Manager müssen in ihrem Handlungsfeld komplexe Auf-

Lernpsychologische Befunde

gaben zielorientiert steuern und kontrollieren. Mentale Voraussetzung dafür ist eine *internale Kontrollüberzeugung.*

Kontrollüberzeugung
und Verhalten

> Mit *internaler Kontrollüberzeugung* wird das Ausmaß beschrieben, in dem ein Individuum überzeugt ist, Ereignisse kontrollieren zu können und diese als Konsequenz seines eigenen Verhaltens erlebt. *Externale Kontrollüberzeugung* ist definiert als das Ausmaß, in dem das Individuum das Geschehen als Schicksal, als Resultat von Zufällen oder als fremdbestimmt und somit als nicht persönlich beeinflussbar betrachtet.

Es wird angenommen, dass die Kontrollüberzeugung durch Lernerfahrungen in unterschiedlichen sozialen Situationen entsteht (vgl. Rotter, J.B. 1966 1975). Die generalisierte Kontrollüberzeugung ist eine dauerhafte Erwartung, die das eigene Selbstbild und das Handeln beeinflusst. Das Konstrukt ist von zentraler Bedeutung für die Erklärung und Vorhersage des Verhaltens eines Individuums (Levenson, H. 1972; Rotter, J.B. 1966; Skinner, B.F. 1996).

Vorsicht bei
psychologischen
Typisierungen

Psychologische Typisierungen, wie sie hier vorgenommen werden, müssen mit äußerster Vorsicht aufgenommen und interpretiert werden. So kann es durchaus sein, dass ein Manager, der im Berufsleben als kühl, hart und strikt erlebt wird, im Privatleben durchaus zart besaitet ist. Jemand, der im beruflichen Umfeld enge Zusammenarbeit und Geselligkeit eher meidet, kann im Privatleben durchaus auf Nähe und intensive Kommunikation angewiesen sein. Menschen verhalten sich situationsbedingt und in Abhängigkeit von äußeren Einflüssen und inneren Verfassungen durchaus unterschiedlich.

Die Begrenzung dieser psychologischen Modelle und Projektionen besteht auch darin, dass den Persönlichkeitsmerkmalen keine eindeutigen und operational messbaren Erfolgskriterien gegenübergestellt werden. Das kann hypothetisch bedeuten, dass jemand über die »idealen Persönlichkeitsmerkmale von Managern verfügt, in der Praxis aber eine schlechte Management-Performance zeigt.

Günstige Managerattribute

Dennoch kann bei aller Vorsicht festgestellt werden, dass die folgenden genannten Attribute sich günstig auf die Wahrnehmung einer Managementtätigkeit auswirken können:

▶ Kontaktfähigkeit,
▶ Emotionale Stabilität,
▶ Aufgeschlossenheit für Neues,
▶ Durchsetzungsbereitschaft,
▶ Gewissenhaftigkeit sowie
▶ die Überzeugung und Bereitschaft, die Dinge selbst in den Griff zu bekommen.

Diese Kriterien können als weiche Entscheidungshilfen für Studierende, Berufsstarter, Führungskräfte und Personalentscheider bei der Selbst- und Fremdeinschätzung fungieren.

管理判断能力

1.3.2 Managementkompetenzen

资格

> Managementkompetenz wird hier definiert als Summe aus Qualifikationen, Fähigkeiten, Kenntnissen und Handlungsdispositionen, die den Funktions-, Aufgaben- und Rollenanforderungen eines Unternehmens entsprechen.

Mit dieser Definition wird der Doppelcharakter von Kompetenzen deutlich. »Kompetenzen werden von zwei Seiten her bestimmt: von der Situation (Anforderungsseite) und der Person (persönliche Ressourcen)« (Borutta, A. u. a. 2003, o. S.). Kompetenzen werden dann wirksam, wenn sie tatsächlich in Anforderungssituationen aktualisiert und in Handlungen umgesetzt werden. Während die im vergangenen Abschnitt dargestellten Faktoren der »Big-Five« als stabile Elemente der Persönlichkeit definiert wurden, geht die Kompetenzforschung davon aus, dass Kompetenzen gelernt und durch Erfahrung erworben werden können. »Während Persönlichkeitseigenschaften das Handeln gleichsam grundieren, aber nicht unmittelbare Handlungsfähigkeit erfassen, determinieren Kompetenzen dieses Handeln grundlegend. Zudem gelten die Faktoren der »Big Five« als in Schulungen kaum zu verändern. Kompetenzen lassen sich dagegen geplant trainieren und entwickeln« (Erpenbeck, J./von Rosenstiel, L. 2003, S. 40).

Für Führungsnachwuchskräfte ist es zielführend, neben dem Erwerb von Managementwissen und dem Training von Managementverhalten, aus Erfahrung zu lernen, d. h. die Kompetenzen praktisch zu entwickeln. »Kompetenzen sind die verhaltensbezogenen Potenziale und Dispositionen, die in den verschiedenen Anforderungssituationen mobilisiert und aktualisiert werden können. Sie sind subjekt- und biografiebezogen und entwickeln sich in der reflexiven Auseinandersetzung mit praktischen Erfahrungen in konkreten Handlungssituationen« (Frank, I. 2002, S. 41).

Managersozialisation

Zu diesem Kompetenzverständnis gehört auch, dass Menschen, die eine Managementkarriere anstreben und auf der Karriereleiter aufsteigen, eine Handlungsbereitschaft mitbringen, sich den Funktionen, Aufgaben und Rollenerwartungen im Management (vgl. Kapitel 1.2) zu stellen. Mit anderen Worten: Sie wissen, was sie tun und was sie erwartet.

tun, erwarten

Information

Schule der Manager

Neben zahlreichen Angeboten zur Vermittlung von Managementwissen boomt seit Jahren der Markt des verhaltensorientierten Managementtrainings. Dabei werden Schlüsselsituationen »Interpersoneller Rollen« (vgl. Kapitel 1.2.3) in Rollenspielen simuliert. Video-Analysen und Feedbackgespräche sollen dazu dienen, ungünstige Verhaltensmuster zu löschen und das Rollenrepertoire von (angehenden) Managern zu verbessern und zu erweitern. Schlüsselsituationen können sein: Verhandlungen mit Kunden, Mitarbeitern oder dem Betriebsrat, Repräsentationsrollen in der Öffentlichkeit, Konfliktsituationen, u. a. m. Auch wenn die Selbstbeobachtung und Selbstreflexion Verhaltensänderung fördern kann, bleibt es doch bei einer künstlichen Laborsituation mit unsicherem Transfereffekt in die Praxis.

Managementkompetenzen können resümierend folgendermaßen charakterisiert werden: Die Managementkompetenzen

Merkmale von Kompetenzen

- schließen Qualifikation, Fertigkeiten und Fähigkeiten mit ein,
- beinhalten eine Aktionsbereitschaft, sich in einem komplexen, riskanten wettbewerbsorientierten Handlungsfeld den Funktionen, Aufgaben und Rollenerwartungen zu stellen und diesen Erwartungen zu entsprechen,
- lassen sich (begrenzt) außerhalb der Praxis in simulierten Situationen trainieren und mit relevantem Wissen hinterlegen,
- können sich in der Praxis durch aggregierte Erfahrungen nach dem Prinzip von »Trial and Error« weiterentwickeln.

Kompetenzmodell

Ein allgemeines Kompetenzmodell bieten Erpenbeck und Heyse an. Sie unterscheiden zwischen

- Fachkompetenz,
- Sozialer Kompetenz,
- Methodenkompetenz sowie
- Handlungs- und Aktionskompetenz (vgl. Erpenbeck, J./Heyse, V. 2005).

Mit ihrem kompetenzdiagnostischen Instrumentarium (KODE) liefern sie ein praktikables Hilfsmittel zur Selbst- und Fremdeinschätzung und zur gezielten Weiterentwicklung von Kompetenz (vgl. Erpenbeck, J. 2003).

Vier Kernkompetenzen für Managerfunktionen

Für Managerfunktionen benennt Pelz vier Kernkompetenzen:

- *Gestaltende, transformationale Kompetenz.* Damit ist ein Führungsverhalten bezeichnet, das die Leistungs- und Lernbereitschaft, die Selbstdisziplin, die Loyalität und Motivation sowie die Fähigkeit, Ziele in Ergebnisse umzusetzen, einschließt.
- *Soziale Kompetenz.* Sie umfasst das Kommunikations- und Kontaktverhalten sowie die Fähigkeit, produktiv Kritik zu üben oder darauf zu reagieren. In global agierenden Unternehmen umfasst die soziale Kompetenz auch die Fähigkeit, in interkulturellen Zusammenhängen zu denken und zu handeln und mit Partnern aus anderen Kulturkreisen zusammenarbeiten zu können.
- *Analytische Kompetenz.* Damit ist die Fähigkeit bezeichnet, Ursachen faktenbasiert auf den Grund zu gehen, komplexe Zusammenhänge zu erfassen und die Folge- und Nebenwirkungen von Entscheidungen abschätzen zu können.
- *Fachkompetenz.* Hierzu gehört die Kenntnis bestimmter Zusammenhänge und Hintergründe ebenso wie die Fähigkeit, aufgabenbezogene Probleme zu erkennen, zu verstehen, zu beschreiben und zu analysieren (vgl. Pelz, W. 2004).

Konzentration auf wesentliche Kompetenzen

Vor dem Hintergrund der Modellvorstellung, dass Kompetenzen auf persönlichen Dispositionen aufbauen, und durch Lernprozesse verändert werden, definieren wir hier folgendes Management-Kompetenzmodell:

- Die komplexen Funktionen, Aufgaben und Rollen des Managements, wie sie im Kapitel 1.2 herausgearbeitet wurden, erfordern eine wirksame Handlungsbereitschaft, in einem komplexen, risikobehafteten Arbeitsfeld etwas bewegen zu wollen. In Analogie zu den beiden vorgestellten Kompetenzmodellen definieren wir dieses Kompetenzfeld als *Aktionskompetenz*.

▸ *Kontakt- und Kommunikationsfähigkeit* ist Voraussetzung dafür, in den unterschiedlichen Managementrollen agieren zu können. Diese Fähigkeit kann je nach situativem Kontext in einem vertrauensvollen persönlichen Gespräch, in einer strikten Sitzungsleitung, in einer harten Verhandlung oder bei der Ansprache einer Mitarbeiterversammlung aktiviert werden. Die reflexive und intuitive Beherrschung dieses Rollenrepertoirs wird dann zu einer Kompetenz, wenn es nicht gespielt wird, sondern mit der Person des Managers kongruent und das Verhalten authentisch ist. Wir vermeiden hier bewusst den Begriff »Sozialkompetenz«, weil er nicht intendierte Assoziationen mit »ausgleichendem Verhalten« wecken kann. Wir bezeichnen diese Fähigkeit als *Interaktionskompetenz*.

▸ *Fach- und Methodenkompetenz* umfasst branchenspezifische und betriebswirtschaftliche Kenntnisse und das Wissen von den Werkzeugen, wie z. B. ein Qualitätsmanagementsystem etabliert und genutzt wird oder aggregierte Daten generiert und analysiert werden.

Die Abbildung 1-9 zeigt die drei Kompetenzfelder in ihrer Verteilung über die Managementstufen. Interaktionskompetenz ist in gleicher Weise auf allen Managementebenen gefordert. Die Aktionskompetenz des Top-Managements basiert auf fachlichen Sachkenntnissen, die aber nur erforderlich sind, um Problemlösungen und Neuentwicklungen anzustoßen. Das Wissen von Methoden und deren Möglichkeiten sollte auf der Top-Managementebene vorhanden sein. Es ist aber im Top-Management nicht als Kompetenz im Sinne der Anwendung und Umsetzung angesiedelt, sondern auf der mittleren und unteren Managementebene.

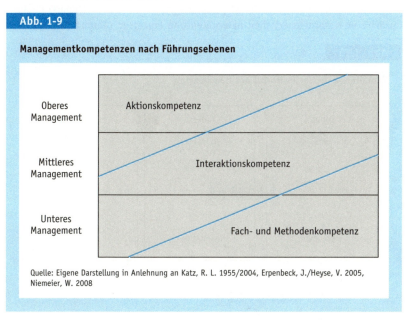

Abb. 1-9

Managementkompetenzen nach Führungsebenen

Oberes Management	Aktionskompetenz
Mittleres Management	Interaktionskompetenz
Unteres Management	Fach- und Methodenkompetenz

Quelle: Eigene Darstellung in Anlehnung an Katz, R. L. 1955/2004, Erpenbeck, J./Heyse, V. 2005, Niemeier, W. 2008

Kompetenzmodelle basieren zumeist auf einer Plausibilitätsprüfung von Qualifikationen und Verhaltensweisen, die als günstig für die Erfüllung beruflicher Aufgaben angesehen werden. Sie bleiben damit im spekulativen Bereich, zumal Kompetenzen nicht eindeutig messbar sind. Auch fehlt es an empirischen Belegen dafür, ob zwischen dem Vorhandensein und dem Nicht-Vorhandensein von Kompetenzen und messbaren Resultaten der beruflichen Tätigkeit ein eindeutiger Zusammenhang besteht. Kompetenzmodelle können aber dazu dienen, im Rahmen der Personalentwicklung plausible Qualifizierungsmaßnahmen, z. B. zur Steigerung der Interaktionskompetenz und der Fach- und Methodenkompetenz, anzubieten.

1.3.3 Managementresultate

Aufgrund von Beobachtungen von Managern und der Auswertung ihrer Biografien ist die Annahme plausibel, dass bestimmte Persönlichkeitsmerkmale Managementkarrieren begünstigen. Plausibel ist auch, aus den Anforderungssituationen im Management Kompetenzen abzuleiten, die zur Bewältigung dieser Situationen erforderlich sind und sie mit dem Profil und der Performance von Führungsnachwuchskräften und Managern abzugleichen. Beide Ansätze, der Persönlichkeits- und der Kompetenzansatz, bleiben jedoch spekulativ, auch wenn sie bei der Karrierewahl von Berufseinsteigern und bei der Auswahl, Beurteilung und Förderung von Führungsnachwuchskräften und Managern konstruktive Bedeutung haben. Nachweisen lassen sich aber betriebswirtschaftlich messbare Resultate und Ergebnisse eines Unternehmens, die mittelbar oder unmittelbar dem Wirken von Managern zugeschrieben werden können. In einem verhaltenstheoretischen Modell (vgl. Gmünden, H. G. 2004) wird der mögliche Zusammenhang zwischen personalen Einflussfaktoren (Input), dadurch ausgelösten unternehmerischen Aktivitäten und Prozessen (Throughput) und den

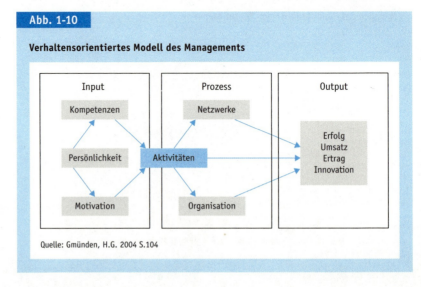

Abb. 1-10

Verhaltensorientiertes Modell des Managements

Quelle: Gmünden, H.G. 2004 S.104

betriebswirtschaftlichen Ergebnissen (Output) verdeutlicht. Demnach besteht ein Zusammenhang zwischen bestimmten Kompetenz-, Persönlichkeits- und Motivationsfaktoren und konkreten unternehmerischen Aktivitäten, die Prozesse auslösen und zu einem messbaren Output führen. Die »Prozesse«, wie »Netzwerkbildung« und »Organisation« und alle konkreten (unternehmerisch relevanten) »Aktivitäten« sowie der »Output« lassen sich beobachten bzw. messen und sind damit einer Analyse und Steuerung zugänglich.

Bezieht man diesen output-orientierten Ansatz auf die im Kapitel 1.2. herausgearbeiteten Hauptaufgaben des Managements, lassen sich diesen Aufgaben messbare Ergebnisse gegenüberstellen. Im Sinne der Selbstüberprüfung, aber auch der Beurteilung durch Beiräte oder Aufsichtsräte bei Geschäftsführern und Vorständen, können diese messbaren Ergebnisse zur Beurteilung einzelner Manager oder ganzer Gruppen beitragen.

Messbarer Output

Allerdings sind der Zuordnung des Outputs, also der wirtschaftlich relevanten Resultate zu einzelnen Managern, Grenzen gesetzt, weil

Grenzen der Messbarkeit

▸ meist mehrere Manager Ergebnisverantwortung tragen,
▸ auch Einflussfaktoren auf die Ergebnisse und Resultate einwirken, die sich der Verantwortung und dem Zugriff der Manager entziehen (z. B. politisch verursachte Marktveränderungen),

Abb. 1-11

Managementaufgaben und messbare Ergebnisse

Managementaufgaben	Messbare Ergebnisse
Normative Verantwortung	Normenkonformität (Gesetze, Corporate Governance Kodex, Compliance, CSR-Grundsätze (vgl. Kapitel 2))
Strategische Beharrlichkeit	▸ Zielerreichung ▸ Shareholder Value (vgl. Kapitel 2) ▸ Markenwert ▸ Innovationsrate
Kunden und Märkte	▸ Marktposition und Marktwachstum ▸ Kundengewinnung und Kundenbindung ▸ Customer Value (vgl. Kapitel 2)
Risikobewusstsein	▸ Risikoquoten
Finanzen	▸ Bilanz- und Finanzierungsstruktur ▸ Liquidität
Strukturen und Prozesse	▸ Effektivität und Effizienz ▸ Kundennähe ▸ Qualität
Personal	▸ Human Resources Value ▸ Employer Branding ▸ Bindung der Leistungsträger
Identität	▸ Corporate Identity ▸ Image ▸ Öffentliche Präsenz

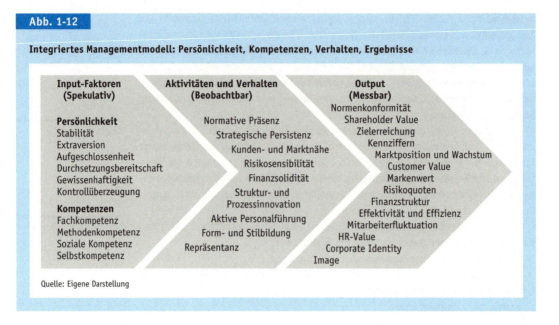

Abb. 1-12

Integriertes Managementmodell: Persönlichkeit, Kompetenzen, Verhalten, Ergebnisse

Quelle: Eigene Darstellung

▸ Unternehmen, z. B. in der Gründungs- oder Krisenphase anders dastehen, als in einer Wachstums- und Reifephase,

▸ Erfolge oder Misserfolge des Managements sich häufig erst nach Jahren zeigen.

Dennoch gibt dieser Ansatz hilfreiche Möglichkeiten, die Wirksamkeit des Managements zu beobachten und zu beurteilen.

Stellt man die mehr spekulativen Input-Faktoren von Persönlichkeitsmerkmalen und Kompetenzen in den Zusammenhang mit den beobachtbaren Aktivitäten und Verhaltensweisen im Rahmen der Aufgaben-Performance des Managements und den daraus resultierenden messbaren Ergebnissen, kommt man zu dem in Abbildung 1-12 integrierten Modell.

Studien- und Berufsstartern, Personalentscheidern und Führungskräften kann dieses Modell bei der Selbst- und Fremdbeurteilung behilflich sein.

1.4 Management als Beruf

1.4.1 Karrierewege

Führungspositionen werden international mit Managern besetzt, die zumeist vertraglich einen Erfolgsbonus in Aussicht gestellt bekommen. Damit ist aber keine Unternehmensbeteiligung verbunden. Davon unterscheiden sich die Unternehmen, in denen die Firmenbesitzer oder Gesellschafter die Unternehmensführung selbst in der Hand behalten. Aber auch Familienunternehmen haben häufig einen Bedarf an

Fremdmanagern, wenn in den eigenen Reihen keine geeignete Person zur Verfügung steht. Das Einsatz- und Aktionsfeld für angehende Manager ist also sowohl in mittleren und größeren Familienunternehmen als auch in großen Unternehmen und Konzernen sehr breit und vielfältig.

Für eine nationale oder internationale Managementkarriere bestehen keine formalen Hindernisse und Restriktionen. Es gibt keinen Verband und keine Kammer, die wie bei den Ärzten, Apothekern und Architekten über die Einhaltung berufsständischer Zugangsvoraussetzungen zu Berufen und Tätigkeiten wachen. Laufbahnrechtliche Voraussetzungen für die Besetzung einer Leitungsstelle wie im Öffentlichen Dienst bestehen in der Wirtschaft nicht. Dennoch haben sich typische Qualifizierungs- und Karrierewege im Management herausgebildet, die im Folgenden skizziert werden.

»Kaminkarriere«

Grundsätzlich ist der Aufstieg in einem Unternehmen vom Auszubildenden über die untere und mittlere Führungsebene bis ins Top-Management möglich. Auch ein Hochschulabschluss ist nicht zwingend Voraussetzung dafür, Top-Manager in einem Weltunternehmen zu werden.

Beispiel **Vom Lehrling zum Vorstand**
▶▶▶ Hilmar Kopper war jahrelang Vorstandsvorsitzender und später Aufsichtsratsvorsitzender der Deutsche Bank AG und damit eine der einflussreichsten Persönlichkeiten im Bereich von Wirtschaft und Politik. Kopper hatte bei der Deutschen Bank gelernt und machte eine klassische Kaminkarriere ohne Hochschulabschluss und akademischen Titel. ◀◀◀

Allerdings werden solche Karrierewege immer seltener. War von den vor 1960 geborenen Topmanagern in Deutschland jeder Zehnte ohne akademischen Abschluss, waren im Jahr 2012 von den 181 DAX-Vorständen lediglich zwanzig ohne Diplom oder Doktortitel.

»Multi-Channel-Karriere«

Auf dem Beschaffungsmarkt für den Führungsnachwuchs in der Wirtschaft sind insbesondere die Absolventen wirtschaftswissenschaftlicher und ingenieurwissenschaftlicher Studiengänge und Absolventen von Business Schools und von ökonomisch geprägten Masterstudiengängen gefragt.

Die Markt- und Imageführer einzelner Branchen setzen im Kampf um die besten und guten Absolventen dieser Studienrichtungen (War for Talents) auf Instrumente des Personalmarketings um die »High Potentials« und die »sehr guten« Absolventen eines Jahrgangs an sich zu binden. Im Marktsegment der Wirtschaftswissenschaftler mit einer Absolventenrate von ca. 35.000 p. a. ergibt sich – bei aller Vorsicht – folgende Qualitätsverteilung (vgl. Abbildung 1-13).

Berufsstarter, die sich strategisch das Karriereziel »Top-Management« setzen, haben gute Chancen, wenn sie die Kriterien für »High Potentials« und »Sehr gute Absolventen« erfüllen und konsequent einen »Multi-Channel-Karriereweg« beschreiten.

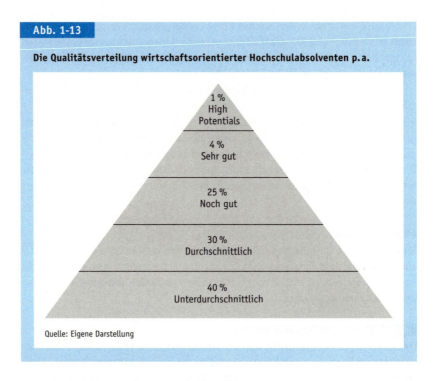

Abb. 1-13

Die Qualitätsverteilung wirtschaftsorientierter Hochschulabsolventen p. a.

1 %
High
Potentials

4 %
Sehr gut

25 %
Noch gut

30 %
Durchschnittlich

40 %
Unterdurchschnittlich

Quelle: Eigene Darstellung

Die Kriterien und die Stationen auf diesem Karriereweg sind:

Kriterien für Multi-
Channel-Karriereweg

▸ Prädikatsexamen in einem wirtschaftswissenschaftlichen oder naturwissen-
schaftlich-technischen Studiengang,
▸ qualifiziertes Auslandspraktikum und/oder Auslandsstudium,
▸ Promotion und erste wissenschaftliche Meriten im Assistentenstatus mit Projektarbeit und Veröffentlichungen,
▸ Berufseintritt mit hervorragender Bewertung im Auswahlverfahren,
▸ Traineeprogramm mit Job-Rotation sowie
▸ Rotation zwischen Positionen in der Führungslaufbahn, Fachlaufbahn und in Projekten (siehe Abbildung 1-14).

Vom Consulter zum Manager

Consulter Netzwerke

Im sogenannten »War for Talents«, d. h. bei dem Wettbewerb um die »High Potentials« eines Absolventenjahrgangs an Hochschulen in den oben genannten Studienrichtungen, spielen die international renommierten Beratungsgesellschaften in der
ersten Reihe mit. Ihr Ziel ist es, Kandidaten zu gewinnen, die nach Möglichkeit für
drei bis fünf Jahre als Juniorberater Erfahrungen in der Wirtschaft sammeln und
danach entweder als Seniorberater weiterhin für die Gesellschaft tätig sind, oder in
die Wirtschaft wechseln, um dort eine Topkarriere zu starten. Der Wechsel in die
Wirtschaft erfolgt zumeist mit Unterstützung der Beratungsgesellschaft. Nicht selten
ist dieses auch der Garant für das Beratungsunternehmen, weiterhin für Consulting-
aufträge in dem Unternehmen infrage zu kommen.

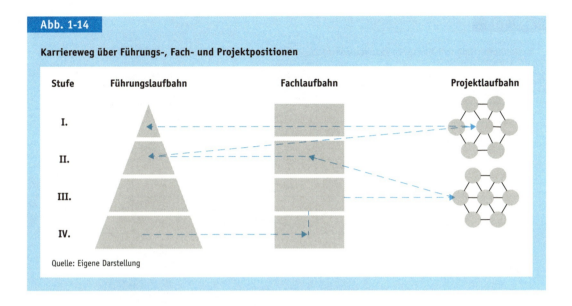

Abb. 1-14

Karriereweg über Führungs-, Fach- und Projektpositionen

| Stufe | Führungslaufbahn | Fachlaufbahn | Projektlaufbahn |

I.

II.

III.

IV.

Quelle: Eigene Darstellung

1.4.2 Bewertung von Managementpositionen

Die Bandbreite der Vergütung und der Boni für Manager der unterschiedlichen Hierarchiestufen ist von Branche zu Branche und je nach Größe des Unternehmens extrem groß. Insbesondere auf der Top-Managementebene ist die Entgeltfindung hochgradig individuell geprägt und wenig transparent. Allerdings sind Aktiengesellschaften verpflichtet, die Vorstandsvergütung gegenüber den Aktionären und der Öffentlichkeit offenzulegen. Regeln und Systeme der Bonusfindung werden zunehmend auch zum Gegenstand der Diskussion auf Aktionärsversammlungen.

Stellenbewertung von Managern

Eine formale Unterscheidung und Qualifizierung von Managementaufgaben – und eine damit verbundene Entgeltfindung – bieten Stellenbewertungssysteme, wie sie z. B. von dem Beratungsunternehmen HAY angeboten werden. Demnach können innerhalb eines Unternehmens, innerhalb einer Branche oder bei Unternehmen mit vergleichbaren Kennziffern (z. B. Jahresumsatz, Anzahl der Mitarbeiter usw.) folgende Bewertungen der Managementpositionen vorgenommen werden:

Bewertung von Managementpositionen

▸ Welche Verantwortung ist mit der Managementposition verbunden?
  – Anzahl der Mitarbeiter,
  – Anzahl der Kunden,
  – Höhe der Budgetverantwortung,
  – Höhe der Verantwortung für Sachanlagen.
▸ Welches Wissen erfordert die Managementposition?
  – Allgemeines betriebswirtschaftliches Wissen,
  – Juristisches Wissen,
  – Ingenieurwissen sowie
  – Spezialwissen.

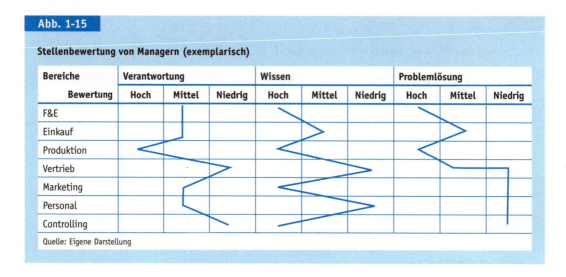

Abb. 1-15

Stellenbewertung von Managern (exemplarisch)

Bereiche	Verantwortung			Wissen			Problemlösung		
Bewertung	Hoch	Mittel	Niedrig	Hoch	Mittel	Niedrig	Hoch	Mittel	Niedrig
F&E									
Einkauf									
Produktion									
Vertrieb									
Marketing									
Personal									
Controlling									

Quelle: Eigene Darstellung

▸ Welche Problemlösungsanforderungen stellt die Managementposition?
  – Routineprobleme versus neue Herausforderungen,
  – Komplexität der Problemstellungen,
  – Folge- und Nebenwirkungen der Problemstellungen und der Problemlösungen sowie
  – Nutzung von Problemlösungstools.

Schlüsselbegriffe

▸ **Aktionskompetenz**
▸ **Aufgaben des Managements**
▸ **Funktionen des Managements**
▸ **Kompetenzen**
▸ **Management als Alltagsbegriff**
▸ **Managementkreislauf**
▸ **Persönlichkeitsfaktoren**
▸ **Rollen des Managements**

Exemplarisch und vereinfachend und ohne Anspruch auf Validität lassen sich ausgewählte Managementstellen einer Branche als Benchmark oder eines Unternehmens nach diesem System folgendermaßen qualifizieren (vgl. Abbildung 1-15).

2 Normatives Management

Leitfragen

Welche Muss-Normen bestehen für das Management?

▶ Staat und Gesellschafter

▶ Die Mitarbeiter

▶ Kunden, Lieferanten, Wettbewerber, Aktionäre.

Welche Soll-Normen sind wichtig für das Management?

▶ Gute Unternehmensführung – Corporate Governance

▶ Einhaltung der Regeln – Compliance.

Welche Kann-Normen geben dem Management Orientierung?

▶ Leitbilder

▶ Werthaltige Teilhabe – Stakeholder Value

▶ Ökologische Nachhaltigkeit

▶ Soziale Verantwortung.

Unter normativem Management werden hier die folgenden Aufgaben subsumiert:

▶ Das Einhalten und Befolgen rechtlicher Normen, wie Gesetze, Verordnungen und Meldepflichten, auf die das Unternehmen keinen oder nur einen geringen Einfluss nehmen kann.

▶ Die freiwillige Einführung und das Befolgen von Handlungsstandards im Unternehmen, ohne die das Unternehmen mögliche Nachteile im Wettbewerbsvergleich hinnehmen müsste, z. B. der Corporate Governance Kodex und die Compliance Richtlinien.

▶ Die freiwillige Einführung von Leitbildern zur Standortbestimmung und Klärung des Selbstverständnisses, deren Bestandteile auch Nachhaltigkeitsprinzipien und Prinzipien der sozialen Verantwortung sein können. Leitbilder mit ihren möglichen normativen und ethischen Prinzipien können auch als Unternehmensphilosophie bezeichnet werden. Sie bilden auch die Grundlage einer Unternehmensverfassung. Die Abbildung 2-1 enthält eine Synopse der drei Aufgaben und des Handlungsrahmens des normativen Managements.

Aufgaben des normativen Managements

Abb. 2-1

Synopse des normativen Handlungsrahmens des Managements

Norm	Ziele	Inhalte	Verbindlichkeit
Gesetze, Verordnungen, Meldepflichten usw.	Rechtssicherheit der Wirtschaftssubjekte	▶ BGB und HGB ▶ Wettbewerbs- und Kartellrecht ▶ Vertragsrecht ▶ Arbeitsvertragsrecht ▶ Mitarbeiter-Schutzrechte ▶ Betriebsverfassungsgesetz ▶ Meldepflichten u. a. m.	Bindend
Corporate Governance Kodex	Ordnungsgemäße Unternehmensführung in Aktiengesellschaften und Umsetzung der Gesetze, wie dem Aktiengesetz und dem Transparenz- und Publizitätsgesetz	▶ Rechte und Pflichten der Organe einer AG ▶ Informations- und Transparenzanforderungen ▶ Abschlussprüfungs-Berichtspflicht ▶ Langfristige Perspektive der Wertschöpfung	Der Corporate Governance Kodex ist gesetzlich geregelt; die Empfehlungen sind aber nicht bindend
Governance Kodex für Familienunternehmen	Organisation der Führung, Kontrolle und Sicherung des Zusammenhalts der Familie und des Familienunternehmens	▶ Die Rolle des Familienunternehmers in der Gesellschaft ▶ Transparente Unternehmensführung ▶ Unternehmensnachfolge	Nicht gesetzlich geregelt; die Empfehlungen sind nicht bindend
Compliance	Korruptionsprävention	▶ Bestechung und Bestechlichkeit ▶ Weitergabe von Betriebsgeheimnissen ▶ Geldwäsche	Nicht bindend gesetzlich geregelt. Die Tatbestände werden aber, z. B. durch Straf- und Zivilrecht, abgedeckt
Leitbild: Shareholder	Positionierung des Unternehmens gegenüber den wichtigsten Bezugsgruppen	Verhältnis zu ▶ Investoren ▶ Mitarbeitern ▶ Lieferanten ▶ Öffentlichkeit	Nicht bindend
Leitbild: Nachhaltigkeit	Ressourcenschonende Wertschöpfung des Unternehmens	▶ Energieeinsparung ▶ Schadstoffvermeidung ▶ Klimaschutz	Nicht bindend
Leitbild: Corporate Social Responsibility	Sozialverantwortliches Handeln	▶ Soziale Projekte weltweit	Nicht bindend

2.1 Rechtsnormen: Verbindliche Pflichten

Die Unternehmensführung und der Gestaltungsspielraum des Managements sind durch zahlreiche Gesetze, Verordnungen und Meldepflichten begrenzt – die Muss-Normen.

> Die Muss-Normen definieren auf der Basis von Gesetzen und Verordnungen die auf einem gesellschaftlichen Konsens beruhenden Pflichten des Unternehmens und seiner Führungskräfte gegenüber den wichtigsten Bezugsgruppen.

Wird dieser normativ-rechtliche Rahmen überschritten, drohen Sanktionen. In der Abbildung 2-2 sind die wichtigsten Rechtsbereiche und Rechtsgüter den wichtigsten gesellschaftlichen Bezugsgruppen gegenübergestellt.

Die Einhaltung des rechtlichen Rahmens der Unternehmensführung gehört zu den Mussaufgaben des Managements. Sie stellen neben sonstigen möglichen Geschäftsordnungen, die die Zusammenarbeit von Gesellschaftern und Organen regeln können, die eigentliche Unternehmensverfassung dar. Auch wenn das Management diese Aufgaben delegiert, entgeht es im Ernstfall nicht der rechtlichen Verfolgung und Ahndung von Delikten. Die rechtlichen Normen und Pflichten in der Wirtschaft nehmen auch im globalen Rahmen an Komplexität und Differenzierung zu. Unternehmen und Manager lassen sich entsprechend von Steuerberatern und Fachanwälten beraten und ab einer bestimmten Betriebsgröße werden eigene Justiziare beschäftigt.

Unternehmensverfassung

Abb. 2-2

Der normativ-rechtliche Rahmen des Managements

Bezugsgruppen	Rechtsgüter
Staat und Gesellschaft	BGB HGB Strafrecht Zivilrecht Steuerrecht Sozialversicherungsrecht Kartellrecht Umweltverordnungen Meldepflichten Datenschutz Ordnungswidrigkeits-Gesetz
Mitarbeiter	Arbeitsrecht Arbeitsvertragsrecht Arbeitsschutzverordnungen Tarifverträge Betriebsvereinbarungen Quotenregelungen
Kunden und Lieferanten, Wettbewerber, Aktionäre	Vertragsrecht Wettbewerbsrecht Patentrecht Aktienrecht

Rechtsnormen als Schutz

Die rechtlichen Rahmenbedingungen des wirtschaftlichen Handelns eines Unternehmens bedeuten allerdings nicht nur Pflichten und Sanktionsandrohungen, sondern sie bieten auch Schutz und Handlungsmöglichkeiten, sich bei Angriffen durch andere Unternehmen aktiv rechtlich zu verteidigen. Das gilt beispielsweise, wenn andere Unternehmen versuchen, die eigenen Markenschutz- und Patentrechte anzugreifen. Der Rechtsrahmen ermöglicht es dem Unternehmen, seine eigene wettbewerbsrechtliche Position aktiv auf dem Klageweg zu verteidigen.

Wirtschaftsspionage

Die rechtlichen Rahmenbedingungen bieten allerdings keinen präventiven Schutz gegenüber kriminellen Angriffen auf das Unternehmen. Hierzu gehören insbesondere

▸ Hackerangriffe auf das Daten- und Informationssystem des Unternehmens, um in den Besitz von »Blaupausen« von Neuentwicklungen, Produkten und Verfahrenstechniken zu gelangen sowie

▸ die Imitation und Marktverbreitung von geschützten Patenten und Produkten.

Cyber-Attacken

Mit der weiteren Digitalisierung der Produktion und der Geschäftsprozesse werden Cyber-Attacken immer wahrscheinlicher. Das Risikomanagement und das Organisations- und IT-Management (vgl. die Kapitel 4.3.5 und 4.3.7) muss – insbesondere im Rahmen der fortschreitenden digitalen Transformation von Geschäftsmodellen und Produktionsabläufen (vgl. Kap. 4.2) – der Datensicherheit im Netz besondere Aufmerksamkeit zukommen lassen. Die Abwehr der internen Werksspionage ist Aufgabe des Compliance-Managements (vgl. Kapitel 2.2.2).

Beispiel | **James-Bond-Film-Manuskript gestohlen**

▸▸▸ Der Hackerangriff auf das Unternehmen SONY PICTURES 2014 zeigte der Welt, wie anfällig große Computernetze für Attacken von Spezialisten sind. Der wirtschaftliche Schaden war erheblich: Der Drehbuchentwurf eines geplanten James-Bond-Filmes wurde entwendet und der bereits fertig gestellte Film »The Interview« konnte nicht in den amerikanischen Kinos gezeigt werden, weil die mit den Machthabern in Nordkorea sympathisierenden Hacker Morddrohungen ausgesprochen hatten. ◂◂◂

Unseriöse Dienstleistungsangebote

Scheinbar harmlos im Vergleich zu den Cyber-Attacken auf die Betriebsgeheimnisse durch Wettbewerber und Geheimdienste sind die unseriösen Dienstleistungsangebote von Firmen, die sich einen amtlichen Anschein geben und mit einem Täuschungsversuch auf die Routine und Unachtsamkeit in den Unternehmen setzen.

Information

Wirtschaftsspionage

Konservative Schätzungen gehen davon aus, dass der deutschen Wirtschaft jährlich durch Industriespionage ein Gesamtschaden von ca. 4,2 Milliarden Euro entsteht. Andere Schätzungen gehen sogar von einem Schaden von 50–100 Milliarden Euro im Jahr aus. Ca. 80 Prozent davon werden durch Konkurrenzausspähung und ca. 20 Prozent durch die nachrichtendienstlich gesteuerte Wirtschaftsspionage verursacht.

Information

Wirtschaftskriminalität im Graubereich

Das deutsche Patent- und Markenamt warnt vor irreführenden Angeboten und Zahlungsaufforderungen von Unternehmen, die teilweise unter behördenähnlichen Bezeichnungen eine kostenpflichtige Veröffentlichung oder Eintragung von Schutzrechten in nicht amtliche Register oder eine Verlängerung des Schutzrechts beim Deutschen Patent- und Markenamt anbieten. Die Schriftform dieser Angebote erweckt meist den Anschein amtlicher Formulare. Das Patentamt nennt über 100 Namen solcher dubioser Anbieter.

Der durch diese Aktivitäten entstehende wirtschaftliche Schaden hält sich im Einzelfall in Grenzen. Wirtschaftsethisch ist es aber nicht akzeptabel, dass die Betreiber dieses Geschäftsmodells es auf Täuschung der Vertragspartner anlegen, eine minderwertige Leistung erbringen und durch die Vertragsklauseln vor einer rechtlichen Verfolgung geschützt sind.

Das Internet und die globalen Wirtschaftsbeziehungen haben kleinen Betrügern und der organisierten Kriminalität zusätzliche neue »Geschäftsfelder« eröffnet, die vom Management eine erhöhte Aufmerksamkeit und ein aktives Risiko-Management abverlangen.

Die rechtlichen Pflichten eines Unternehmens und die damit auch verbundene Schutzfunktion von Rechtsgütern gehen allerdings einher mit einem hohen bürokratischen Aufwand. Die Einhaltung und Kontrolle der zahlreichen Gesetze, Verordnungen und Meldepflichten gegenüber Ämtern und Behörden, beispielsweise im Rahmen der Sozialversicherung und von Umweltvorschriften, binden Managementkapazitäten. Die dabei entstehenden *Bürokratiekosten* in der Wirtschaft sind in Deutschland zu einem Thema auf politischer Chefebene geworden. Auf Gesetzesbasis ist von der Bundesregierung ein *Nationaler Normenkontrollrat* eingerichtet worden, der dem Bundeskanzleramt zugeordnet ist.

Von den in einem bestimmten Zeitraum vom Normenkontrollrat erhobenen 651 Regelungsvorhaben enthielten 50 Prozent Meldevorschriften an staatliche Einrichtungen, deren Wegfall eine Entlastung der Wirtschaft um 1,3 Milliarden Euro bedeuten würde.

Internet und die globalen Wirtschaftsbeziehungen

Bürokratiekosten

Information

Nationaler Normenkontrollrat

»Der Nationale Normenkontrollrat hat die Aufgabe, die Bundesregierung dabei zu unterstützen, die durch Gesetze verursachten Bürokratiekosten durch Anwendung, Beobachtung und Fortentwicklung einer standardisierten Bürokratiekostenmessung auf Grundlage des Standardkosten-Modells zu reduzieren.«
§ 1 Abs. 2 Gesetz zur Einsetzung des Nationalen Normenkontrollrates.

Entlastung von der Bürokratie und den entsprechenden Bürokratiekosten ist für die Unternehmen und das Management dann zu erwarten, wenn das vom Normenkontrollrat vorgeschlagene Prinzip des »One in one out« umgesetzt wird. Das Prinzip besagt, dass für jedes neue Gesetz oder jede neue Verordnung ein Gesetz oder eine Verordnung abgeschafft werden muss.

2.2 Verhaltensregeln: Freiwillige Pflichten

2.2.1 Grundsätze der Unternehmensführung – Corporate Governance

> Unter Corporate Governance versteht man eine gute und transparente Unternehmensführung.

Im Jahr 2002 hat eine vom Bundesministerium für Justiz eingesetzte Regierungskommission den *Deutschen Corporate Governance Kodex* (DCGK) verabschiedet. Er wurde 2002 auf eine gesetzliche Grundlage gestellt und 2010 aktualisiert.

Börsennotierte Unternehmen

Die dort beschriebenen Verhaltensstandards für Manager und Aufsichtsräte von börsennotierten Aktiengesellschaften sollen deren Arbeit für die Stakeholder überprüfbar und mit anderen Firmen vergleichbar machen. Mit dem DCGK sollen die in Deutschland geltenden Regeln der Unternehmensführung für nationale wie internationale Investoren transparent gemacht werden, um so das Vertrauen in das Management deutscher Gesellschaften zu stärken.

Der DCGK basiert im Wesentlichen auf bestehenden gesetzlichen Vorschriften zur Leitung und Kontrolle deutscher börsennotierter Gesellschaften (Aktiengesetz, Transparenz- und Publizitätsgesetz). Darüber hinaus enthält er international und national anerkannte Standards guter und verantwortungsvoller Unternehmensführung.

> Corporate Governance kann als die Gesamtheit der internationalen und nationalen Regeln, Vorschriften und Werte verstanden werden, wie Unternehmen in der Beziehung zu ihren wichtigsten Interessengruppen transparent geführt und kontrolliert werden.

Der DCGK ist für die Unternehmen und das Management nicht rechtsverbindlich. Seine Anwendung erfolgt auf freiwilliger Basis. Vorstand und Aufsichtsrat börsennotierter Gesellschaften, die sich zu dem Kodex bekennen, erklären jährlich, dass sie den Empfehlungen des DCGK entsprochen haben und machen diese Erklärung, meist auf ihrer Internetseite öffentlich.

Der DCGK beschreibt im Wesentlichen

▸ die Rechte und Pflichten der *Aktionäre* und die ordnungsgemäße Durchführung der Hauptversammlungen (Einladung, Tagesordnung, Anträge, Berichtspflicht von Vorstand und Aufsichtsrat, Abstimmungen),

▶ das Verhältnis von *Aufsichtsrat* und *Vorstand* hinsichtlich der Transparenz, Information und Kontrolle (Berufung, Vergütung, Information),

▶ die Rechte und Pflichten des *Vorstands* (langfristige, wertschöpfungsorientierte Unternehmensziele, Shareholdernutzen, Information und Transparenz),

▶ die Rechte und Pflichten des *Aufsichtsrats* (Berufung, Aufgaben, Vergütung, Kontrolle),

▶ die Transparenzregeln für das Unternehmen (Informationspflichten, Öffentlichkeitsarbeit und Investor Relations),

▶ die Inhalte und Formen der Rechnungsprüfung (Konzernabschluss und Konzernlagebericht, Vergütung, Beteiligungsverhältnisse, Aktienoptionspläne).

Hintergrund für die Entstehung des DCGK waren Börsenskandale mit milliardenschweren Schäden für die Aktionäre. Bilanzmanipulationen bei renommierten Unternehmen wie ENRON, PARMALAT und WORLDCOM führten zu einer massiven Kritik an der intransparenten Unternehmensführung von Aktiengesellschaften. Die Antwort der Regierung darauf war der amerikanische Corporate Governance Kodex, an dessen Beispiel sich die internationalen Handelspartner der USA in der Folgezeit, teilweise getrieben, teilweise freiwillig, orientierten.

Beispiel **Bilanzskandal bei ENRON**

▶▶▶ Der Energiekonzern Enron gehörte zu den größten Konzernen der USA. »The World's Greatest Company«, wie sich Enron selbst bezeichnete, wurde von zahlreichen Medien für lange Zeit als angeblich höchst innovatives Unternehmen gelobt und ausgezeichnet. Enron beschäftigte etwa 22.000 Mitarbeiter und wies einen Jahresumsatz von 100 Milliarden US-Dollar aus. Die Ratingagenturen Standard & Poor's und Moody's bescheinigten bis kurz vor der Insolvenz Enron eine »vorzügliche Bonität«. Unter den 1000 Firmen und Beteiligungen des Enron-Imperiums waren 881 Briefkastenfirmen. Dies ermöglichte dem Unternehmen Steuern zu umgehen. 2001 verursachte Enron aufgrund fortgesetzter Bilanzfälschungen einen der größten Unternehmensskandale in der Wirtschaftsgeschichte der USA. Besondere Brisanz enthielt dieser Konflikt durch die besonderen Beziehungen bis in die höchsten Kreise der Politik der USA. ◀◀◀

Die Mehrzahl der im Deutschen Aktienindex (DAX), im M-DAX oder im TEC-DAX notierten Unternehmen bekennen sich zum Corporate Governance Kodex und weisen dieses auf ihrer Webseite, entweder unter diesem Stichwort oder unter dem Stichwort Investoren oder Investor Relations aus.

Auch im Kreis renommierter mittelständischer Familienunternehmen, die nicht börsennotiert sind, gibt es einen Vorschlag für einen eigenen Governance Kodex. Auf Initiative der Unternehmensberatung INTES und des Verbands »Die Familien Unternehmer – ASU« wurde 2004 bzw. 2010 ein *Governance Kodex für Familienunternehmen* vorgelegt. Der Kodex enthält Empfehlungen für die Organisation der Führung, Kontrolle und Sicherung des Zusammenhalts der Familie und des Familienunternehmens. Anders als der Corporate Governance Kodex für Aktiengesellschaften hat der Governance Kodex für Familienunternehmen keine gesetzliche Basis.

Familienunternehmen

Selbstverständlichkeit oder Notwendigkeit?

▶▶▶ In der Wirtschaftsgeschichte gibt es immer wieder Beispiele, wie in börsennotierten und nicht börsennotierten Unternehmen gegen die Grundsätze einer transparenten und guten Unternehmensführung verstoßen wird. Zwei jüngere Fälle der Bilanzfälschung und Insolvenz sind der Möbelhersteller SCHIEDER in Detmold und die Reederei BELUGA in Bremen. In beiden Fällen wurde nach Jahren glänzenden Wachstums mit einsetzenden wirtschaftlichen Schwierigkeiten Bilanzmanipulation betrieben. Beide Inhaber haben aus »subjektiver Not« gehandelt; ein Corporate Governance Kodex hätte sie daran nicht gehindert. Der DCGK enthält darüber hinaus keine neuen rechtlichen Vorschriften, sondern fasst nur bestehende Gesetze und Vorschriften zusammen. Damit wird keine neue Qualität der Rechtssicherheit geschaffen. ◀◀◀

2.2.2 Regelkonformes Handeln – Compliance Management

Eine der Empfehlungen des DCGK für Aktiengesellschaften lautet:

»Der Vorstand hat für die Einhaltung der gesetzlichen Bestimmungen und der unternehmensinternen Richtlinien zu sorgen und wirkt auf deren Beachtung durch die Konzerneinheiten hin (Compliance).« (DCGK 2015).

Damit sind börsennotierte Unternehmen, die sich zum DCGK bekennen verpflichtet, ein Compliance-Management-System (to comply: befolgen, erfüllen) einzuführen.

> »Ein Compliance-Management-System (CMS) bezeichnet die Gesamtheit der im Unternehmen eingerichteten Maßnahmen und Prozesse, um Regelkonformität sicherzustellen.« Vgl. Institut der Wirtschaftsprüfer in Deutschland, 2013.

Compliance-Beauftragte aus rechtlichen Gründen

Auch nicht börsennotierte Unternehmen sind dazu übergegangen, Compliance-Beauftragte zu ernennen, entsprechende Abteilungen einzurichten, oder das Risikomanagement damit zu beauftragen, in geeigneter Weise zu überwachen, dass sich alle Mitarbeiter an die rechtlichen Rahmenbedingungen halten. Rechtlicher Hintergrund hierfür ist, dass ein Unternehmensinhaber, bzw. die Geschäftsführung
▶ im Falle einer »Bestechung im geschäftlichen Verkehr« oder bei »Untreue« strafrechtlich verfolgt werden können,
▶ für »Pflichtverletzungen durch leitende Personen« haften und
▶ bei »Unterlassung von Aufsichtsmaßnahmen« eine Ordnungswidrigkeit begehen.

Korruptionsprävention

Im Kern eines aktiven Compliance-Managements geht es um die Korruptionsprävention wie
▶ aktive und passive Bestechung,
▶ Geldwäsche und Insiderhandel.

Die Bestechung von Führungskräften und Mitarbeitern hat in den letzten Jahren rapide zugenommen. Dabei geht es insbesondere um

▸ die Weitergabe von Betriebsgeheimnissen an Dritte, z. B. von technischen Neu-entwicklungen,

▸ die Weitergabe geschützter Daten, z. B. Kundendaten,

▸ die Vorteilsnahme bei der Vergabe von Aufträgen.

Die Gründe für die Korruptionsanfälligkeit von Mitarbeitern sind vielfältig und zumeist sozialpsychologischer Natur:

▸ persönliche Kränkung durch Vorgesetzte,

▸ Unzufriedenheit mit dem Karriereverlauf,

▸ Rachegelüste aufgrund von persönlicher Frustration sowie

▸ Geldmangel und Erpressbarkeit.

Aktive Korruptionsprävention setzt sowohl im organisatorischen als auch im perso-nalen Bereich an (vgl. Abbildung 2-3).

Die Einrichtung eines Compliance-Programms ist u. a. abhängig von

▸ der Unternehmensgröße (Familienbetrieb mit zwanzig Mitarbeitern versus Indus-triebetrieb mit tausend Mitarbeitern und mehr),

▸ der Risikoanfälligkeit des Unternehmens (z. B. standardisierte Serienfertigung versus High-Tech-Entwicklungsunternehmen),

▸ der internationalen Verflechtung des Unternehmens (z. B. Regionaler Handel ver-sus Internationaler Konzern),

▸ den besonderen rechtlichen Rahmenbedingungen (z. B. Aufsichtsinstanzen bei Banken).

Compliance-Programm

Abb. 2-3

Überblick Korruptionsprävention

Präventionsbereich	Maßnahmen
Organisatorische Ebene	▸ Vier-Augen-Prinzip: Kein Mitarbeiter kann allein und abschließend einen Vorgang bearbeiten. ▸ Prinzip der Funktionstrennung: Trennung zwischen den Pro-zessen der Auftragserfüllung und Auftragsüberprüfung. ▸ Prinzip der Arbeitsteilung: Jeder Beschäftigte hat nur einen beschränkten Zugriff auf Informationen. ▸ Prinzip der Rotation: In sensiblen Bereichen werden Mit-arbeiter regelmäßig ausgetauscht.
Personale Ebene	▸ Bestehende Datenschutz- und Verschwiegenheits-Klauseln in Arbeitsverträgen werden in Einstellungsgesprächen aus-drücklich thematisiert. ▸ Mitarbeitergespräche dienen auch der besonderen Sensibili-sierung in diesem Punkt. ▸ Bei Verdachtsmomenten wird sofort gehandelt. ▸ Bei einem Schuldnachweis wird Anzeige erstattet.

Abb. 2-4

Schrittfolge: Installation eines Compliance-Programms

Schrittfolge	Maßnahmen
1. Schritt: Identifizieren der Risiken	Analyse der jeweiligen *rechtlichen Rahmenbedingungen* des Unternehmens. Ermittlung der *Eintrittswahrscheinlichkeit* von Regelverstößen (z. B. Korruption) sowie Einschätzung des potenziellen Schadensumfangs.
2. Schritt: Internes Informations-system	Analyse bereits *existierender Schutzmechanismen*. Ableitung erforderlicher Schritte zur Risikovorsorge und Zuordnung dieser Schritte zu Verantwortungsbereichen. Einschätzung des Schulungsbedarfs sowie Entwicklung unternehmerischer Verhaltensrichtlinien.
3. Schritt: Internes und externes Informationssystem	Festlegung von *Verfahrensabläufen* bei Beschwerden. *Kontakte mit zuständigen Behörden.* Entwicklung eines internen Compliance-Reports.
4. Schritt: Kontroll- und Überwachungssystem	Bestellung einer Ombudsperson bzw. Installation einer Compliance-Abteilung. Festlegung von Kommunikationsabläufen und Sanktions-instrumenten. Aus den Kontrollen und Überwachungen schließlich kann sich der Bedarf einer erneuten Risikoanalyse ergeben. Es entsteht somit ein Compliance-Kreislauf.

Für die Installation eines Compliance-Programms schlägt Faust die in Abbildung 2-4 aufgeführte Schrittfolge vor (vgl. Faust, Th. 2011).

Grundsätzlich besteht ein Zielkonflikt zwischen einer auf Vertrauen setzenden Führungs- und Personalarbeit und Maßnahmen der Korruptionsprävention. Alle Mitarbeiter unter »Generalverdacht« zu stellen und entsprechend zu kontrollieren vergiftet die Unternehmenskultur. Zudem sind es immer nur einzelne Personen, die meist mit einem hohen Maß an Intelligenz und krimineller Energie auch bei bestehenden Kontrollmechanismen ihre Ziele verfolgen. Allerdings werden Mitarbeiter in den sensiblen Unternehmensbereichen der Forschung und Entwicklung, von Einkauf

Zielkonflikt zwischen Vertrauen und Kontrolle

Abb. 2-5

Ablaufschema: Installation eines Compliance-Programms

| Schritt 1 Identifizierung der Risiken | Schritt 2 Internes Informations-system | Schritt 3 Int. u. externes Kommunikations-system | Schritt 4 Kontroll- u. Überwachungs-system |

Quelle: Compliance-Management – ein Patentrezept gegen Korruption?, in: Retzmann, T./Grammes, T. (Hrsg.), Wirtschafts- und Unternehmensethik, Schwalbach 2014

und Logistik und der Produktion für Vorsichtsmaßnahmen Verständnis haben, da ihnen ihre exponierte Position bekannt ist. Mitarbeiter in weniger sensiblen Bereichen haben für entsprechende Warnhinweise dann Verständnis, wenn sie erkennen, dass schwarze Schafe in ihren Reihen für ihre eigene Existenz gefährlich sein können. Verschwiegenheit und Diskretion mit Daten gehört dann zum Arbeitsalltag – eine Frage der Kommunikation also.

2.3 Leitbilder: Freiwillige Selbstverpflichtungen

Die Frage, wie wirtschaftliches Gewinnstreben und moralische Ideale miteinander verbunden werden können, hat sozialhistorische und gesellschaftspolitische Wurzeln. Mit der industriellen Entwicklung im 18. und 19. Jahrhundert brach das feudale Werte- und Herrschaftssystem zusammen. Auch die kaufmännisch-christliche Moralvorstellung des »Ora et labora« wurde von einer sozialistisch geprägten Arbeiterbewegung abgelöst, die Solidarität und Gerechtigkeit forderte. Kapital und Arbeit standen sich schroff gegenüber. Mit nur langsam einsetzenden Sozialreformen wuchs in den zumeist patriarchalisch geführten Wirtschaftsbetrieben die Bereitschaft, die Arbeits- und Lebensbedingungen der Menschen zu verbessern. In der sozialen Marktwirtschaft in der Bundesrepublik Deutschland mit der gesetzlich garantierten Tariffreiheit und Sozialpartnerschaft zwischen Gewerkschaften und Unternehmern werden ständig die Einkommens- und Sozialstandards und die Mitbestimmungsrechte der Arbeitnehmer weiterentwickelt. Das wachsende ökologische Bewusstsein und die Erkenntnis der globalen Grenzen des Wachstums haben in den letzten Jahren dazu beigetragen, dass sich die Unternehmen auch zunehmend zu einem nachhaltigen, d. h. ressourcenschonenden Wirtschaften und zur globalen sozialen Verantwortung bekennen.

Sozialhistorischer Hintergrund

Vor diesem sozialhistorischen und gesellschaftlichen Entwicklungshintergrund ist auch die Bedeutung von Leitbildern in der Wirtschaft zu verstehen.

> Leitbilder gehören zur normativen, werteorientierten Selbstvergewisserung und Selbstverpflichtung von Unternehmen, Managern und Mitarbeitern.

Leitbilder können impliziter Bestandteil einer an Vorbildern orientierten Unternehmenskultur sein. Sie können aber auch, schriftlich formuliert, expliziter Bestandteil der Unternehmenspolitik sein.

Die Anlässe und Gründe für die Formulierung eines Leitbildes sind vielfältig:

Anlässe für Leitbilder

▸ eine Neuorientierung der Geschäftspolitik und der Strategie,
▸ eine gravierende Restrukturierung des Unternehmens mit einem begleitenden Veränderungsprogramm (Change-Management, vgl. Kapitel 5.3.2),
▸ eine Fusion mehrerer Unternehmen,
▸ der Antritt eines Nachfolgers im Vorstand bzw. der Geschäftsführung.

Der Nutzen eines Leitbildes kann darin bestehen, dass der Prozess der Leitbild-Entstehung gemeinsam mit den Mitarbeitern erfolgt. Standortbestimmung und Selbstvergewisserung können zur Identitätsbildung und Motivation im Sinne eines Gemeinschaftsgeistes beitragen. Die Risiken bestehen darin, dass der hohe Aufwand keinen dauerhaften Nutzen bringt, weil die Formulierungen im Leitbild sehr allgemein gehalten sind und keine konkreten messbaren und überprüfbaren Maßnahmen und Handlungsanleitungen nach sich ziehen.

Im schlechtesten Fall kann zwischen den formulierten Ansprüchen und der Wirklichkeit eine Diskrepanz bestehen, die Missmut und Zynismus erzeugen.

Beispiel **Leitbild einer Bank**

▶▶▶ In einer großen Berliner Bankgesellschaft wurde in einem Fusionsprozess mit großem Aufwand und externer Beratung ein Leitbild formuliert und den Mitarbeiterinnen und Mitarbeitern vorgestellt. Der erste Satz des Leitbildes lautete: *»Wir sind ein Team! Wir gehen vertrauensvoll miteinander um.«* Die auf diese Weise angesprochenen 12.000 Mitarbeiter reagierten achselzuckend, denn die Vorstände und Mitarbeiter der fusionierten Teilinstitute standen sich feindlich gegenüber. Zudem ging zur gleichen Zeit eine Unternehmensberatung durch die Institute, um jeden fünften Arbeitsplatz wegzurationalisieren. ◀◀◀

Die meisten herkömmlichen Leitbilder sind allerdings nicht alltagstauglich. Auch wenn es nicht an der Bereitschaft von Führungskräften und Mitarbeitern mangelt, sich an einem Leitbild zu orientieren, lassen sich die hehren Ansprüche kaum umsetzen, da die postulierten Verhaltenshinweise kaum messbar sind. Werden dagegen die allgemeinen Postulate mit messbaren Handlungsanweisungen versehen, die auch überprüft werden, lassen sich positive Auswirkungen auf die Führungskultur und auf kundenorientiertes Verhalten nachweisen.

In der Abbildung 2-6 sind exemplarisch, und für die Mehrzahl herkömmlicher Leitbilder typisch, sechs »laue Leitsätze« formuliert, die dann in einem nächsten Schritt eine Operationalisierung (Messbarkeit) erfahren.

Beispiele für die in Abbildung 2-6 aufgeführten Leitbildformulierungen könnten Folgende sein.

Abb. 2-6

Laue Leitbildformulierungen

1. Der Kunde steht im Mittelpunkt all unserer Bemühungen!
2. Unsere Produkte und Dienstleistungen sind immer auf dem neuesten Stand!
3. Wir haben einen hohen Qualitätsanspruch!
4. Wir bekennen uns zu einem partnerschaftlichen Führungsstil!
5. Umweltschutz hat für uns höchste Priorität!
6. Wir engagieren uns sozial!

Beispiel **Operationalisierte Leitbildformulierungen**

▶▶▶ 1. Der Kunde steht im Mittelpunkt all unserer Bemühungen!
Bestellungen und Reklamationen werden innerhalb von zwei Tagen erledigt!

2. Unsere Produkte und Dienstleistungen sind immer auf dem neuesten Stand!
Neuentwicklungen sind innerhalb von zwölf Monaten auf dem Markt!

3. Wir haben einen hohen Qualitätsanspruch!
Alle Mitarbeiter und Mitarbeiterinnen wenden die Regeln nach ISO 9001 an!

4. Wir bekennen uns zu einem partnerschaftlichen Führungsstil!
Wöchentlich findet eine Mitarbeiterbesprechung statt.

5. Umweltschutz hat für uns höchste Priorität!
Alle Schadstoffe werden in den dafür vorgesehenen Abfalltonnen entsorgt!

6. Wir engagieren uns sozial!
Wir gehen Partnerschaften mit Projekten an den sozialen Brennpunkten unserer Stadt ein. Dafür stellen wir pro Jahr einen Betrag von X Euro zur Verfügung. Betriebsrat und Geschäftsleitung wählen die Projekte gemeinsam aus! ◀◀◀

Operationalisierte Leitbilder sind dann sinnvoll, wenn sie als Führungsinstrumente in der Management- und der Personalentwicklung genutzt werden.

Leitbilder und Leitideen bedürfen der Kommunikation. Das konventionelle Medium stellt die Hochglanzbroschüre dar, die zur Imagebildung Mitarbeitern, Kunden, Lieferanten und ausgewählten Teilen der Öffentlichkeit zugänglich gemacht wird. Dieses Kommunikationsmedium verfehlt aber zumeist seine Wirkung. Für die Mitarbeiter sind die Aussagen zu unverbindlich und für die anderen Zielgruppen meist uninteressant. Das Internet bietet dagegen die Möglichkeit, konkret messbare Leitbilder im unternehmenseigenen Intranet an die Mitarbeiter zu adressieren. Auf der Webseite des Unternehmens können dann alle anderen Zielgruppen angesprochen werden. Dort finden sich häufig Rubriken wie

Leitbild-Hochglanzbroschüren sind out

▸ Unsere Produkte,
▸ Unsere Mitarbeiter,
▸ Corporate Governance,
▸ Nachhaltigkeit sowie
▸ Soziale Verantwortung.

Damit treten Unternehmen in ein weltweites Kommunikationsnetz ein, in dem die getroffenen Aussagen mit denen anderer Unternehmen verglichen und auf ihren Wahrheitsgehalt überprüft werden können. Plakative Bekenntnisse und formulierte Ansprüche, die der Wirklichkeit nicht entsprechen – zum Beispiel im Umweltschutz – können einen *Shitstorm* in den sozialen Netzwerken und Blogs mit geschäftsschädigender Wirkung auslösen. Der Verbreitungsgrad von Leitbild-Informationen im Internet und die Interaktionsmöglichkeiten der sozialen Medien zwingen Unternehmen, ihre normativen Aussagen an der Wirklichkeit zu orientieren und ständig zu aktualisieren.

Shitstorm = Sturm der Entrüstung

▶▶▶ Die Firma NESTLÉ bekennt sich auf ihrer Webseite zum Prinzip der ökologischen Nachhaltigkeit. Greenpeace veröffentlichte Informationen, dass der Lebensraum von Orang-Utans durch den Abbau bzw. die Produktion von Palmöl für das Produkt KitKat gefährdet sei. Darauf brach ein Sturm der Entrüstung in den sozialen Netzwerken aus, auf den Nestlé mit »Kommunikationsverweigerung« reagierte, sodass der Sturm der Entrüstung in der Folgezeit noch zunahm und die Reputation des Unternehmens schädigte. ◀◀◀

Leitbild für verantwortliches Handeln in der Wirtschaft

Eine Leitbild-Initiative mit gesamtgesellschaftlicher Bedeutung haben 2010 die Top-Manager von 21 führenden deutschen Aktiengesellschaften und Familienunternehmen gestartet. Von programmatischer Bedeutung für die gesamte Unternehmenswelt ist das *»Leitbild für verantwortliches Handeln in der Wirtschaft«*, das die Top-Unternehmensvertreter mit ihrer persönlichen Unterschrift als verbindlich anerkannt haben.

Zu den Unterzeichnern dieses Leitbildes gehören folgende Unternehmen:

BASF SE, Bertelsmann AG, Robert Bosch GmbH, BMW AG, Daimler AG, Deutsche Bank AG, Deutsche Telekom AG, E.ON AG, Evonik Industries AG, Fuchs Petrolub AG, Hapag Lloyd AG, Henkel AG & Co KGaA, Hochtief AG, Metro AG, B. Metzler Seel Sohn & Co Holding AG, Merck KGaA, Dr. Arend Oetker Holding GmbH & Co. KG, Otto Group, Powerfute, Trumpf GmbH & Co. KG, Volkswagen AG.

Das Leitbild versteht sich als Antwort auf eine gesellschaftliche Verdrossenheit an der Praxis der Unternehmensführung, die über eine Kritik an der sozialen Marktwirtschaft bis hin zu einer antikapitalistischen Position reicht. Zur Begründung ihres Leitbildes formulieren die Autoren entsprechend:

»Die Wirtschaft braucht die Zustimmung der Menschen. Als Unternehmer und Manager nehmen wir jedoch wahr, dass die Menschen gegenwärtig nur eingeschränktes Vertrauen in unser Handeln haben: Als Konsumenten schätzen sie in hohem Maße Produkte und Leistungen der Unternehmen, als Beschäftigte sind sie vielfach zufrieden mit ihrem Arbeitsumfeld. Zugleich stehen sie aber als Bürger der Sozialen Marktwirtschaft oftmals skeptisch gegenüber. Bereits seit Längerem zeigen Umfragen eine wachsende Unzufriedenheit mit dem Wettbewerbssystem, den Unternehmen und ihren Entscheidern. Kritisiert werden insbesondere Vorstände und Manager, die nach Meinung vieler ihrer Verantwortung und Vorbildrolle nicht gerecht werden. Als Initiative verschiedener Unternehmen wollen wir diesem Vertrauensverlust entgegenwirken.« (vgl. Leitbild für verantwortliches Handeln in der Wirtschaft, 2010).

Vor diesem gesellschaftspolitischen Hintergrund stellt sich für das Management die Frage, wie die *wert-* und *werte*orientierte Balance zwischen den unterschiedlichen Interessengruppen an einem Unternehmen hergestellt werden kann. Auf diesen Zusammenhang wird im folgenden Abschnitt eingegangen.

2.3.1 Leitbild: Werthaltige Teilhabe – Shareholder Value

In dem Leitbild für verantwortliches Handeln in der Wirtschaft, das im vorigen Kapitel Erwähnung fand, sprechen sich die Autoren eindeutig für das erwerbswirtschaftliche Prinzip in der Wirtschaft aus, von dem die Mitarbeiter, die Kunden und die gesamte Gesellschaft profitieren. Sie bekennen sich aber auch zur sozialen und ökologischen Verantwortung der Unternehmen.

Das erwerbswirtschaftliche Ziel von Unternehmen ist die Gewinnoptimierung. Das Management ist dafür verantwortlich, dass aus dem Zusammenspiel von Preis, Umsatz und Kosten Erträge generiert werden.

Shareholder Value:
Werthaltigkeit
des Investments

> Erträge müssen so bemessen sein, dass sie eine angemessene Gesamtkapitalverzinsung (Eigenkapital + Fremdkapital) ermöglichen, die wiederum die Renditeerwartung der Kapitalgeber befriedigt und Re-Investitionen zur Wertsteigerung des Unternehmens zulässt.

Dieser Zusammenhang wird auch als Shareholder-Value-Ansatz bezeichnet. Im gesellschaftlichen Klima relativer wirtschaftlicher Prosperität der letzten Jahrzehnte ist dieser Begriff in Verruf geraten. Dazu beigetragen haben auch Exzesse, in denen beispielsweise die Bonuszahlungen an Manager an den aktuellen Börsenwert der Aktiengesellschaft gekoppelt wurden. Das wiederum kann Anreiz für einen kurzfristigen Aktionismus des Managements geben. Bleiben dabei die Erfolge kurzfristiger Management-(Fehl)-Entscheidungen mittelfristig aus, müssen häufig die Mitarbeiter »die Zeche bezahlen«, während die hoch bezahlten Manager mit Bonuszahlungen und Abfindungen nach Hause geschickt werden. Solche Vorkommnisse schüren in der Gesellschaft ein Klima, in dem das Prinzip der Gewinnmaximierung in der Wirtschaft als unsozial und überholt abgetan wird.

Hermann Simon hat immer wieder darauf hingewiesen, dass es beim Shareholder-Value-Ansatz nicht um kurzfristige Gewinnerzielung, sondern um eine langfristige Steigerung des Unternehmenswertes geht (vgl. Simon, H. 2014). Indem Unternehmen gute Gewinnmargen erzielen, wird es ihnen auch möglich, den Ansprüchen der Mitarbeiter, aber auch den gesellschaftlichen Erwartungen an sozialer Teilhabe zu entsprechen.

Reflexion

Vom Shareholder Value zur Corporate Social Responsibility

Vor dem Hintergrund dieses gesellschaftlichen Klimas lässt sich auch erklären, warum die polemische Auseinandersetzung um den Shareholder-Value-Ansatz in den letzten Jahren durch die Diskussion um die gesellschaftliche Verantwortung von Unternehmen, dem Corporate-Social-Responsibility-Ansatz (CSR), in der Gesellschaft aber gerade auch in der Wirtschaft abgelöst wurde (vgl. Kapitel 2.3.3).

> Nur durch eine ausreichende Gewinnerzielung kann das Management die Balance schaffen zwischen der *Wert*steigerung des Unternehmens und einer *werte*orientierten gesellschaftlichen Verantwortung.

Stakeholder:
Werthaltigkeit für die
Interessengruppen

Dem Shareholder-Value-Ansatz wird in der Diskussion um den gesellschaftlich konsensfähigen Auftrag der Unternehmensführung der Stakeholder-Value-Ansatz gegenübergestellt (vgl. Freeman, R.E.; Moutchnik, A. 2013). Demnach dient die Unternehmensführung nicht ausschließlich dem Zweck, den Unternehmenswert zu steigern und die Renditeerwartungen der Investoren zu befriedigen, sondern ihre Aufgabe besteht darin, den Ansprüchen unterschiedlicher Bezugsgruppen des Unternehmens (Stakeholder) zu entsprechen und deren Interessen auszugleichen.

Aus unserer Perspektive stellen der Shareholder-Value-Ansatz und der Stakeholder-Value-Ansatz (vgl. Abbildung 2-7) keine Alternativen für das Management dar. Priorität für das Management muss auch nach diesem Modell die Erwirtschaftung eines Gewinns haben. Nur auf diese Weise kann auch den Erwartungen und Ansprüchen der Bezugsgruppen entsprochen werden.

Abb. 2-7

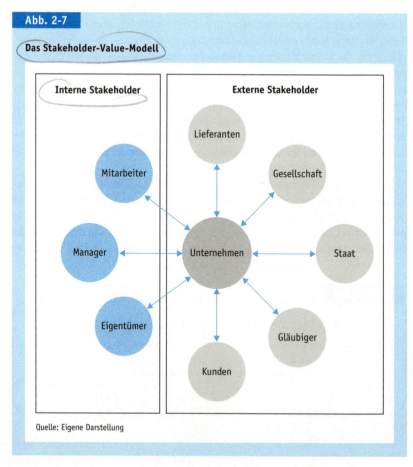

Das Stakeholder-Value-Modell

Quelle: Eigene Darstellung

Darüber hinaus suggeriert der Stakeholder-Ansatz, dass alle Bezugsgruppen des Unternehmens gleichartig und gleichberechtigt sind. Betrachtet man die einzelnen Bezugsgruppen aber genauer, werden erhebliche Unterschiede deutlich.

Unterschiedliche Bezugsgruppen

▶ Langfristige Beziehungen eines Unternehmens zu seinen *Lieferanten* können für beide Seiten wertvoll sein. Hat sich ein Unternehmen in seiner Fertigung spezialisiert – und mit ihm seine Lieferanten – besteht eine Interessenkoalition, aber auch eine wechselseitige Abhängigkeit. Geht einer der beiden Partner wirtschaftlich unter, droht er den anderen Partner mit sich zu ziehen. Hinzu kommt, dass die Bewertungskriterien für ein Unternehmen bei der Vergabe von Krediten nach Basel II/III vorsehen, dass das Unternehmen über möglichst viele, schnell austauschbare Lieferanten verfügt, um die oben genannten Risiken auszuschließen.

▶ Das Verhältnis des Unternehmens zum *Staat* ist nicht verhandelbar. Werden Steuern und Sozialabgaben nicht gezahlt, wird nach Ablauf einer möglicherweise eingeräumten Stundungsfrist von Amts wegen ein Insolvenzantrag beim Amtsgericht gestellt.

▶ Die primäre Verantwortung eines Unternehmens gegenüber der *Gesellschaft* besteht darin, dass es Steuern abführt und Arbeitsplätze schafft. Eine weitergehende Verpflichtung besteht nicht. Übernimmt ein Unternehmen finanzielle Verantwortung für gesellschaftliche Projekte ist das nur möglich, wenn die eigentliche Unternehmensaufgabe, die Gewinnerzielung, gewährleistet ist. Grundsätzlich besteht kein moralisch oder rechtlich begründeter Anspruch der Gesellschaft gegenüber dem Unternehmen auf Förderung und materielle Unterstützung sozialer Projekte.

In dem Stakeholder-Value-Modell gehen die wichtigsten Bezugsgruppen für den Unternehmenserfolg, die »Kunden« und »Mitarbeiter« unter. Sie werden in dem hier vorgeschlagenen *Wert- und Wertedreieck der Unternehmensführung* zusammen mit den Investoren in ein besonderes Werte-Verhältnis zueinandergesetzt (vgl. Abbildung 2-8). Demnach besteht die zentrale Aufgabe des Managements darin, bei diesen drei Bezugsgruppen dauerhaft Vertrauen zu gewinnen und diese Vertrauensverhältnisse im Gleichgewicht zu halten. Auf dieser *werte*orientierten Basis wird die *Wert*steigerung der Bezugsgruppen und des gesamten Unternehmens vorangetrieben.

Mit dem »Shareholder Value« sind die Aktivitäten des Managements gemeint, die darauf abzielen, den Unternehmenswert zu sichern und zu steigern und den Investoren eine angemessene Kapitalverzinsung zu gewährleisten.

Unternehmerische Aktivität mit dem Ziel der Gewinnerzielung ist nur möglich, wenn ausreichend Kapital zur Verfügung gestellt wird, um Investitionen und Innovationen zu ermöglichen. Kapitalgeber können die Gründer und Nachfolger in Familienunternehmen, die Aktionäre von Publikumsgesellschaften, Banken oder sonstige Investoren sein. Ihr Interesse ist primär eine angemessene und regelmäßige Verzinsung ihrer Einlage, die Steigerung des Unternehmenswertes und die sichere Rückführung des eingesetzten Kapitals nach einer vereinbarten Laufzeit. Dieser Sachverhalt wird als »Shareholder Value« bezeichnet.

Abb. 2-8

Die Wert- und Wertebalance in der Unternehmensführung

Shareholder Value

Unternehmens-führung

Customer Value

Human Resources Value

Quelle: Eigene Darstellung

Hier gilt: Investoren mit Vertrauen sind berechenbare Investoren. Messgrößen für den Shareholder Value können die Kapitalrendite, der Cashflow, der Ertragswert oder eine Dividende sein.

> Mit »Customer Value« sind die Aktivitäten des Managements gemeint, die darauf abzielen, ein höchst mögliches Maß an Vertrauen bei den Kunden in Produkte, Dienstleistungen, Service und Preis-/Leistungsverhältnis zu gewinnen.

Damit wird auch der Kundenwert berechenbar. Hier gilt: Zufriedene Kunden sind treue Kunden. Messgrößen für den Kundenwert können sein: Kundenbindung, Neukundengewinnung, Kundenumsatz und Kundenzufriedenheit (vgl. hierzu auch das Kapitel 10.3.4).

> Mit dem »Human Resources Value« sind die Maßnahmen des Managements gekennzeichnet, die dazu beitragen, Loyalität und Leistung der Mitarbeiter zu sichern und zu steigern.

Personalbefragungen belegen häufig das Phänomen, dass Mitarbeiter trotz gesichertem Arbeitsplatz und gutem Einkommen, sich eher »unzufrieden« über das Unternehmen äußern. In Unternehmen in schwieriger Lage zeigen sich Mitarbeiter häufig – trotz Arbeitsplatz- und Einkommensängsten dann zufrieden mit der Unternehmensführung – wenn diese über die Situation und die Perspektiven offen informiert und die Mitarbeiter in Veränderungsprozesse einbezieht. Gerade in mittelständischen Unternehmen, die in konjunkturellen Tälern oder Wirtschaftskrisen an ihrer Belegschaft festhalten, ist das Vertrauen zum Unternehmen groß. Hier gilt der Satz: Vertrauen erhöht die Bereitschaft der Mitarbeiter zu Loyalität und Leistung. Messgrößen für den Human Resources Value können sein Mitarbeiterzufriedenheit und Fluktuation, Produktivität und Qualität und die betriebliche Innovationsrate (vgl. hierzu Kapitel 10.3.4).

Die Kunst des Managements besteht darin, den Wert aller drei Bezugsgruppen zu sichern und auszubalancieren. Zwischen allen drei Bezugsgruppen unternehmerischen Handelns besteht ein sich wechselseitig beeinflussendes Wirkungsgefüge (Iterativer Wirkungszusammenhang). Vereinfacht auf eine Formel gebracht heißt das: die Zufriedenheit von Kunden und Mitarbeitern beeinflussen sich wechselseitig und beeinflussen wiederum den Unternehmenswert – positiv wie negativ.

Beispiel **Die Balance ist möglich!**

▸▸▸ Die Drogeriekette *dm* schafft es seit Jahren, den Umsatz und Ertrag zu steigern und bei Kunden- und Mitarbeiterbefragungen positive Zufriedenheitswerte zu erzielen. Ausbildungsprogramme und Mitarbeiterschulungen, Mitarbeiterfreundlichkeit und die großzügige Gestaltung der Einkaufsräume tragen hierzu in besonderer Weise bei.

Ungleichgewicht zwischen Bezugsgruppen

Ein Gegenbeispiel aus derselben Branche ist die mittlerweile in Insolvenz gegangene Drogeriekette SCHLECKER. Hier wurde an Mitarbeitern und am Mitarbeiter gespart und Kunden quälten sich durch enge und unübersichtliche Ladenlokale. Der Versuch der ebenfalls in Konkurs geratenen Heimwerkermarkt-Kette PRAKTIKER, den Customer Value durch permanente Rabattaktionen (»Alles 20 Prozent billiger, außer Tiernahrung«) zu steigern, blieb erfolglos. Nur Schnäppchenjäger wurden angezogen und schlechter Service und lieblose Warenpräsentationen vereitelten eine echte emotionale und vertrauensvolle Kundenbindung. ◂◂◂

Oligopole in der Telekommunikationsbranche verärgerten und verärgern mit ihrer Fixierung auf den Shareholder Value Kunden und Mitarbeiter. Zermürbende Telefonwarteschlangen und technische und rechtliche Kundenbindungs-Tricks haben hier das Vertrauensverhältnis seit Jahren und für Jahre beschädigt. Ein Ungleichgewicht der besonderen Art zwischen den unternehmerischen Bezugsgruppen zeigen Beispiele aus dem Bankensektor. Einige überregionale Banken zahlten und zahlen ihren (Leitenden) Mitarbeitern üppige Gehälter und Boni, obwohl weder das wirtschaftliche Ergebnis stimmt, noch die Kunden Vertrauen in die Solidität der Geschäftsverbindung haben.

In der Diskussion um die werteorientierte Positionierung der Unternehmen und ihres Managements im Verhältnis zu den unterschiedlichen Interessengruppen haben zwei Leitbild-Inhalte an Bedeutung gewonnen: die ökologische Nachhaltigkeit und die soziale Verantwortung, auf die in den folgenden Kapiteln eingegangen wird.

2.3.2 Leitbild: Ökologische Nachhaltigkeit – Sustainable Governance

Nachhaltigkeit:
ein ökologisch-
ökonomischer Begriff

Der Begriff »Nachhaltigkeit« ist in den letzten Jahren in Deutschland zu einem Aller-weltsbegriff in allen Lebensbereichen geworden. Im ursprünglichen Sinn meint Nachhaltigkeit ein Prinzip, nach dem nicht mehr verbraucht werden darf, als jeweils nachwachsen, sich regenerieren und zukünftig wieder bereit gestellt werden kann. In diesem ökonomisch-ökologischen Sinn wird im Folgenden der Begriff Nachhaltig-keit verstanden.

Schadensschöpfungs-
bilanz und Ökologischer
Fußabdruck

Ausgangspunkt der Analysen und Konzepte zum Prinzip der ökologischen Nach-haltigkeit in der Wirtschaft ist die Modellvorstellung, dass der ökonomischen »Wert-schöpfungsbilanz« eine ökologische »Schadensschöpfungsbilanz« gegenübergestellt werden muss. Folgt das Management eines Unternehmens dieser Modellvorstellung, besteht seine Aufgabe darin, im gesamten Wertschöpfungsprozess von der Entwick-lung über den Einkauf, die Produktion und Distribution den Verbrauch natürlicher Ressourcen und umweltschädliche Einflüsse zu minimieren oder ganz zu vermeiden. Das Ergebnis der Bemühungen, den »ökologischen Fußabdruck« bei gleichzeitiger »ökonomischer Wertschöpfung« möglichst gering zu halten, lässt sich in »Nachhal-tigkeitsbilanzen« dokumentieren.

Nachhaltigkeits-
management

Nachhaltigkeitsmanagement (Sustainable Governance) ist in den letzten Jahr-zehnten von einer ökologischen Protestforderung zu einem globalen politischen Pro-gramm geworden. Die Fragen

▸ der Erderwärmung und des Klimaschutzes,
▸ des Bevölkerungswachstums,
▸ der Energiegewinnung und des Ressourcenverbrauchs

stehen regelmäßig auf den Tagesordnungen internationaler Gipfelkonferenzen und sind längst zum Gegenstand geopolitischer Machtproben geworden. Auf nationaler Ebene ist der Komplex Nachhaltigkeit in all seinen Facetten seit Jahren Top-Thema der Bundesregierungen und von Gewerkschaften und Unternehmerverbänden.

Die Leitidee der Nachhaltigkeit fordert vom Management in der Wirtschaft vor allem Entscheidungen und Taten, die dazu beitragen

---

Information

Grenzen des Wachstums

Als wichtiger Meilenstein in der gesell-schaftlichen Wahrnehmung der ökologi-schen Zukunftsherausforderungen gilt die Studie des Club of Rome von 1972 »Gren-zen des Wachstums«. Auf der Grundlage von Zukunftsszenarien kamen die Autoren der Studie zu der Schlussfolgerung: Wenn die gegenwärtige Zunahme der Weltbevöl-kerung, der Industrialisierung, der Umwelt-verschmutzung, der Nahrungsmittelproduk-tion und der Ausbeutung von natürlichen Rohstoffen unverändert anhält, werden die absoluten Wachstumsgrenzen auf der Erde im Laufe der nächsten hundert Jahre erreicht. In den Folgejahren wurden die Studien des Club of Rome fortgesetzt. Sie lösten weltweit vielfältige ökonomisch-ökologische Forschungsaktivitäten aus.

- die Produktionsprozesse umweltverträglich zu gestalten, z. B. durch die gezielte Drosselung des CO_2-Ausstoßes,
- auf gefährliche Substanzen im Fertigungsprozess und in den Produkten zu verzichten bzw. diese zu substituieren,
- die natürlichen Ressourcen wie Wasser und Energie sparsam einzusetzen,
- recycelfähige Güter und Waren zu produzieren,
- die Umweltbelastung durch Verpackung zu reduzieren,
- den Transport ökonomisch und ökologisch zu organisieren,
- Ausschuss und Abfälle möglichst wieder für weitere Produkte oder die eigene Energiegewinnung zu nutzen.

Mit dem sogenannten Drei-Säulen-Modell der Nachhaltigkeit, das seit Jahrzehnten in der Nachhaltigkeitsdiskussion von paradigmatischer Bedeutung ist, wird die ursprüngliche Idee von der Vereinbarkeit von Ökonomie und Ökologie um die dritte Säule erweitert: die gesellschaftliche und soziale Verantwortung.

Drei-Säulen-Modell der Nachhaltigkeit

Die Diskussion zur Nachhaltigkeit und gesellschaftlichen Verantwortung der Wirtschaft wird insbesondere von einer *paternalistischen* Politik von Regierungen und supranationalen Organisationen getrieben, die der Selbstbestimmung der Menschen und den Selbstregulationsmechanismen der Wirtschaft misstrauen. Auf der Suche nach neuen Betätigungsfeldern nehmen wissenschaftliche Einrichtungen und Consulting-Gesellschaften diesen Impuls und entsprechende Projektaufträge dankbar auf. Dass die dabei entstehenden Modellvorstellungen wie Ökonomie, Ökologie und soziale Verantwortung mit dem Anspruch auf »Ganzheitlichkeit« integriert werden können, ist aber für die praktische Unternehmensführung verwirrend und zunehmend ungeeignet. Vor diesem Hintergrund sind alle Versuche, Ökonomie und nachhaltiges Wirtschaften so weit wie möglich im Wertschöpfungsprozess zu harmonisieren bzw. zu integrieren richtungsweisend. Das o. g. Drei-Säulen-Modell der Nachhaltigkeit, in dem eine globale soziale Verantwortlichkeit der Wirtschaft postuliert wird, ist dagegen eher unrealistisch.

Paternalismus als überbehütende staatliche Fürsorge

Nach Versuchen und Phasen in der Wirtschaft »Ökologische Nachhaltigkeit«

- mit geringem Aufwand als modisches Etikett mit absatzfördernder Wirkung zu nutzen (»Wir schützen den Regenwald durch das papierlose Büro«),
- durch symbolische und punktuelle Beteiligung an ökologischen Projekten im Mainstream zu bleiben (Green Washing), (»Wir beteiligen uns am Recycling von Wertstoffen«),
- schwerpunktmäßig mit großem Aufwand ökologische Projekte zu fördern, die auch im eigenen Geschäftsinteresse liegen (»Wir fördern und nutzen energiesparende Anlagen und Verfahrenstechniken«)

finden sich in der Wirtschaft immer mehr glaubwürdige und funktionale Ansätze, ökologische Nachhaltigkeit entlang der Wertschöpfungskette zu integrieren und zum Bestandteil des Geschäftsmodells zu machen.

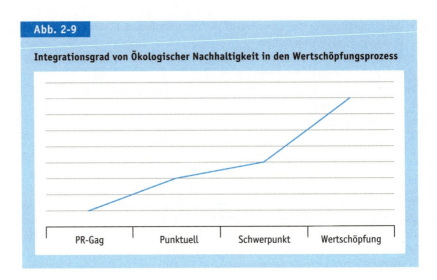

Abb. 2-9

Integrationsgrad von Ökologischer Nachhaltigkeit in den Wertschöpfungsprozess

PR-Gag   Punktuell   Schwerpunkt   Wertschöpfung

Wie Aspekte ökologischer Nachhaltigkeit im Wertschöpfungsprozess in den einzelnen unternehmerischen Teilfunktionen realisiert wird bzw. realisiert werden kann, wird im Kapitel 4 untersucht.

Beispiel **Integriertes Nachhaltigkeitsmanagement bei HENKEL**

▶▶▶ HENKEL verfügt über ein konzernweites operatives Nachhaltigkeitsmanagement, das durch einen unmittelbar dem Vorstand berichtenden »Sustainable Council« geführt wird. Im Mittelpunkt der formulierten Nachhaltigkeitsstrategie steht das Ziel für 2030:

»Wir verdreifachen den Wert unserer Geschäftstätigkeit im Verhältnis zum ökologischen Fußabdruck unserer Produkte und Dienstleistungen.«

Henkel hat Nachhaltigkeitsprinzipien entlang der gesamten Wertschöpfungskette von der Rohstoffverwendung, über die Produktion, die Verpackung, die Logistik die industrielle Nutzung, den Handel bis hin zum Verbraucher und zur Entsorgung beispielhaft integriert. Jährlich wird in einem Nachhaltigkeitsbericht dargestellt, wie die Nachhaltigkeitsprinzipien entlang der beschriebenen Wertschöpfungskette umgesetzt wurden. ◀◀◀

Nachhaltigkeitsberichte werden im industriellen Sektor zunehmend von einer freiwilligen Leistung zu einem Benchmark-Kriterium in der Wirtschaft. Die Wirtschaftsprüfungsgesellschaft KPMG stellt in einer Untersuchung fest, dass 2013 fast drei Viertel aller Unternehmen weltweit – konkret 71 Prozent – über ihr Nachhaltigkeitsengagement berichten. Die Autoren der Studie kommen zu dem Schluss: »Inzwischen stellt sich nicht mehr die Frage, ob ein Unternehmen über Nachhaltigkeit berichten sollte. Die entscheidende Frage lautet: Was sollte es berichten, und wie macht es das am besten?« (KPMG 2014).

Information

Deutscher Nachhaltigkeitspreis

Dass Nachhaltigkeit zu einem Wettbewerbskriterium geworden ist, belegt auch die jährliche Vergabe des Deutschen Nachhaltigkeitspreises, um den sich renommierte Unternehmen bewerben, die einen hohen Integrationsgrad von Nachhaltigkeitsprinzipien in ihrem Wertschöpfungsprozess nachweisen können. Die Nachhaltigkeitspreisträger 2014 waren beispielsweise die Unternehmen MIELE, RAUCH Möbelwerke und der Pflanzenschutzmittelhersteller W. NEUDORFF.

2.3.3 Leitbild: Soziale Verantwortung – Corporate Social Responsibility

Wir unterscheiden zwischen einer
▸ primären sozialen Verantwortung von Unternehmen und
▸ einer sekundären sozialen Verantwortung von Unternehmen.

Primäre soziale Verantwortung von Unternehmen

Ein Unternehmen ist – auf der Basis von Rohstoffen, Anlagen und Maschinen – primär ein soziales Gebilde. Menschen leisten in Unternehmen auf arbeitsvertraglicher Basis Hand- und Kopfarbeit, die zur Erfüllung des Unternehmenszwecks und zur Erreichung der Unternehmensziele beitragen. Daraus leitet sich die primäre soziale Verantwortung des Unternehmens und des Managements ab. Das Management wird seiner sozialen Verantwortung gegenüber den Mitarbeitern dann gerecht,
▸ wenn im ganzen Unternehmen ein Maximum an Arbeitssicherheit gewährleistet ist,
▸ die neuesten ergonomischen und arbeitswissenschaftlichen Erkenntnisse in die Gestaltung der Arbeitsplätze münden,
▸ in Produktionsbetrieben eine arbeitsmedizinische Versorgung gewährleistet ist,
▸ der Ausgrenzung einzelner Personen oder von Gruppen entgegengewirkt wird,
▸ der Unterschiedlichkeit der Mitarbeiter aufgrund von Nationalität und Religion im Arbeitsalltag entsprochen wird (Diversity Management),
▸ eine funktionale und extrafunktionale Förderung der Mitarbeiter am Arbeitsplatz und durch Qualifizierungsmaßnahmen erfolgt.

Die meisten der genannten Anforderungen an ein betriebliches Sozialmanagement sind gesetzlich geregelt und werden im Rahmen der Sozialpartnerschaft zwischen Gewerkschaften und Unternehmen durch Tarifverträge und Betriebsvereinbarungen abgesichert. Wie diese primäre soziale Verantwortung im Wertschöpfungsprozess in den einzelnen unternehmerischen Teilfunktionen realisiert wird bzw. realisiert werden kann, wird im Kapitel 4 untersucht.

Unternehmen steht es frei, darüber hinausgehende soziale Leistungen zu erbringen, zum Beispiel die Förderung von Betriebssport, Programmen zur besseren Vereinbarkeit von Familie und Beruf, Betriebskindergärten usw. Diese Programme und Maßnahmen sollten eng an den Unternehmenszweck gebunden sein und nicht zu Lasten anderer Bezugsgruppen (Stakeholder) wie den *Kunden* und den *Investoren* gehen.

Sekundäre soziale Verantwortung von Unternehmen

Managementtheoretiker in den USA beschäftigen sich schon seit den fünfziger Jahren des vergangenen Jahrhunderts mit der Frage, welchen Standort und welche Funktion die Wirtschaft und die Unternehmen über den ökonomischen Zweck hinaus einnehmen bzw. erfüllen sollen. Diese Diskussion wird in Verbindung mit dem Thema »Nachhaltigkeit« auch in Deutschland geführt. Zahlreiche Management-Preise für besondere Leistungen von Unternehmen auf dem Gebiet der sozialen Verantwortung werden von Ministerien, Verbänden und Stiftungen vergeben. Dabei wird häufig übersehen, dass unternehmerische Sozialverantwortung immer schon durch die Wirtschaft praktiziert wurde. Unternehmen engagieren sich häufig in ihrer Region durch finanzielle Zuwendungen (Sponsoring) und eine ideelle Trägerschaft

- im Sport und bei Sportvereinen,
- im Kulturbereich durch die Unterstützung von Theatern, Ausstellungen und Musikveranstaltungen,
- im Bereich von Hochschule, Wissenschaft und Nachwuchsförderung,
- bei kirchlichen und karitativen Einrichtungen,
- bei der Förderung einzelner sozialer Projekte.

Über diese punktuelle soziale Verantwortung von Unternehmen – ohne die manche Initiativen gar nicht lebensfähig wären – gehen Unternehmen auch dazu über, ihr soziales Engagement zu systematisieren und mit ihrem Geschäftszweck zu verbinden.

Beispiel **Soziales Engagement im Nahrungs-Groß- und Einzelhandel**
▶▶▶ Die Lebensmittelhandelsgesellschaft EDEKA fördert vorwiegend Initiativen, die mit dem Thema Lebensmittel verbunden sind. Zentral konzipiert und dezentral umgesetzt unterstützen bundesweit 6.300 Edeka-Märkte Projekte, Vereine und Schulen in ihren Städten und Gemeinden durch Spenden und aktive Mithilfe. Edeka gehört bundesweit zu den wichtigsten Förderern von rund 900 »Tafel«-Initiativen, die bedürftige Menschen mit Lebensmitteln versorgen. Darüber hinaus fördert Edeka einen Ernährungsservice für Kitas und Grundschulen.

Reflexion

Dezentral, regional und verbunden mit dem Geschäftszweck

Unternehmen haben die Freiheit, sich dort sozial zu engagieren, wo sie es, aufgrund welcher Motive auch immer, für richtig halten. Forderungen, von allen Unternehmen einen Beitrag für einen zentral verwalteten Gemeinschaftsfonds für soziale Zwecke einzurichten, widersprechen der unternehmerischen Freiheit und führen zu mehr Bürokratie.

Soziales Engagement bei einem Automotiv-Unternehmen

Der Automobil-Zulieferer und Technologie-Konzern CONTINENTAL konzentriert sich bei seinen sozialen Aktivitäten auf drei Felder, die mit dem Unternehmenszweck verbunden sind. »Engagement im Sport«, »Engagement für Soziales und Verkehrssicherheit«, »Engagement für Bildung und Wissenschaft«. Als global tätiger Konzern werden dabei auch Projekte der Aidshilfe in Afrika oder der Armutsbekämpfung auf den Philippinen mit eingebunden. ◀◀◀

Schlüsselbegriffe

▸ **Bürokratiekosten**
▸ **Compliance**
▸ **Corporate Governance**
▸ **Corporate Social Responsibility (CSR)**
▸ **Customer Value**
▸ **Cyber-Attacken**
▸ **Human Resources Value**
▸ **Korruption**
▸ **Leitbild**
▸ **Shareholder Value**
▸ **Shitstorm**
▸ **Soziale Netzwerke**
▸ **Stakeholder Value**
▸ **Sustainable Governance**
▸ **Wirtschaftskriminalität**

3 Strategisches Management

Leitfragen

Wie wird eine Strategie entwickelt?

▸ Strategische Zielbildung

▸ Die Planungs-Pyramide

▸ Taktische und operative Zielumsetzung

Welche Werkzeuge dienen der Strategiebildung?

▸ Branchen- und Zukunftsanalysen

▸ Wettbewerbsanalysen

▸ Potenzialanalysen und Zukunftsszenarien

In welchen strategischen Feldern müssen Entscheidungen getroffen werden?

▸ Marktdefinition

▸ Pionier oder Follower, Make or buy

▸ Qualitäts-, Preis- oder Nischenstrategie

▸ Markt- und Markenpositionierung

▸ Kommunikations- und Vertriebsstrategie

Die Abbildung 3-1 vermittelt einen Überblick über die in diesem Kapitel behandelten Aspekte des strategischen Managements: den strategischen Zielbildungs- und Zielumsetzungsprozess und ausgewählte Strategiewerkzeuge zur Zielumsetzung und Entscheidungsfindung in zentralen strategischen Zielfeldern.

3.1 Strategiebildung und Strategieumsetzung

Unternehmensstrategien umfassen die Oberziele eines Unternehmens, mit denen der angestrebte Unternehmenswert und die Renditekennziffern, die Marktpositionierung und das Produkt- bzw. Dienstleistungsspektrum für einen Zeitraum mittlerer Reichweite zwischen einem und fünf Jahren definiert werden.

Was heißt Unternehmensstrategie?

Daraus werden Unterziele und Maßnahmenpläne für das ganze Unternehmen abgeleitet, die als Fahrpläne für die Erreichung der Oberziele fungieren.

Die Erfüllung übergeordneter normativer Ansprüche, wie sie im 2. Kapitel dargestellt wurden, setzt voraus, dass sich Unternehmen im Wettbewerb als überlebensfähig erweisen. Das bedeutet für das Management, Chancen zu nutzen und Risiken zu

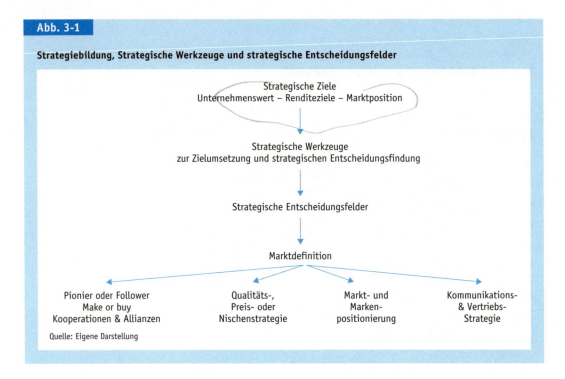

Abb. 3-1

Strategiebildung, Strategische Werkzeuge und strategische Entscheidungsfelder

Strategische Ziele
Unternehmenswert – Renditeziele – Marktposition

Strategische Werkzeuge
zur Zielumsetzung und strategischen Entscheidungsfindung

Strategische Entscheidungsfelder

Marktdefinition

Pionier oder Follower	Qualitäts-,	Markt- und	Kommunikations-
Make or buy	Preis- oder	Marken-	& Vertriebs-
Kooperationen & Allianzen	Nischenstrategie	positionierung	Strategie

Quelle: Eigene Darstellung

begrenzen. Dazu bedarf es kurz- und mittelfristiger Markterfolge und eines überge-ordneten, mittelfristigen Zielkorridors mit herausfordernden Perspektiven.

Fahrpläne vermeiden
Verspätungen

Zu der übergeordneten Verantwortung des Managements gehört es, zusammen mit internen Verantwortungsträgern und externen Experten Antworten auf folgende Fragen zu suchen:

▸ Wie geht es in der nahen und ferneren Zukunft mit dem Unternehmen weiter und wo wollen wir hin (Strategisches Management)?
▸ Wie sehen die Landkarten, Meilensteine und Zeitpläne aus, die zu dem Ziel führen sollen (Taktisches Management)?
▸ Wie werden die Ziele und Pläne durch Maßnahmen und Prozesse realisiert (Opera-tives Management)?
▸ Wie lassen sich Innovationen durch Projekte steuern (Projektmanagement)?

Die Abarbeitung dieser Fragen dient in der zeitlichen Abfolge dazu,

▸ Ziele zu definieren,
▸ Pläne zur Erreichung der Ziele aufzustellen,
▸ Entscheidungen zu treffen,
▸ den Prozess der Umsetzung von Plänen und der Erreichung von Zielen zu steuern,
▸ Ziel- und Plankorrekturen vorzunehmen.

3.1.1 Zielbildung

> Unternehmensziele dienen der Orientierung, der Legitimation und der Strukturierung.

Die *Orientierungsfunktion* von Zielen besteht darin, bei einer Vielzahl möglicher Orientierungen, allen Beteiligten die Richtung anzuzeigen, wohin sich das Unternehmen entwickeln soll. Dabei kann es sich um Wachstums-, Stabilisierungs- oder auch Rückzugsziele handeln. Entscheidungen mittlerer Reichweite und bis auf Widerruf müssen im Hinblick auf Märkte, Produktinnovationen und Investitionen getroffen werden. Strategien sollen Stabilität und Vertrauen im sozialen Gefüge von Shareholdern und Stakeholdern vermitteln, ohne zur Erstarrung der Organisation unter dem Diktat eines Fünfjahresplans zu führen.

Funktionen von Zielen

Die *Legitimationsfunktion* von Zielen besteht zum einen gegenüber den Investoren (Shareholder) und zum andern gegenüber den Mitarbeitern, den Lieferanten und der Öffentlichkeit. Auch bei der Ableitung von Unterzielen und Maßnahmen und deren Umsetzung auf taktischer und operativer Ebene haben die strategischen Oberziele legitimierende Bedeutung und zugleich eine *strukturierende Funktion*.

»Ja, mach nur einen Plan! Sei nur ein großes Licht! Und mach dann noch 'nen zweiten Plan. Gehen tun sie beide nicht.«

In der Praxis der Unternehmensführung, insbesondere im Mittelstand, ist die Skepsis gegenüber der menschlichen Unzulänglichkeit beim Planen im Sinne des o. g. Brecht-Zitats aus der Dreigroschenoper meist groß. Man scheut den bürokratischen Aufwand, misstraut der scheinbaren Logik von langfristigen Plänen und setzt mehr auf Erfahrung, Intuition und Augenmaß im Hier und Jetzt.

Beispiel **Strategische Planung oder Bauchgefühl**
▸▸▸ Bei einem Betriebsbesuch mit Studierenden bei einem international erfolgreichen Unternehmen aus der Spielautomatenbranche erläuterte der Juniorchef die Geschäftsfelder und Produkte des Unternehmens. Auf die Frage des Professors, wie man es denn mit der Strategie halte, antwortete der mittlerweile dazu gekommene Seniorchef:»Wer Strategien entwirft, hat Angst vorm Leben!« Das erheiterte die Studierenden und blamierte den Professor, der ihnen zuvor im Seminar die Erfolgsgeschichte des Seniors und Gründers des Unternehmens und zugleich die Notwendigkeit der Strategiebildung erläutert hatte. ◂◂◂

Viele Unternehmen sind in der Vergangenheit groß und erfolgreich geworden, obwohl sie über keinen Businessplan oder eine schriftlich formulierte Strategie verfügten. Häufig war es eine Idee, die mit Intuition und Tüftelei weiterentwickelt wurde und die die Basis für den späteren Erfolg war. Die Erfahrungen haben diese Unternehmer und Manager gelehrt, dass sie »auf Erfolgskurs« bleiben, wenn sie das Unternehmen »auf Sicht« steuern und nicht langfristig angelegten Plänen trauen. Dieses gilt vor allem für traditionelle Familienunternehmen, die über eine enge Kun-

»Lillifee ist ohne Businessplan groß geworden«, so der Unternehmer.

denbindung und ein am Markt gut eingeführtes Produkt- und Dienstleistungs-Portfolio verfügen. Doch die Zeiten haben sich gewandelt. Ohne bisherige Erfolgsrezepte, wie enger Kundenkontakt und marktorientierte Eigenentwicklungen zu vernachlässigen, brauchen Unternehmen auch einen über den Tag hinaus reichenden Masterplan, der den am Unternehmenserfolg beteiligten Personen und Gruppen Orientierung, Legitimation und Struktur gibt. Die Rahmenbedingungen unternehmerischen Handelns werden komplexer und die Digitalisierung wirtschaftlicher Prozesse schreitet voran. Die Wirtschaftspartner, die durch Wertschöpfungsketten miteinander verbunden sind und Handelspartner im globalen Maßstab und nicht zuletzt die Banken mit ihren Kreditvergaberichtlinien nach Basel II/III fordern von den Unternehmen einen systematischen Blick nach vorne. Gerade wenn es um die Entwicklung neuer Märkte auch im Ausland geht, brauchen Unternehmen eine strategische Planung. Das schließt eine »Steuerung auf Sicht« in bekannten Gewässern nicht aus. Dabei sind auch weiterhin Erfahrung und Intuition als gute Ratgeber gefragt.

Start-up-Unternehmen

Der »Start-up-Unternehmer« muss mit einem Businessplan die Banken davon überzeugen, ihm einen Kredit zu bewilligen. Die Angehörigen eines Familienunternehmens verlangen nach Sicherheit in der Zukunft und die Aktionäre einer Publikumsgesellschaft stoßen ihre Anteile ab, wenn ihnen die Zukunftsperspektiven der Aktiengesellschaft nebulös erscheinen.

Strategische Flexibilität

Eine strategische Planung und eine Unternehmenssteuerung »auf Sicht« sind keine Gegensätze! Strategische Pläne müssen flexibel gehalten werden, damit das Management jederzeit auf gravierende Marktveränderungen oder sonstige gewichtige Einflussfaktoren reagieren kann. Ohne Zweifel ist ein systematischer Strategieprozess aufwendig. Der fehlende strategische Blick auf den Markt, die Wettbewerber und die Zukunft kann aber tödlich sein. Unternehmen des militärisch-industriellen Komplexes, aber auch der Versorgungswirtschaft versuchen, durch Lobbyarbeit die politischen Risiken für ihre strategischen Entscheidungen zu verringern. Mit dem politisch entschiedenen Atomausstieg in Deutschland wurden für die Versorgungswirtschaft die Weichen neu gestellt. Das führte zwangsläufig zu einer strategischen Neuausrichtung in diesem Bereich.

Beispiel *e.on* **steigt aus**
▶▶▶ Der Energiekonzern e.on gab Ende 2014 einen radikalen Strategiewechsel bekannt. Die traditionellen Geschäftsfelder Kohle, Gas und Kernenergie werden ausgegliedert und zum Verkauf gestellt. Zukünftig will man sich auf Solar- und Windenergie konzentrieren. Ein Grund für diesen Strategiewechsel ist, dass der politisch in Deutschland gewollte Kernenergieausstieg bisherige strategische Planungen und langfristige Investitionen wertlos gemacht hatte. ◀◀◀

Strategiebildung ist kein einmalig abgeschlossener Vorgang, der alle drei bis fünf Jahre wiederholt wird. Strategiebildung ist vielmehr ein *rollierender Prozess*, der taktische Umsetzungspläne beinhaltet. Diese Umsetzungspläne bzw. Maßnahmen müssen bei veränderten Rahmenbedingungen angepasst werden, bevor die strategischen Ziele völlig neu gesetzt werden. Mintzberg bezeichnet diesen fortwährenden Prozess

---

Reflexion

Parallelwelten

Aktion und Planung erfordern zwei unterschiedliche Denk- und Verhaltensmuster. Der Unternehmensalltag verlangt vom Management schnelle Reaktionen im Hier und Jetzt und den tatkräftigen Einsatz bei der Lösung aktueller Probleme. Strategische Planung ist dagegen eine datenbasierte intellektuelle Analyse- und Projektionstätigkeit, durch die eine zukünftige Wirklichkeit beschrieben werden soll. Das eine wie das andere ist notwendig, kann aber nicht immer von einer Person geleistet werden. Wird die strategische Planungsarbeit in Konzernen an »Zukunftsdenker« delegiert, geraten diese häufig in Gefahr, als planerische »Sandkastenakteure« und »Papiertiger« nicht ernst genommen zu werden. In kleinen und mittelständischen Unternehmen gerät strategische Planung ins Abseits, wenn man sie der Finanzbuchhaltung überlässt und sie nicht zur Chefsache macht.

»als Grundmuster im Strom von Unternehmensentscheidungen und -handlungen« (Mintzberg, H. 1991).

Konzerne, die weltweit in einem harten Innovations- und Preiswettbewerb stehen, verfügen häufig über Planungsstäbe für strategische Grandsatzfragen (*Think tank*), die den Vorstand beraten. Kleine und mittlere Unternehmen können und wollen sich zwar einen aufwendigen Planungs-Apparat nicht leisten. Sie werden aber alles dafür tun müssen, einerseits kurzfristige Chancen zu nutzen, aber auch strategische Wettbewerbsvorteile zu suchen und zu verteidigen.

3.1.2 Zielumsetzung

> Strategische Oberziele müssen auf der taktischen und operativen Ebene ihre Entsprechung in Form von Unterzielen haben. Dabei gilt eine Zweck-Mittel-Relation, d. h., Unterziele lassen sich auch als Maßnahmen definieren, die zur Umsetzung der Oberziele dienen.

Das damit verbundene, sogenannte Deduktionsproblem besteht darin, dass bei der Ableitung von Unterzielen aus Oberzielen mit einer gewissen Unschärfe gerechnet werden muss. Oberziele bestehen nicht nur aus Kennziffern, sondern auch aus qualitativen Optionen, aus denen nicht linear Unterziele deduziert werden können. In diesem Zusammenhang muss auch vor dem Versuch gewarnt werden, aus Oberzielen ein feinmaschiges Netz von Unterzielen bis zur letzten Hierarchieebene herunterbrechen zu wollen.

Deduktionsproblem

Zum einen ist dieses ein methodisch schwer durchzuhaltendes und aufwändiges Unterfangen, das auf ein bürokratisches Abstimmungs- und Dokumentationsverfahren hinausläuft, das alle Beteiligte frustriert.

Zum anderen ist die Vorstellung fragwürdig, dass ein ganzes Unternehmen über wenige Leitziele steuerbar ist. Wichtig allerdings ist, dass neben den strategischen Zielen wichtige Leitziele für die taktische und operative Ebene entstehen, die dann in den jeweiligen Verantwortungsbereichen durch Maßnahmen und Projekte mit einem hohen Freiheitsgrad mit Leben erfüllt werden können.

Das Ergebnis eines solchen strategischen Planungsprozesses, der die normativen Ziele und die taktische und operative Ebene einbezieht, lässt sich in Form einer Planungspyramide darstellen (siehe Abbildung 3-2).

Strategisches Management

Strategien sind Landkarten mit Meilensteinen, Zeitangaben und Zielpunkten

Der strategische Planungs- und Umsetzungsprozess vollzieht sich wie im Folgenden beschrieben.

Das *strategische Management* schließt die grundsätzlichen und längerfristigen Ziel- und Richtungsentscheidungen über Märkte, Produkte, Investitionen, Standorte, Finanzierung, Personal usw. ein. Damit sind Aufwands- und Ertragsprognosen verbunden.

Das Top-Management verantwortet auch, dass alle Managementebenen für ihre Funktionsbereiche Teilziele und Teilpläne aus den strategischen Zielen und Plänen ableiten und entsprechende taktische und operative Umsetzungsmaßnahmen planen und realisieren.

Abb. 3-2

Die strategische Planungspyramide von Unternehmen

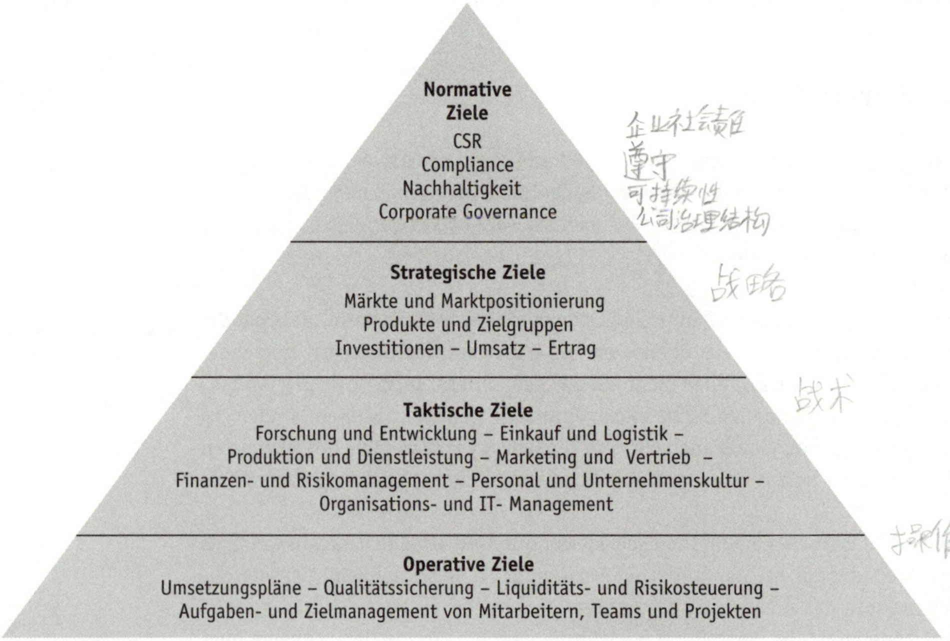

Normative Ziele
CSR
Compliance
Nachhaltigkeit
Corporate Governance

Strategische Ziele
Märkte und Marktpositionierung
Produkte und Zielgruppen
Investitionen – Umsatz – Ertrag

Taktische Ziele
Forschung und Entwicklung – Einkauf und Logistik –
Produktion und Dienstleistung – Marketing und Vertrieb –
Finanzen- und Risikomanagement – Personal und Unternehmenskultur –
Organisations- und IT- Management

Operative Ziele
Umsetzungspläne – Qualitätssicherung – Liquiditäts- und Risikosteuerung –
Aufgaben- und Zielmanagement von Mitarbeitern, Teams und Projekten

Quelle: Eigene Darstellung

Strategischen Grundsatzentscheidungen gehen idealerweise vertikale Top-down- und Bottom-up-Kommunikations- und Abstimmungsprozesse mit den Führungskräften und Mitarbeitern des Unternehmens voraus (vgl. Abbildung 3-3).

Strategische Entscheidungen müssen bei Aktiengesellschaften mit dem Aufsichtsrat abgestimmt und in der Regel auf der Aktionärsversammlung zur Abstimmung gestellt werden. Bei sonstigen Gesellschaftsformen ist die Unternehmensleitung gegenüber Inhabern und Investoren (»Stakeholder«) berichtspflichtig. Darüber hinaus trägt das Topmanagement die Gesamtverantwortung für ein Unternehmen gegenüber Kunden, Mitarbeitern, Investoren, Lieferanten und sonstigen Bezugsgruppen, den »Stakeholdern«.

Die taktische Verantwortung für die Umsetzung von Strategien liegt in der Regel beim mittleren Management auf der zweiten Führungsebene, z. B. in den Funktionsbereichen »Einkauf und Logistik« oder »Produktion«. Aus strategischen Plänen werden Teilpläne abgeleitet, die zur Erreichung der gesteckten Ziele beitragen sollen. Das Mittlere Management verantwortet darüber hinaus die Effizienz und Effektivität des jeweiligen Funktionsbereichs. Das Mittlere Management informiert die Mitarbeiter über grundlegende Entwicklungen und bezieht es soweit wie möglich in die Planung mit ein. Das Mittlere Management stimmt sich auf horizontaler Ebene ab und ist gegenüber dem Topmanagement berichtspflichtig und weisungsgebunden.

Taktische Verantwortung

Das *operative Management* setzt mit den jeweils zugeordneten Mitarbeitern die vorhandenen Pläne im Tagesgeschäft um. Dazu bedarf es konkreter Aufgabenstellungen für die Mitarbeiter, Ablauf- und Prozessbeschreibungen und Qualitätshandbücher. Das Untere Management verantwortet Qualität und Quantität der jeweiligen Organisationseinheit. Die unmittelbare Kommunikation und Abstimmung mit den Mitarbeitern dient auch dazu, Fehlentwicklungen und Probleme an der Basis rechtzeitig zu erkennen. Das Untere Management ist gegenüber dem Oberen Management berichtspflichtig und weisungsgebunden.

Operatives Management

Das *Projektmanagement* ist quer zu allen Hierarchiestufen angesiedelt. Projektmanagement dient insbesondere der Innovation von Produkten, Dienstleistungen und Prozessen. Projekte sind gleich in mehrfacher Weise Veränderungstreiber im Unter-

Projektmanagement

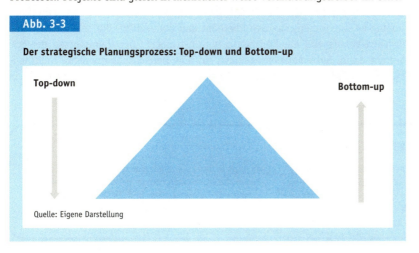

Abb. 3-3

Der strategische Planungsprozess: Top-down und Bottom-up

Top-down

Bottom-up

Quelle: Eigene Darstellung

nehmen. Sie helfen, gewachsene Strukturen zu durchbrechen, Nachwuchskräfte zu identifizieren und Ergebnisse schneller zu erbringen, als sie in den vorhandenen Kommunikations- und Organisationsmustern möglich sind – vorausgesetzt das Projektteam ist arbeitsfähig.

Projekte
▸ sind zielorientiert,
▸ haben einen bestimmten Anfang und ein bestimmtes Ende,
▸ haben definierte Ressourcen: Personal, Sachmittel, Zeit,
▸ sind interdisziplinär angelegt, d. h. sie sind bereichsübergreifend organisiert,
▸ haben eine eigene Aufbau- und Ablauforganisation und
▸ haben eine flache Entscheidungshierarchie.

Die hier vorgenommene formale Unterscheidung zwischen strategischem, taktischem und operativem Management ist eher idealtypisch zu sehen. Der Geschäftsführer eines mittelständischen Betriebes wird nicht den ganzen Tag über Strategien brüten, sondern sich mit dem operativen Tagesgeschäft auseinander setzen müssen. Auf der anderen Seite gewinnen Mitarbeiter und Führungskräfte mit unmittelbaren Kundenkontakten und in der Auseinandersetzung mit den alltäglichen Problemen und Herausforderungen Informationen, die für die Kurskorrektur und Weiterentwicklung des Unternehmens von hoher Bedeutung sein können.

> In der betrieblichen Praxis sind die Übergänge zwischen strategischem, taktischem und operativem Management fließend.

Die Kunst der Unternehmensführung besteht darin, die betriebliche Kommunikation über alle Ebenen so zu organisieren, dass wichtige Informationen und Ideen das Management auch erreichen, ohne dass sich alle gleichzeitig mit allem beschäftigen. Das ist eine Frage der Mitarbeiterführung und der gelebten Unternehmenskultur.

Balanced Scorecard

Einen Ansatz hierfür bietet das Konzept der Balanced Scorecard (BSC) (vgl. Kapitel 1.1). Zeitweise wurden die Möglichkeiten der BSC, strategische Planung und Controlling zu integrieren, modisch überhöht und überschätzt. Wir sehen in der BSC dagegen vorwiegend ein Kommunikationsinstrument. Der Hauptnutzen der BSC besteht darin, Systematisierungshilfen für eine bereichsübergreifende Unternehmenskommunikation zu geben. Idealerweise wird die BSC in Workshops genutzt, in

Reflexion

Die Logik des Unbestimmten

Folgt man der »Logik des Unbestimmten« (Fuzzy Logic), dann lassen sich die Wirtschaft und die Märkte nicht hinreichend nach dem Schema »Null« oder »Eins«, bzw. »Ja« oder »Nein«, das heißt nach einer binären Logik, beschreiben und erklären. So wie es zwischen Schwarz und Weiß eine ganze Skala von Grautönen gibt, bestehen auch in Unternehmen, Märkten und der gesamten Wirtschaft *Unbestimmtheiten*, denen man sich in der Absicht, Chancen zu nutzen, nähern muss, ohne vorher alles scheinbar planerisch im Griff zu haben.

denen das obere, mittlere und untere Management strategische, taktische und operative Pläne erarbeiten. Die gemeinsam zu leistende »Übersetzungsarbeit« strategischer Ziele in kompatible und messbare Unterziele in den Bereichen

▶ Markt,
▶ Finanzen,
▶ Organisation sowie
▶ Personal

erfordert geistige Disziplin und ein Denken in Zusammenhängen. Dabei werden nicht alle Ziele sachlogisch deduzierbar sein, aber das Wissen um »Grauzonen« und »Unbestimmtheiten« ist auch für das Management eine wichtige Erfahrung.

In der Abbildung 3-4 sind den vier Perspektiven der BSC exemplarisch Messinstrumente und Kennziffern zugeordnet, die im konkreten Anwendungsfall um weitere Messmethoden und Ergebnisgrößen ergänzt werden können.

Abb. 3-4

Zielplanung und Zielumsetzung in Anlehnung an die BSC

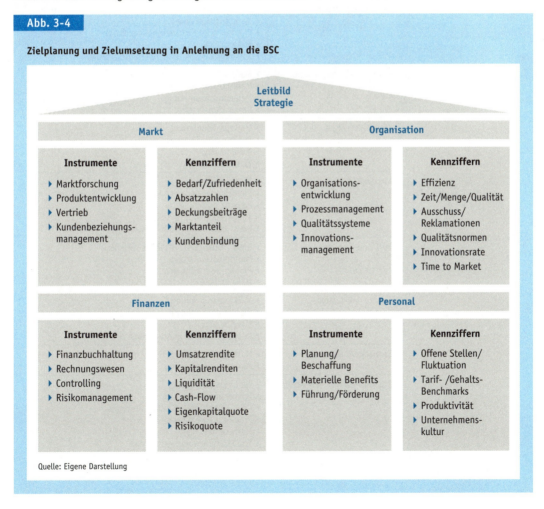

Leitbild Strategie

Markt

Instrumente	Kennziffern
▶ Marktforschung	▶ Bedarf/Zufriedenheit
▶ Produktentwicklung	▶ Absatzzahlen
▶ Vertrieb	▶ Deckungsbeiträge
▶ Kundenbeziehungs- management	▶ Marktanteil
	▶ Kundenbindung

Organisation

Instrumente	Kennziffern
▶ Organisations- entwicklung	▶ Effizienz
▶ Prozessmanagement	▶ Zeit/Menge/Qualität
▶ Qualitätssysteme	▶ Ausschuss/ Reklamationen
▶ Innovations- management	▶ Qualitätsnormen
	▶ Innovationsrate
	▶ Time to Market

Finanzen

Instrumente	Kennziffern
▶ Finanzbuchhaltung	▶ Umsatzrendite
▶ Rechnungswesen	▶ Kapitalrenditen
▶ Controlling	▶ Liquidität
▶ Risikomanagement	▶ Cash-Flow
	▶ Eigenkapitalquote
	▶ Risikoquote

Personal

Instrumente	Kennziffern
▶ Planung/ Beschaffung	▶ Offene Stellen/ Fluktuation
▶ Materielle Benefits	▶ Tarif- /Gehalts- Benchmarks
▶ Führung/Förderung	▶ Produktivität
	▶ Unternehmens- kultur

Quelle: Eigene Darstellung

3.2 Strategische Werkzeuge

Übergeordnete strategische Ziele und daraus abgeleitete taktische und operative Ziele finden ihre Entsprechung in strategischen Zielfeldern, die in dem Kapitel 3.3 behandelt werden. Um in diesen strategischen Entscheidungsfeldern Alternativen begründet abzuwägen und zu Entscheidungen zu kommen, bedarf es wiederum bestimmter Hilfsmittel und Werkzeuge, von denen eine Auswahl zur Einführung in der Abbildung 3-5 aufgelistet wird.

Abb. 3-5

Strategische Werkzeuge und deren Verwendungsfelder

Strategisches Werkzeug	Verwendung in den strategischen Entscheidungsfeldern (Kapitel 3.3)
Wettbewerbsanalyse	▸ Marktdefinition, ▸ Marktpositionierung, ▸ Pionier- oder Followerentscheidung, ▸ Make or buy, ▸ Kommunikations- und Vertriebsstrategie.
Branchen-Umfeld-Analyse	▸ Marktdefinition, ▸ Marktpositionierung, ▸ Markenpositionierung, ▸ Szenarioanalyse.
Engpass-Analyse	▸ Marktpositionierung, ▸ Pionier oder Follower, ▸ Make or buy, ▸ Vertriebsstrategie.
Nutzwert-Analyse	▸ Marktpositionierung, ▸ Pionier oder Follower, ▸ Make or buy, ▸ Kooperationen und Allianzen, ▸ Preis-, Qualitäts-, Nischenstrategie.
Portfolio-Analyse	▸ Preis-, Qualitäts-, Nischenstrategie, ▸ Marktpositionierung, ▸ Pionier oder Follower, ▸ Make or buy.
Benchmark-Analyse	▸ Marktpositionierung, ▸ Pionier oder Follower, ▸ Make or buy, ▸ Kooperationen und Allianzen.
Szenario-Analyse	▸ Marktpositionierung, ▸ Markenpositionierung.
Stärken-/Schwächen-Analyse	▸ Marktpositionierung, ▸ Markenpositionierung. ▸ Preis-, Qualitäts-, Nischenstrategie, ▸ Pionier oder Follower, ▸ Make or buy, ▸ Kooperationen und Allianzen.

3.2.1 Wettbewerbsanalyse

> Ziel der Wettbewerbsanalyse ist es, die strategische Positionierung eines Unternehmens gegenüber der unmittelbaren Konkurrenz und möglichen neuen Wettbewerbern auf der einen Seite, den Kunden und Lieferanten auf der anderen Seite und gegenüber möglichen Ersatzprodukten zu verbessern.

Mitte der siebziger Jahre des 20. Jahrhunderts hat Michael E. Porter eine Branchen-Strukturanalyse, oder besser, eine Wettbewerbsanalyse entwickelt, die auch heute noch für die Entwicklung und Modifikation einer eigenen Unternehmensstrategie hilfreich ist (vgl. Porter, M. E. 1970).

An einem fiktiven Beispiel eines oligopolen Marktes, in dem wenige Unternehmen im Bereich orthopädischer Heil- und Hilfsmittel Waren produzieren und in einem überschaubaren Absatzmarkt von ca. 2000 Fachgeschäften miteinander konkurrieren, soll die Wettbewerbsanalyse veranschaulicht werden.

Die Wettbewerbsanalyse umfasst fünf einfache Fragen:
- Wie sieht die unmittelbare Wettbewerbsarena aus?
- Wie hoch sind die Eintrittsbarrieren für neue Wettbewerber in den bestehenden Markt?
- Wie stark ist die Verhandlungsmacht der Kunden?
- Wie stark ist die Verhandlungsmacht der Lieferanten?
- Wie hoch ist die Gefahr, dass die eigenen Produkte substituiert werden?

Wie sieht die unmittelbare Wettbewerbsarena aus?

Bei der Beantwortung dieser Frage geht es um die systematische Sammlung und Auswertung von Informationen, die durch einfache Marktbeobachtung, z. B. durch den Außendienst, den Besuch von Messen und den Einblick in das Handelsregister beantwortet werden können. Eine solche Analyse kann mithilfe von Abbildung 3-6 vorgenommen werden.

Durch den Vergleich der Daten können in jedem Feld Informationen gewonnen werden, die zu kurzfristigen Veränderungen des Marktverhaltens führen (z. B. Preis- und Konditionsgestaltung). Aber auch strategische Optionen können auf diese Weise eröffnet werden, z. B. durch
- eine veränderte Marktpositionierung durch verstärkte Abgrenzung von den Wettbewerbern und eine Erhöhung des Kundennutzens,
- eine veränderte Kommunikations- und Vertriebsstrategie,
- die Entwicklung einer Übernahmestrategie mit dem Ziel, einen Wettbewerber, der sich in einer kritischen Entwicklungsphase befindet, zu einem für den Käufer akzeptablen Preis zu erwerben.

Wie hoch sind die Eintrittsbarrieren für neue Wettbewerber in den bestehenden Markt?

Eintrittsbarrieren zu einem Markt werden nicht primär durch die Anzahl der Wettbewerber bestimmt, sondern durch den Aufwand, den ein neuer Anbieter in die Bereiche Produktentwicklung, Kundenakquisition und Aufbau der Vertriebsstruktur ste-

Abb. 3-6

Vergleich mit den Wettbewerbern

Wettbewerber Merkmale der Wettbewerber	A	B	C
Anzahl der Kunden, Umsatz, Mitarbeiterzahl			
Besonderheiten der Produkte, Preise und Konditionen			
Marktauftritt, Vertrieb und Ruf bei den Kunden,			
Werbung und Kommunikation			
Einkaufsverhalten und Lieferanten			
Erkennbare Neuentwicklungen			
Kooperationen und geplante Zusammenschlüsse			
Gesellschaftstruktur und Nachfolgesituation			
Wachstums-, Sättigungs-, Wende- oder Krisenphase			
Technische Besonderheiten			

cken muss. Hinzu können gesetzliche Restriktionen und Auflagen kommen, z. B. im Gesundheitswesen. Die Markteintrittsbarrieren zur Eröffnung eines Buchgeschäftes sind gering im Vergleich zu denen einer Apotheke, unabhängig davon, ob sich der Markteintritt langfristig lohnt oder nicht. In dem hier gewählten Anwendungsbeispiel sind die Eintrittsbarrieren als hoch anzusehen, da

▸ das Produkt- und Fertigungs-Know-how der »Stars« und »Cash-Cows« im Produktportfolio unter den Heil- und Hilfsmitteln sehr spezialisiert ist,
▸ in dem überschaubaren Markt bereits traditionell gefestigte Kunden-Lieferanten-Beziehungen bestehen,
▸ der Aufbau eines herkömmlichen Vertriebssystems kostspielig ist.

Die Situation könnte sich allerdings anders darstellen, wenn der neue Wettbewerber eine Follower-Strategie verfolgt (vgl. Kapitel 3.3.2) und vorhandene Produkte in Billig-Lohnländern als Plagiate fertigen lässt und sie über einen Online-Shop zu Niedrigpreisen vertreibt.

Eingesessene Marktteilnehmer können die Eintrittsbarrieren gegenüber neuen Wettbewerbern erhöhen, indem sie ihre Pionierstellung mit intelligenten Produkten, einem guten Service, einer marktnahen Vertriebsorganisation und Kommunikation ausbauen.

Wie stark ist die Verhandlungsmacht der Kunden?

In dem hier gewählten Beispiel kann eine starke Verhandlungsmacht der Fachgeschäfte (Kunden) darin bestehen, dass sie sich zu Einkaufsgenossenschaften zusammenschließen und durch die erhöhte Mengenabnahme, Druck auf die Einkaufspreise gegenüber den Lieferanten ausüben. Im B2C-Geschäft wächst die Verhandlungsmacht der Kunden – im übertragenen Sinn – dann, wenn sie sich aufgrund eines Boykottaufrufes gegen den Einkauf bestimmter Marken bzw. bei bestimmten Händlern zusammenschließen. Einer der bekanntesten und erfolgreichsten Boykottaufrufe erfolgte 1995 gegen den Ölkonzern SHELL wegen der geplanten Versenkung der Ölplattform Brent Spar im offenen Meer.

Eine auf ökologische und soziale Nachhaltigkeit bedachte Geschäftspolitik (vgl. Kapitel 2.3.2 und 2.3.3) und eine offene Kundenkommunikation auch in den Sozialen Medien können die Gefahr eines Kundenboykotts verringern.

Wie stark ist die Verhandlungsmacht der Lieferanten?

In dem Maße, in dem Produzenten von Gütern und Dienstleistungen von der Belieferung knapper Rohstoffe abhängig sind, die Preisschwankungen auf den Weltmärkten unterliegen, sind Risiken durch die Lieferantenmacht gegeben. Drei theoretische Gegenstrategien sind möglich:

▶ Die Produzenten schließen sich selbst zu einer Einkaufsgemeinschaft zusammen, um auf diese Weise ihre Verhandlungsmacht zu stärken.

▶ Die Produzenten schließen exklusive Verträge ab, die eine hohe Verbindlichkeit und Bindungskraft für die Lieferanten beinhalten.

▶ Die Produzenten versuchen, möglichst viele Lieferantenbeziehungen zu unterhalten, um ihre Abhängigkeit zu verringern.

Wie hoch ist die Gefahr, dass die eigenen Produkte substituiert werden?

Eine konsequente Pionierstrategie und Innovationen im Bereich von Produkten, Dienstleistungen und Vertrieb verringern die Gefahr, dass die Leistungen eines Produzenten durch Ersatzprodukte substituiert werden. In dem hier gewählten Praxisbeispiel werden konventionelle, mechanische Heil- und Hilfsmittel durch elektronische Sensortechniken substituiert. Intensive Forschungs- und Entwicklungsarbeiten haben die Firma OTTO BOCK in Duderstadt zu einem Pionier auf diesem Gebiet werden lassen, durch die sie den Abstand zu ihren Wettbewerbern ständig ausbaut.

Die Ablösung der konventionellen chemischen Fotografie durch die digitale Technik hat schon vor Jahren das »Aus« einiger renommierte Anbieter wie AGFA und KODAK auf diesem Markt bedeutet, weil die Substituierungsgefahr unterschätzt wurde und die strategischen Entwicklungsoptionen nicht wahrgenommen wurden (vgl. Kapitel 8.2.4).

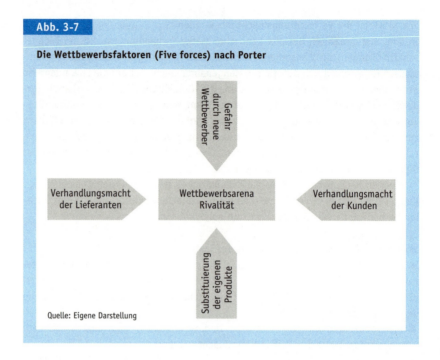

Abb. 3-7

Die Wettbewerbsfaktoren (Five forces) nach Porter

Gefahr durch neue Wettbewerber

Verhandlungsmacht der Lieferanten

Wettbewerbsarena Rivalität

Verhandlungsmacht der Kunden

Substituierung der eigenen Produkte

Quelle: Eigene Darstellung

3.2.2 Branchenumfeld-Analyse

Im Mittelpunkt einer Unternehmensstrategie stehen immer die Produkte bzw. Dienstleistungen, die Absatzmärkte und die Kundenzielgruppen. Produkte und Dienstleistungen lassen sich bestimmten Branchen zuordnen. Im Umfeld dieser Branchen gibt es Entwicklungstrends, deren Analyse für das eigene Geschäftsmodell und die Strategie bedeutsam sein können. Dabei geht es weder um das Verhalten der Wettbewerber noch um zurückliegende Determinanten, sondern um gesellschaftliche Zukunftstrends.

STEP-Raster

Hilfreich zur Analyse dieser Zukunftsperspektiven ist das STEP-Raster, in dem unterschieden wird nach:

▸ sozialen Veränderungen (Social),
▸ technischen Veränderungen (Technology),
▸ Entwicklungen in der Wirtschaft (Economy),
▸ politischen und rechtlichen Entwicklungen.

Modellartig werden diese vier Analyse-Bereiche den Hauptbranchen in der Wirtschaft gegenübergestellt (vgl. Abbildung 3-8).

Abb. 3-8

Branchen- und Branchenumfeld-Analyse

Trend Branche	Werte, Lebensstil, Demografie	Technik, Forschung	Wirtschaftliche Entwicklung	Politische und rechtliche Entwicklung
Produktionsgüter				
Konsum- und Verbrauchsgüter Lebensmittel Kleidung Möbel und Haushalt Elektrotechnik Unterhaltung u. Kommunikation Beförderung/PKW Sportartikel Heil und Hilfsmittel				
Medienproduktionen				
Luxusgüter				
Immobilien				
Investitionsgüter Maschinen Anlagen Transportmittel Medizintechnik				
Dienstleistungen ▶ Handel und Transport, ▶ Reparatur und Service ▶ Gastronomie und Hotellerie, ▶ Finanzen ▶ Gesundheit und Wellness ▶ Erziehung und Bildung ▶ Haushaltsnahe Dienstleistungen				

Beispiele **Umfeldtrends in drei Branchen**

▶▶▶ Ein *Lebensmittelhersteller* muss den Trend zu mehr Bio und vegetarischen bzw. veganen Konsumenten berücksichtigen.

▶ Ein *Hersteller für Heil- und Hilfsmittel* (Prothesen, Bandagen usw.) kann aufgrund des demografischen Wandels auf einen Zuwachs an älteren Personen rechnen, die seine Produkte nachfragen. Andererseits führen die Einsparungen im Gesundheitswesen dazu, dass die Zuzahlung durch die gesetzlichen Krankenkassen immer geringer und die Eigenbeteiligung immer höher wird.

▸ Ein *Hersteller von hochpreisigen Luxusuhren* muss in seiner strategischen Planung berücksichtigen, inwieweit in einem absehbaren Zeitraum politische und wirtschaftliche Entwicklungen die Kundenzielgruppen in Russland, China und den arabischen Staaten in ihrem Kaufverhalten beeinflussen können.

▸ Ein *Zulieferer im Investitionsgüterbereich* (Maschinenbau) muss bei seinen strategischen Überlegungen die digitalen Herausforderungen der vierten industriellen Revolution (Industrie 4.0) (vgl. Kapitel 4.2) mit berücksichtigen. ◂◂◂

3.2.3 Engpass-Analyse

Systemischer Ansatz

Der kybernetische Managementansatz »Engpasskonzentrierte Strategie« (EKS) kann als strategisches Werkzeug bei der Existenzgründung oder bei bestehenden Unternehmen als Treiber für Innovationen genutzt werden. Dieser Ansatz geht auf Wolfgang Mewes (vgl. Mewes, W. 1970) zurück. Zahlreiche erfolgreiche Unternehmen wie WÜRTH, KARCHER, KIESER u. a. berufen sich explizit auf diesen systemischen Ansatz. Für Mewes ist nicht die Gewinnmaximierung Ausgangspunkt bzw. Zielpunkt der Strategieentwicklung, sondern die Suche nach einem »Engpass« (Bedarf) in der Bedürfnisstruktur einer Zielgruppe. Kann diesem Bedürfnis durch ein Produkt oder eine Dienstleistung ein neuer Nutzen gegenübergestellt werden, wird eine Wachstumsdynamik ausgelöst, die das Kundenpotenzial erweitert und ein deutliches Umsatzwachstum ermöglicht. Mewes entwickelte seine Prinzipien in Analogie zum biologischen Wachstumsmodell u. a. von Justus Liebig. Danach wird durch die Beseitigung nur eines zentralen Nährstoffmangels bei Pflanzen, deren nahezu uneingeschränktes Wachstum ermöglicht. Mewes erkannte, dass dieses Prinzip für alle vernetzten Systeme gilt, also auch für Wirtschaftsunternehmen. Sowohl das Wachstum von Pflanzen als auch von Betrieben kann durch die Beseitigung des jeweiligen Minimumfaktors gefördert werden.

Den Punkt des größten Bedarfs finden

Mewes beschreibt den Minimumfaktor für wirtschaftliche Einheiten meist als Engpass, der für eine bessere Entwicklung analysiert und gezielt angesteuert werden muss. Der zentrale Engpass ist nach Mewes der von einer eng umrissenen Zielgruppe mit gleichartigen Problemstellungen am stärksten empfundene Mangel. Innovationen, die diesen Mangel beseitigen, lassen eine günstige Entwicklung des eigenen Unternehmens erwarten.

EKS: Prinzipien

Die vier Prinzipien der Engpasskonzentrierten Strategie (EKS) lauten:

▸ Konzentration der Kräfte auf eigene Stärkenpotenziale. Für Personen und Unternehmen gilt in diesem Sinne in gleicher Weise, sich der eigenen, unverwechselbaren Stärken bewusst zu werden und die eigenen Kräfte auf den Ausbau dieser Stärken zu konzentrieren und sich nicht zu verzetteln.

▸ Konzentration der Kräfte auf eine eng definierte Zielgruppe, bzw. einen klar abgegrenzten Markt. Im Sinne der kybernetischen Dynamik zieht diese Zielgruppe andere Interessenten nach, wenn ihre Bedürfnisse optimal befriedigt werden.

▸ Konzentration der Kräfte auf eine Lücke bzw. Nische. Die engpasskonzentrierte Strategie wird nur wirksam in noch nicht besetzten Märkten. Als Pionier gilt es,

Lücken und Nischen zu finden (Blue Ocean), in denen die eigenen Stärken am wirksamsten sind.

▸ Analog zur Strategie der »Hidden Champions« (vgl. Kapitel 3.3.6) werden nach der EKS die Marktaktivitäten nicht »breit« sondern »tief« entwickelt. Durch die Konzentration auf die Bedürfnisse einer klar definierten Zielgruppe und der tiefgehenden Analyse ihrer Bedürfnisstruktur, wächst auch die Bedeutung der eigenen Produkte und Dienstleistung für diese Zielgruppe. Auf diese Weise kann Marktführerschaft erlangt werden.

Beispiel **Engpassfaktor »Muskulatur«**

▸▸▸ Werner Kieser erkannte als Physiotherapeut, dass viele Krankheiten auf einem nicht trainierten Bewegungsapparat basieren. Er entwickelte ein gesundheitsorientiertes Krafttraining an eigens dafür entwickelten Geräten. Mit einem geringen Aufwand (60–90 Sekunden je Gerät) können die Kunden unter Anleitung und ärztlicher Beratung ihren Muskelapparat stärken. Die Studios sind spartanisch eingerichtet und ausschließlich auf das Bedürfnis der Zielgruppe ausgerichtet, die Muskulatur zu stärken. Das 1967 in Zürich gegründete Unternehmen verfügt allein in Deutschland über 115 Studios. Werner Kieser führt seinen geschäftlichen Erfolg auf die Anwendung der Engpasskonzentrierten Strategie zurück. ◂◂◂

Das Modell der Engpasskonzentrierten Strategie umfasst sieben Phasen, durch die eine Erfolgsspirale in Gang gesetzt werden soll:

Phasen der Engpass-konzentrierten Strategie

1. Phase Die Ist-Situation des Gründers bzw. des Unternehmens wird analysiert und die speziellen Stärken werden als Kernkompetenz herausgearbeitet.

2. Phase Das Geschäfts- und Aufgabenfeld wird gesucht und erforscht, in dem die Kernkompetenz zur Anwendung kommen soll.

3. Phase Die Zielgruppe wird identifiziert, die mit der unternehmerischen Kernkompetenz korrespondiert.

4. Phase Das »brennendste Problem« (Entwicklungsengpass) der Zielgruppe wird identifiziert.

5. Phase Weil die engpasskonzentrierte Strategie in ihrem Kern eine Methode zur Beschleunigung von Lernprozessen ist, folgt in der fünften Phase die Optimierung der Produkte bzw. Dienstleistungen, um ihre Anpassung an die Kundenbedürfnisse zu erhöhen.

6. Phase In der sechsten Phase werden erforderliche Kooperationen eingegangen, da die *eigene Kernkompetenz naturgemäß zu einer Beschränkung führt.*

7. Phase In der letzten Phase ist ein Zustand erreicht, in dem ein konstantes soziales Grundbedürfnis der jeweiligen Zielgruppe dauerhaft gelöst wird. Mit dieser Problemlösung wird die Marktführung angestrebt.

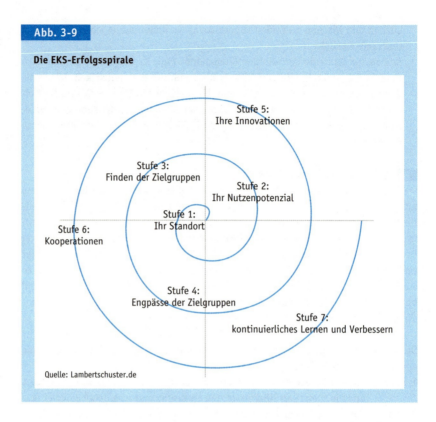

Abb. 3-9

Die EKS-Erfolgsspirale

Stufe 5:
Ihre Innovationen

Stufe 3:
Finden der Zielgruppen

Stufe 2:
Ihr Nutzenpotenzial

Stufe 1:
Ihr Standort

Stufe 6:
Kooperationen

Stufe 4:
Engpässe der Zielgruppen

Stufe 7:
kontinuierliches Lernen und Verbessern

Quelle: Lambertschuster.de

3.2.4 Nutzwert-Analyse

Die Nutzwert-Analyse kann sowohl bei der Entscheidungsfindung für kurzfristig zu realisierende Maßnahmen als auch im Rahmen strategischer Entscheidungen eingesetzt werden.

Insbesondere bei der Auswahl von Projekten und der Entscheidung über Produktneuentwicklungen hat sich dieses Instrument bewährt. In dem unten abgebildeten Portfolio stehen sieben Produktvarianten zur Diskussion. Verglichen werden diese Produkte im Hinblick auf deren Marktattraktivität und die Ressourcenstärke des Unternehmens, die Produkte auch realisieren zu können. Die den Dimensionen zugeordneten Kriterien und deren Gewichtung

▶ auf der X-Achse
  – Personal und Know-how,
  – Finanzressourcen,
  – Infrastruktur sowie
▶ auf der Y-Achse
  – Alleinstellung,

– Nachfragepotenzial,
– Strategischer Nutzen

werden von einem Entscheiderkreis normativ festgelegt.

Der besondere Vorteil dieser Methode besteht auch darin, dass sich alle am Prozess Beteiligten vor der eigentlichen Entscheidung über die Auswahlkriterien und deren Gewichtung verständigen müssen. Zur Entscheidungsfindung tragen Marktstudien, Statistiken und sonstige relevante Informationen bei. Die Nutzwertanalyse kann als moderierter Prozess oder online zeitgleich oder zeitversetzt, zentral oder dezentral vorgenommen werden.

In dem in der Abbildung 3-10 gewählten Beispiel hätten das Produkt 6, das Produkt 2 und das Produkt 5 Chancen auf eine Realisierung und erforderten eine Investitionsstrategie. Die Produkte 4 und 7 könnten erneut einer Betrachtung unterzogen werden, da im Kern die Marktattraktivität gegeben ist.

Vor- und Nachteile der Methode

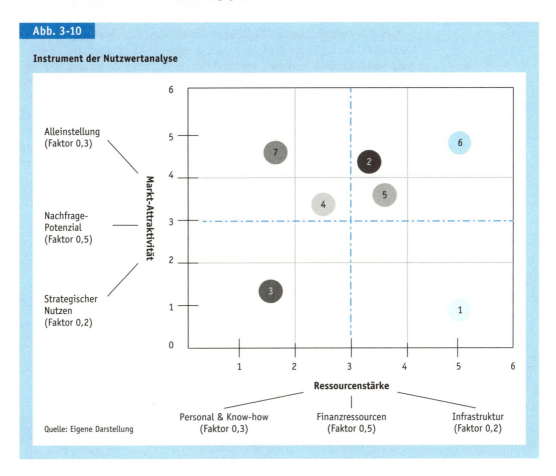

Abb. 3-10

Instrument der Nutzwertanalyse

Quelle: Eigene Darstellung

3.2.5 Portfolio-Analyse

Ein Portfolio bezeichnet im ursprünglichen Sinn eine Folie, auf der unterschiedliche Objekte zusammengetragen werden.

> Für die Unternehmensführung ist die Portfolio-Analyse hilfreich, um unterschiedliche Leistungen und Funktionen zweidimensional (X-Achse, Y-Achse) in einer Matrix abzubilden.

Für die Strategieüberprüfung und die Strategiebildung ist die Portfolio-Methode eine wichtige Technik, um zum Beispiel den Erfolg einzelner Geschäftseinheiten oder von Produkten zu analysieren und daraus Ableitungen für die Strategieentwicklung vorzunehmen. Das bekannteste und gängigste Modell ist das Marktanteils- und Marktwachstums-Portfolio (Vier-Felder-Matrix) der Boston Consulting Group (BCG-Portfolio), vgl. Abbildung 3-11.

BCG-Portfolio

Dem BCG-Portfolio liegt der Gedanke zu Grunde, dass Produkte einen Lebenszyklus haben, der durch die Produktneuheit, den Reifegrad des Produktes und den Preis bestimmt wird, und sich niederschlägt im relativen Marktanteil und den Wachstumschancen am Markt. Der hypothetisch unterstellte Lebenszyklus besteht darin, dass ein Produkt als »Question Mark« mit hohem Absatzpotenzial aber geringem Marktanteil in den Markt eintritt, sich zu einem Star mit hohem Marktanteil und weiterem Wachstumspotenzial entwickelt, mit sinkendem Marktentwicklungspotenzial aber hohem Marktanteil zur Cash-Cow wird, um dann als »Poor Dog« mit sinkendem Marktanteil und nachlassendem Wachstumspotenzial zu verkümmern

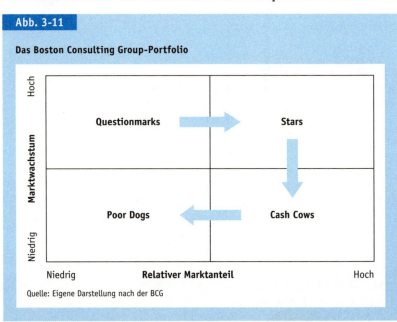

Abb. 3-11

Das Boston Consulting Group-Portfolio

Quelle: Eigene Darstellung nach der BCG

droht. Aus dem Modell des Produktlebenszyklus lässt sich kein Marktgesetz ableiten, denn in der Realität gibt es durchaus Produkte mit einer anderen Marktperformance als sie die Verlaufsform des Lebenszyklus vorgibt. Das theoretische Konstrukt des Produktlebenszyklus ist aber als Hilfsmittel zur Analyse und Strategiewahl sehr hilfreich.

Im Portfolio sind vier Felder abgebildet, denen die einzelnen Produkte je nach Wachstumschance und relativem Marktanteil zugeordnet werden. Die Zuordnung zu einem Quadranten eröffnet strategische Entscheidungsoptionen:

Strategische Entscheidungsoptionen im Quadranten

1. Mit *Question Marks* werden Produkte bezeichnet, für die im Markt zwar ein hohes Marktpotenzial vorhanden ist, die aber aufgrund ihrer Neuheit noch über einen relativ geringen Marktanteil verfügen. Das Promoten des Produktes erfordert einen erhöhten Aufwand für die Produktweiterentwicklung, das Marketing und den Vertrieb. Die strategische Entscheidung besteht nun darin, entweder mit einer *Penetrationsstrategie* (Niedrigpreispolitik) den Marktanteil zu erhöhen, oder das Produkt vom Markt zu nehmen.

2. Die *Stars* sind die Produkte, die über einen hohen relativen Marktanteil in einem Wachstumsmarkt verfügen. Je nach Perspektive des Wachstumsmarktes kann weiter in dieses Produkt investiert werden, wobei es sich durch den hohen Deckungsbeitrag bereits refinanziert. Sieht man dagegen das Wachstumspotenzial eher begrenzt, empfiehlt sich eine gemäßigte *Abschöpfungsstrategie* (Preissenkung), um den Absatz und den Deckungsbeitrag zu erhöhen, ohne allerdings den Marktanteil zu gefährden.

3. Die *Cash Cows* lassen sich »melken«, da sie bei einem hohen relativen Marktanteil in einem nur geringfügig wachsenden oder stagnierenden Markt keiner Investitionen bedürfen, aber hohe Deckungsbeiträge erwirtschaften. Die Optionen sind eine *Festpreisstrategie* oder *Preiswettbewerbsstrategie*.

4. *Poor Dogs* sind die Produkte, die nur noch einen geringen relativen Marktanteil in einem nur noch langsam wachsenden oder sogar stagnierenden Markt aufweisen. Sie erbringen keinen angemessenen Cashflow mehr und sind somit in ihrer Degenerationsphase angelangt. Hier empfiehlt sich eine *De-Investitionsstrategie*. Wird der Deckungsbeitrag für dieses Produkt negativ, muss das Portfolio bereinigt werden.

Neben der Betrachtung einzelner Produkte in den vier Feldern des Portfolios ist die Gesamtschau aller Produkte nach ihrem relativen Marktanteil und ihrem Marktwachstumspotenzial, aber vor allem auch hinsichtlich ihres aktuellen Umsatzvolumens von besonderer Bedeutung. Bei einer verhältnismäßig guten Bestückung mit Stars und Cash Cows mit einem relativ hohen Umsatzvolumen, sollte die Finanzierung der Question Marks gesichert sein. Insofern enthält das hier dargestellte Muster-Portfolio eine strategisch günstige Struktur (vgl. Abbildung 3-12).

Gesamtschau aller Produkte

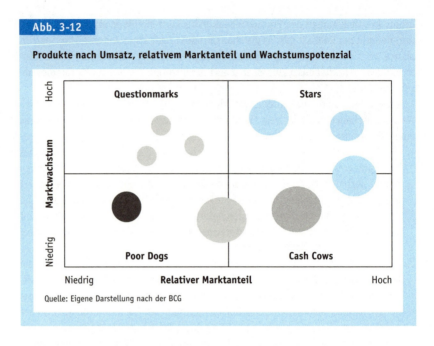

Abb. 3-12

Produkte nach Umsatz, relativem Marktanteil und Wachstumspotenzial

Quelle: Eigene Darstellung nach der BCG

3.2.6 Benchmark-Analyse

Ziel der Benchmark-Analyse ist es, vergleichbare Prozess- und Produktdaten unterschiedlicher Unternehmen zu gewinnen und auf diese Weise Best-Practice-Beispiele zu ermitteln.

Vergleich von Prozessen und Produkten

Analog zu einer Werkbank mit einer Messvorrichtung zum Größenvergleich von Werkstücken werden im »Benchmarking« in einem Betriebsvergleich Prozesse und Produkte miteinander verglichen. Einem Benchmarking unterzogen werden können

▸ alle Leistungsprozesse, von der Beschaffung über die Logistik und Produktion bis hin zum Vertrieb,
▸ Methoden der Leistungserstellung (Verfahrenstechniken, Ablaufsteuerung, Qualitätssicherung),
▸ die Leistungsergebnisse: die Produkte oder Dienstleistungen,
▸ die Gesamtperformance einer Organisationseinheit.

Die erfolgreichsten Prozesse und besten Produktmerkmale stellen dann eine Benchmark dar und werden auch als »Best Practices« bezeichnet.

An diesen können sich Unternehmen orientieren und die eigenen Geschäftsprozesse und die Qualitätsmerkmale ihrer Produkte und Dienstleistungen ausrichten. Verglichen werden können z. B. lagerwirtschaftliche und produktionstechnische Kennziffern wie Lagerzeiten, Durchlaufzeiten, Maschinenstillstand, Ausschuss usw. Dienstleistungs-Benchmarks können sich auf die Servicequalität in der Gastronomie oder die Beratungsintensität und die Bearbeitungsdauer in der Finanzdienstleistungswirtschaft beziehen.

Benchmarks sind primär für kurz- bis mittelfristige Verbesserungen der Abläufe und Leistungen wichtig. Strategische Bedeutung kommt einem systematischen Benchmarking zu, wenn es darum geht,

▸ Pionier- oder Follower-Entscheidungen,
▸ Make-or-buy-Entscheidungen sowie
▸ Marktpositionierungsentscheidungen

zu treffen. Schließlich sind Benchmark-Informationen erforderlich für eine strategische Stärken-/Schwächen, Chancen-/Risiken-Analyse (SWOT-Analyse) (vgl. Kapitel 3.2.8).

Benchmarks und Best-Practice-Beispiele lassen sich überall dort ermitteln, wo Leistungsprozesse und deren Ergebnisse der Beobachtung zugänglich gemacht werden können und messbar sind. Unterschieden wird zwischen einem

▸ internen Benchmarking, in dem vergleichbare Prozesse der Leistungserstellung in einem Unternehmen oder einer Unternehmensgruppe verglichen werden,
▸ wettbewerbsorientierten Benchmarking, in dem sich unmittelbar miteinander konkurrierende Unternehmen einem anonymen Betriebsvergleich durch externe Berater unterziehen sowie
▸ externen Benchmarking, bei dem Durchschnittswerte der Branche, oder bei vergleichbaren Prozessen, branchenübergreifend ermittelt werden.

In großen Unternehmen können Mitarbeiter der Organisationsabteilung mit Spezialkenntnissen (z. B. einer REFA-Ausbildung oder einem Qualitätsmanagement-Zertifikat) ein Benchmarking durchführen. Häufig stellen auch Branchenverbände oder Unternehmen wie die DATEV, der TÜV und andere Beratungsfirmen entsprechende Dienstleistungen zur Verfügung.

Bedeutung von Benchmarks

Internes, wettbewerborientiertes und externes Benchmarking

Reflexion

Vorsicht, Consulter!

Beauftragt eine überregionale Bank ein Beraterunternehmen mit einem Benchmarking der Geschäftsprozesse im Vergleich zu den wichtigsten Wettbewerbern, tun sich Fragen auf: Woher beziehen die Berater die diskret gehüteten Informationen der anderen Banken? Wie können Wettbewerbsvorteile erreicht werden, wenn sich alle Finanzinstitute am selben Modell orientieren? Wie können Auftraggeber sicher sein, dass die Ratschläge der Berater »taylor-made« sind und nicht »Retail-Produkte«? Die Präsentation der Benchmark-Ergebnisse vor dem Bankvorstand ist dann außerdem die ideale Plattform für die Akquisition von Nachfolgeaufträgen zur Optimierung der Geschäftsprozesse – ein Angebot, das dann möglicherweise auch »von der Stange« gleich den Mitbewerbern mit verkauft wird, da man ja auch über deren Benchmarks verfügt und keiner, aufgrund der behaupteten Anonymität des Verfahrens weiß, welche Bank das Best-Practice-Modell repräsentiert.

Die Schritte in einem Benchmark-Prozess können sein:

▶ Auswahl des Objektes (Produkt, Methode, Prozess), das analysiert und verglichen werden soll.
▶ Auswahl des Vergleichsunternehmens. Dabei ist wichtig festzulegen, welche Ähnlichkeiten zur Gewährungsleistung der Vergleichbarkeit gegeben sein müssen.
▶ Datengewinnung (Analyse von Sekundärinformationen, Gewinnung von Primärinformationen, z. B. im Rahmen von Betriebsbesichtigungen).
▶ Feststellung der Leistungslücken und ihrer Ursachen.
▶ Festlegung und Durchführung der Verbesserungsschritte.

3.2.7 Szenario-Analyse

> Die Szenario-Technik dient dazu, ein Unternehmen als Ganzes, oder aber einzelne Geschäftsfelder einem »Stresstest« auszusetzen, um sich auf möglicherweise eintretende Veränderungen und Ereignisse besser einstellen zu können.

Zeitraum und Datenquelle

Für einen Zeitraum von ca. drei bis sieben Jahren werden mögliche

▶ Entwicklungen im gesellschaftlich-politischen Umfeld,
▶ Veränderungen im Wettbewerbsgefüge oder
▶ technische Entwicklungen,

u. a. m. hypothetisch angenommen und auf ihre Wechselwirkung und Einflussnahme auf das Geschäftsgeschehen untersucht.
Als Datenquellen dienen z. B.

▶ statistische Daten über die Bevölkerungsentwicklung,
▶ Wirtschaftsprognosen und Prognosen über die Einkommensentwicklung bestimmter Zielgruppen,
▶ spezielle Branchentrends sowie
▶ mentale Megatrends und Trends im Konsumenten- und Verbraucherverhalten.

Besondere Bedeutung kommt der Plausibilitätsprüfung von Annahmen durch die Fachleute eines Unternehmens und externer Experten zu.

Best-Case- und Worst-Case-Szenario

Die Grundfigur der Szenario-Analyse bildet ein sich zur Zukunft hin öffnender Trichter (siehe Abbildung 3-13). Er entsteht symbolisch durch die abnehmende Sicherheit der Kenntnisse über Entwicklungen und mögliche eintretende Veränderungen und Störungen. In der Regel werden zwei Extremszenarien angenommen: ein »Worst-Case-Szenario« und ein »Best-Case-Szenario«. Im sogenannten »Trendszenario« werden die in der Vergangenheit gemachten Erfahrungen und statistische Zahlenreihen in die Zukunft fortgeschrieben.

Entwicklungsoptionen

Da nicht von ungebrochenen, linearen Entwicklungstrends ausgegangen werden kann, werden bei den Prozessbetrachtungen auch Störungen in die eine oder andere Richtung in die Analyse mit einbezogen. Dadurch entsteht in der Abbildung 3-13 das Szenario A 1 nach einer angenommenen Störung. Damit werden mehrere Entwicklungsoptionen deutlich gemacht.

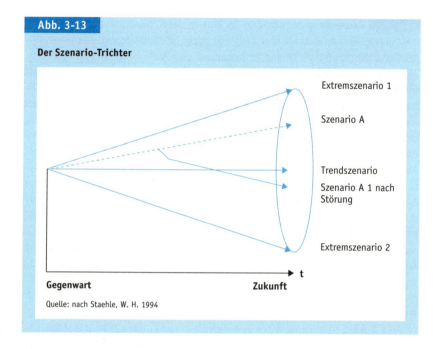

Abb. 3-13

Der Szenario-Trichter

Extremszenario 1

Szenario A

Trendszenario

Szenario A 1 nach Störung

Extremszenario 2

t

Gegenwart   **Zukunft**

Quelle: nach Staehle, W. H. 1994

Eine Szenario-Analyse erfolgt in vier Schritten:

Szenario-Analyse-Schritte

▸ Basis für die Zukunftsprojektionen sind die zum Zeitpunkt 0 bekannten Daten, Statistiken und Megatrends, die aus allen für ein Unternehmen relevanten Bereichen gesammelt werden.

▸ Daraufhin erfolgt die Entwicklung der Szenarien, wobei die einzelnen Trends einem »Stresstest« unterzogen werden, in dem mögliche Störungen mit berücksichtigt werden.

▸ Die einzelnen Szenarien werden auf mögliche Ursachen hin analysiert und mit den Potenzialen und Kompetenzen des Unternehmens abgeglichen. Daraufhin werden Entwicklungspfade zur Problemlösung aufgezeigt, sowohl bei Worst-Case-Szenarien als auch bei Best-Case-Szenarien, da im letzteren Fall möglicherweise die erforderlichen Kapazitäten neu berechnet werden müssen.

▸ Die Entwicklungspfade werden in Form von Planungsalternativen konkretisiert und auf notwendige Maßnahmen und Investitionen hin geprüft. Je nach Plausibilität der Trendanalyse erfolgt dann eine Umsetzung der Maßnahmen, oder aber die Pläne werden im Rahmen des Risikomanagements vorgehalten, um bei eintretender Trendverstärkung zu einem späteren Zeitpunkt handlungsfähig zu sein.

Am Beispiel der Kfz-Industrie in Deutschland kann das Basismodell der Szenario-Analyse verdeutlicht werden, wobei die Komplexität möglicher Szenarien hier auf einen Aspekt reduziert wird.

Beispiel Anwendung der Szenario-Technik in der Kfz-Industrie

▸▸▸ Die empirischen Befunde über das tatsächliche oder beabsichtigte Kaufverhalten der Generation zwischen 18 und 35 Jahren auf dem Automarkt ist nicht eindeutig. Zum einen gibt es Belege dafür, dass junge Menschen dem Führerschein nicht wie in früheren Generationen entgegenfiebern, sondern andere Prioritäten verfolgen. Weiterhin ist erkennbar, dass vor allem in Großstädten gut ausgebildete junge Leute regen Gebrauch von Carsharing-Angeboten machen und auf ein eigenes Auto verzichten. Auch in Führungsetagen gehört es zunehmend zum guten Ton, Sparsamkeit und ökologisches Bewusstsein bei der Wahl des Dienstfahrzeuges zu demonstrieren. Andererseits zeigen Befragungen unter Jugendlichen, dass es vor allem wirtschaftliche Gründe sind, die zu einem Aufschub von Führerschein- und Kfz-Erwerb führen. Zudem stellt sich das Verhalten im ländlichen Raum deutlich anders dar als in Großstädten. Geht man vor dem Hintergrund dieser nicht eindeutigen Gemengelage dennoch davon aus, dass die Kfz-Begeisterung unter Jugendlichen abnimmt, entsteht das Szenario eines Abwärtstrends in der Kfz-Nachfrage in der definierten Zielgruppe. Zu den Zukunftstrends gehört aber auch, dass die meisten Autobauer in Deutschland bereits hybride Autos und Elektroautos entwickelt haben und weiterentwickeln können. Zudem werden sich auf der Stufe der vierten industriellen Revolution im Rahmen von Industrie 4.0 völlig neue Fertigungsmöglichkeiten eröffnen (vgl. Kapitel 4.2). Bei der Ursachenanalyse, dem Aufzeigen von Problemlösungsansätzen und deren konzeptionellen Umsetzung können dann hypothetisch die folgenden vier Aspekte richtungsweisend sein;

▸ Carsharing wird zum eigenen Geschäftsmodell, um den Trend mit zu beeinflussen und einen eigenen Absatzkanal für Autos zu behalten.

Abb. 3-14

Beispiel einer Szenario-Anwendung in der Autoindustrie

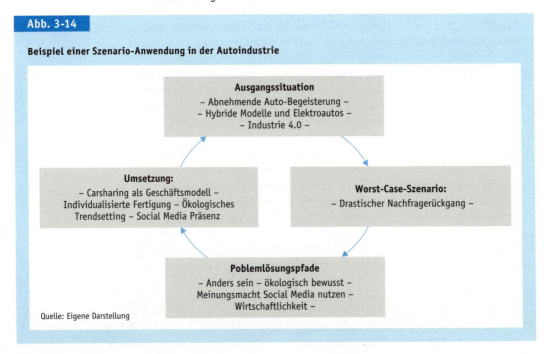

Quelle: Eigene Darstellung

▸ Industrie 4.0 ermöglicht eine hochgradig individualisierte Fertigung bis zur Losgröße 1. Damit kann dem Differenzierungsbedürfnis der jungen Generation entsprochen werden.

▸ Durch die Weiterentwicklung hybrider Modelle und von Elektroautos wird der Kfz-Produzent zum Trendsetter.

▸ Durch die aktive Nutzung der Social Media tritt der Produzent in den intensiven Dialog mit der Kundenzielgruppe mit dem ernsthaften Bemühen, Mängel abzustellen, wenn notwendig, den Service zu verbessern und die Modell-Politik in enger Abstimmung mit den Nutzern weiterzuentwickeln. ◂◂◂

3.2.8 Stärken und Schwächen, Chancen und Risiken – SWOT-Analyse

> Die Methode zur Analyse von Stärken und Schwächen sowie der Chancen und Risiken eines Unternehmens wird im Folgenden kurz SWOT-Analyse genannt. Das Kürzel steht für die englischen Begriffe Strengths & Weaknesses, Oportunities & Threats.

In eine SWOT-Analyse können die Ergebnisse einfließen, die mit den zuvor dargestellten sieben strategischen Werkzeugen erarbeitet wurden; sie muss aber nicht auf diese Informationen beschränkt bleiben. Durch die Analyse der internen Unternehmenssituation (Stärken und Schwächen), sowie der Umwelteinflüsse und der Wettbewerbssituation (Chancen und Risiken) können strategische Entscheidungen vorbereitet und unterstützt werden. Populär ausgedrückt geht es darum, Stärken zu stärken, Schwächen zu schwächen, Chancen zu nutzen und Risiken zu kalkulieren, zu minimieren oder zu vermeiden. Die exemplarische Darstellung einer SWOT-Analyse in Abbildung 3-15 bezieht sich auf ein mittelständisches Unternehmen in der Produktion und im Handel medizinischer Heil- und Hilfsmittel.

Die Interpretation dieser SWOT-Analyse lässt folgende strategische und operative Schlussfolgerungen zu:

Erkenntnisse aus der SWOT-Analyse

▸ Das Unternehmen ist gut aufgestellt: Es beherrscht einen Nischenmarkt und hat dort Wachstumspotenziale. Die starke Kernkompetenz und die hohe Qualität sprechen dafür, die strategischen Kräfte hier weiterhin zu bündeln. Mit dem Auslandsmarkt Asien und dem Online-Shop kann experimentiert werden.

▸ Die hohe Eigenkapitalquote bzw. der hohe Cashflow müssen dazu genutzt werden, die Entwicklung neuer Produkte zu forcieren. Die Produktentwicklung sollte Alternativen zum klassischen Gesundheitsmarkt enthalten, um sich auch außerhalb des Bereichs der gesetzlichen Krankenversicherung zu bewegen.

▸ Die Nachfolgethematik drängt. Daran hängt das Vertrauen der Banken, der Mitarbeiter, Kunden und Lieferanten. Die Suche nach einem Nachfolger für die Geschäftsführung sollte mit professioneller Unterstützung erfolgen.

▸ Die eigenen Anstrengungen in der Aus- und Weiterbildung und bei der internen Rekrutierung von Fachkräften müssen verstärkt werden.

Abb. 3-15

SWOT-Analyse eines mittelständischen Produzenten und Großhändlers

Stärken
▸ Marktführer im Nischenmarkt
▸ Problemlösungskompetenz
▸ Hohe Qualität der Produkte
▸ Starke Kernkompetenz
▸ Klares Markenprofil beim Kunden
▸ Gute Eigenkapitalausstattung
▸ Hoher Cashflow
▸ Qualifizierte und loyale Mitarbeiter

Schwächen
▸ Fehlende Neuprodukte (Question Marks)
▸ Fachkräftemangel – offene Stellen
▸ Ungeregelte Unternehmensnachfolge
▸ Fertigungsverfahren nicht auf dem neusten Stand
▸ Hohe Altersversorgungsverpflichtung

Chancen
▸ Wachstumschancen im Nischenmarkt
▸ Hohe Eintrittsbarrieren für neue Wettbewerber
▸ Auslandsmarkt Asien
▸ Übernahme eines Wettbewerbers
▸ Online-Shop

Risiken
▸ Einkaufskooperation der Händler
▸ Demografische Entwicklung
▸ Gesetzliche Regelungen
▸ Auslaufende Patente
▸ Lieferantenkonzentration

Quelle: Eigene Darstellung

Eine aussagekräftige SWOT-Analyse unterstützt die strategische Entscheidungsfindung. Auf die einzelnen Felder der strategischen Entscheidungsfindung wird im folgenden Kapitel eingegangen.

3.3 Strategische Entscheidungsfelder

In diesem Kapitel geht es darum, die Felder für das Management aufzuzeigen, in denen grundlegende strategische Entscheidungen getroffen werden müssen. Dabei geht es insbesondere um wettbewerbsstrategische Entscheidungen, deren operative Umsetzung im Marketing und Vertrieb erfolgen (vgl. Kapitel 4.3.4). Aber auch Fragen, die von grundlegender Bedeutung für die betriebliche Leistungserstellung sind, d. h. die Produktion von Gütern oder die Bereitstellung und Erbringung von Dienstleistungen, erfordern Grundsatzentscheidungen: Ob ein Unternehmen als »Pionier« das Marktgeschehen anführt oder als »Follower« dem Beispiel anderer folgt, hat erhebliche Auswirkungen auf die operative Aufgabenverfolgung in allen Funktionsbereichen. Das Gleiche gilt für die Fragen, ob alle Produkte und Dienstleistungen in Eigenregie erstellt werden, oder fremderstellte Komponenten eingekauft werden und welche Rolle Kooperationen und strategische Allianzen spielen sollen.

Diskontinuität, Friktionen und Managementalltag

Die im Folgenden aus Gründen der Systematik gewählte Abfolge der strategischen Entscheidungen darf nicht als chronologisch-linearer Entscheidungsprozess gedeutet werden. In der Praxis der Unternehmensführung stellt sich die Entscheidungsabfolge als zeitlich und inhaltlich diskontinuierlicher Prozess dar. Annahmen und Erkenntnisse über das Marktgeschehen, die Branchenentwicklung und das Wettbewerbsverhalten beispielsweise, erfordern eine dynamische Entscheidungsfindung.

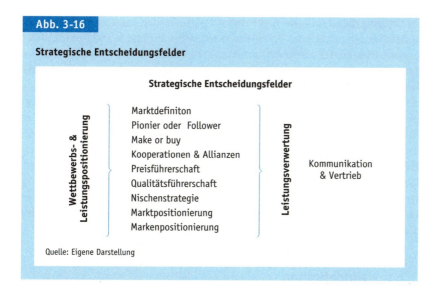

Abb. 3-16

Strategische Entscheidungsfelder

Strategische Entscheidungsfelder

Wettbewerbs- & Leistungspositionierung

- Marktdefiniton
- Pionier oder Follower
- Make or buy
- Kooperationen & Allianzen
- Preisführerschaft
- Qualitätsführerschaft
- Nischenstrategie
- Marktpositionierung
- Markenpositionierung

Leistungsverwertung

Kommunikation & Vertrieb

Quelle: Eigene Darstellung

Zudem befindet sich das Management in einer vom Alltag diktierten Entscheidungslage, die von äußeren Einflüssen und inneren Entwicklungen des Unternehmens mitgeprägt wird. Diese zeitlichen und inhaltlichen Diskontinuitäten entheben das Management aber nicht von der Verantwortung, grundsätzlich oder fallweise in den einzelnen strategischen Feldern Entscheidungen zu treffen. Eine mögliche Entscheidungsabfolge wird hier im Folgenden idealtypisch dargestellt und in den darauf anschließenden Abschnitten ausgeführt (siehe Abbildung 3-16).

Am Anfang der strategischen Entscheidungen steht die *Marktdefinition*, d. h. die Abgrenzung der Branche und des Geschäftsfelds, in dem ein Unternehmen tätig sein will.

Das Instrument der *Branchenumfeld-Analyse* kann dabei zur Anwendung kommen (vgl. Kapitel 3.2.2). In der Praxis stellt sich dieses Thema entweder dadurch, dass in der Ideenfindungsphase vor einem Start-up eine lukrative Branche gesucht wird, oder, dass aufgrund einer Idee, Erfindung und Innovation sich das Geschäftsfeld von selbst erschließt. Auch in unterschiedlichen Reifephasen eines Unternehmens (vgl. Kapitel 8) müssen auf der Suche nach neuen Absatzmöglichkeiten immer wieder Märkte sondiert und neu definiert werden. Ist das Marktfeld sondiert und definiert gilt es zu entscheiden, ob das Unternehmen aufgrund seines *Produkt- bzw. Dienstleistungsportfolio* (vgl. Kapitel 3.2.5) und seines *Stärken-/Schwächenprofils* (vgl. Kapitel 3.2.8)

▶ als *Pionier oder Follower* seine Position im Wettbewerbsfeld sucht,

▶ in welchem Umfang Leistungen anderer Unternehmen (Produkte und Dienstleistungen) für die eigene Leistungserbringung eingekauft oder selbst erbracht werden *(Make or buy)*

▶ und ob hierbei *Kooperationen und Allianzen* mit anderen Unternehmen die Wertschöpfung und Effizienz steigern können.

Entscheidungsfindung mit strategische Werkzeugen

Im Fortgang dieser Analysen und Entscheidungen können dann die Weichen dafür gestellt werden, ob sich das Unternehmen mit seinen Produkten und Dienstleistungen dem *Preis-* oder *Qualitätswettbewerb* stellt, oder sich in einer *Nische* ansiedelt. Die Summe dieser Entscheidungen eröffnet die Möglichkeit, das Unternehmen und seine Produkte und Dienstleistungen in optimaler Nähe zu den Bedürfnissen der Kundenzielgruppen und in möglichst großer Entfernung von den Wettbewerbern zu positionieren *(Marktpositionierung)*. Hierzu dienen die Instrumente der *Engpassanalyse* der *Wettbewerbsanalyse* und der *Benchmarkanalyse* (vgl. Kapitel 3.2.2.2 bis 3.2.2.4). Mit der *Markenpositionierung* erfolgt schließlich die Verfestigung im ausgewählten Marktsegment durch die rationale und emotionale Imagebildung der Produkte und Dienstleistungen. Die gewählte *Kommunikationsstrategie* begleitet die Umsetzung strategischer Ziele und strategische Entscheidungen und deren Umsetzung bei der Leistungserstellung. Die Leistungsverwertung erfolgt im Rahmen der Umsetzung der gewählten *Vertriebsstrategie* (vgl. Kapitel 3.3.10).

3.3.1 Marktdefinition

In allen Phasen einer Unternehmensentwicklung (vgl. Kapitel 8) muss das Management von Fall zu Fall strategische Entscheidungen überprüfen, ob und wie bestehende oder neue Zielmärkte mit vorhandenen oder neuen Produkten und Dienstleistungen erschlossen werden sollen.

Marktvarianten

Exemplarisch lassen sich folgende Varianten nennen:
▶ *Start-up-Unternehmen* müssen in ihrem Businessplan erstmals den *Eintritts-Markt* definieren, in dem sie erfolgreich sein wollen.
▶ Unternehmen treten in die *Wachstumsphase* ein, weil sie sich erfolgreich für eine Marktdurchdringungsstrategie auf bestehenden Zielmärkten entschieden haben.
▶ Unternehmen in der *Reifephase* haben mit ausgereiften Produkten Marktführerschaft erreicht und erwirtschaften hohe Umsätze und gute Margen. Sie stoßen aber an Wachstumsgrenzen und müssen in Produktinnovation und neue Märkte investieren.
▶ Unternehmen in der *Wende- und Krisenphase* ziehen sich möglicherweise aus unrentablen Märkten zurück und konzentrieren sich auf noch rentable Kernmärkte.

Volkswirtschaftliche und politische Makroebene

Die Struktur der strategischen Marktentscheidungen zeigt die Abbildung 3-17.

Die Notwendigkeit für die Überprüfung strategischer Marktentscheidungen kann einerseits ausgelöst werden durch Veränderungen auf der volkswirtschaftlichen und politischen *Makroebene*. Das wirtschaftliche Erstarken der sogenannten BRICS-Staaten (Brasilien, Russland, Indien, China, Südafrika) eröffnet ganz neue Märkte und Absatzchancen. Andererseits haben die durch die Krimkrise und den Ukrainekonflikt entstandenen politischen Spannungen zwischen der Europäischen Union (EU) und Russland die strategische Ausrichtung vieler Exportunternehmen vorübergehend ausgebremst.

Abb. 3-17

Übersicht Strategische Marktentscheidungen

Strategische Handlungsfelder	Strategische Entscheidungen
Märkte	Auf welchen Märkten, national und international, will sich das Unternehmen positionieren?
Produkte und Dienstleistungen	Mit welchen vorhandenen und neuen Produkten und Dienstleistungen will das Unternehmen seine Wettbewerbsposition halten, ausbauen oder reduzieren?
Investitionen	Welche Investitionen sind erforderlich, um mit vorhandenen und neuen Produkten sowie Dienstleistungen auf vorhandenen und zukünftigen Märkten erfolgreich zu sein?
Betriebswirtschaftliche Ergebnisse	Wie rentabel sind bestehende Märkte und Produkte und wann stellt sich der Return on Invest bei neuen Märkten und Produkten ein?

Auf der *Mikroebene* der einzelnen Märkte andererseits gibt es zahlreiche Anlässe, Markt- und Produktentscheidungen auf den Prüfstand zu stellen und eine Markt- und Produkterweiterungsstrategie zu verfolgen, wie die folgenden Beispiele zeigen (siehe auch Abbildung 3-18):

Mikroebene

▸ Märkte und Produkte erweisen sich im Rahmen der Markt-Produktanalyse als gesättigt.
▸ Die Marktmacht der Wettbewerber (Preis-, Qualität- und Vertriebsoffensive) zwingt zu einer defensiven Marktbearbeitung bzw. zu einem Ausweichen auf neue Märkte.
▸ Beispiel: Ein Süßwarenproduzent im Premium-Segment erfährt in seinem Stamm-Markt erheblichen Wettbewerbsdruck durch Billiganbieter.
▸ Marktforschungsergebnisse besagen, dass eine eigene Produktinnovation Chancen auf neuen Märkten eröffnet.
▸ Beispiel: Die E-Zigarette mit einem neuen Filtersystem lahmt auf dem heimischen Markt, verspricht aber einen Absatzboom in den USA.
▸ Die Sortimentserweiterung durch »Produktfamilien«, aber auch durch Produktgruppen, die neue Zielgruppen ansprechen, eröffnen ebenfalls Chancen auf bestehenden und neuen Märkten.

Abb. 3-18

Markt- und Produkterweiterungsmatrix

	Bestehende Märkte	Neue Märkte
Bestehende Produkte	Marktdurchdringung (Marktpotenzial ausschöpfen)	Marktentwicklung (Aufdeckung neuer Marktchancen)
Neue Produkte	Produktentwicklung (Ergänzung des Angebots)	Diversifikation (Erweiterung des Angebots zur Erschließung neuer Märkte)

Quelle: Eigene Darstellung

- Beispiel: Ein auf Herrenstrümpfe spezialisierter Produzent entdeckt die Zielgruppe der Frauen und Kinder.
- Ein Automobilproduzent eröffnet das neue Geschäftsfeld der Finanzdienstleistungen. Beispiel: Nach Kfz-Finanzierungsangeboten werden auch Spar- und Wertpapiergeschäfte für Privatkunden angeboten. Schließlich werden Kreditangebote für Firmenkunden in das Programm aufgenommen. Die Diversifikation umfasst also die Branche bzw. das Geschäftsfeld, die Produkte und die Zielgruppen: vom B2C-Geschäft und B2B-Geschäft.

3.3.2 Pionier oder Follower

Wettbewerb als Innovationstreiber

Zu den grundlegenden Entscheidungsoptionen eines Unternehmens gehört es, eine Pionier- oder Follower-Strategie zu planen und umzusetzen. Diese Frage stellt sich insbesondere in technologiegetriebenen Industriezweigen, der Medizintechnik, der Biotechnologie und der Pharmaforschung. Unternehmen, die über große Forschungs- und Entwicklungsabteilungen verfügen, stehen zumeist weltweit in einem Innovationswettbewerb. Die Ergebnisse der Grundlagenforschung sind allen Wettbewerbern zugänglich. Der Wettlauf besteht darin, wer es als erster schafft, aus der Forschungs- und Erprobungsphase in die Phasen der seriellen Fertigung und zum Markteintritt zu kommen. Eine Pionierstrategie resultiert zumeist aus der erfolgreichen Fokussierung auf Neuentwicklungen und Produktinnovationen, die zu einer Marktführerschaft führen können. Um diese dominante Position zu halten und weiter auszubauen, bedarf es einer Konzentration der Kräfte, um den Innovationsvorsprung weiter voranzutreiben und neue Marktanteile und Absatzmärkte zu gewinnen.

Time-to-market

Vorteile und Risiken der Pionier-Strategie

Die Vorteile einer Pionier-Strategie bestehen darin, dass

- ein einmal gewonnener Wissens- und Verfahrensvorsprung nur mit großem Aufwand durch Wettbewerber einzuholen ist,
- Patente vor plumpen Plagiaten geschützt werden können,
- Marktführerschaft auch zu einem Imagegewinn und langfristiger Kundenbindung führen kann.

Die Risiken für einen Pionier bestehen u. a. in

- kostspieligen Entwicklungen und möglichen Fehlentwicklungen,
- dem gezielten Abwerben von Know-how-Trägern durch Wettbewerber,
- der Intensivierung von Versuchen der Industriespionage
- und langwierigen internationalen Patentschutz-Auseinandersetzungen.

Vorteil der Follower-Strategie

Ausbruchstrategie

Der Vorteil einer Follower-Strategie kann darin bestehen, dass aus den Fehlern der Pioniere gelernt wird, der Entwicklungsaufwand geringer ist und damit Preisvorteile am Markt erzielt werden können. Darüber hinaus können Follower bei entsprechender Bündelung der Entwicklungs- und Absatzanstrengungen den Pionier überholen und sich selbst als Marktführer an die Spitze im Wettbewerb setzen. Gezielte Follower-Strategien erfordern eine ständige Marktbeobachtung in der eigenen Branche und dem Geschäftsfeld.

Information

Pioniere in der Internet-Ökonomie

In der Internet-Welt haben sich die Rollen zwischen Pionieren und Followern verändert. In der digitalen Start-up-Szene haben die erfolgreichen Pioniere der letzten Jahre die Basis- und Durchbruchinnovation nicht selbst erfunden, sondern sie haben vorhandene Ideen genutzt, um darauf in großer Geschwindigkeit erfolgreiche Geschäftsmodelle aufzubauen. Der Amazon-Gründer hat den Onlinehandel nicht erfunden, eBay nicht die Online-Auktion. Die Google-Pioniere bedienten sich der vorhandenen Idee der Suchmaschine und der Facebook-Pionier nutzte das vorhandene Prinzip der sozialen Netzwerke. Viele Start-ups beziehen ihre Ideen aus dem »digitalen Zeitgeist«, der jedermann im Internet zugänglich ist. Viele Gründer greifen vorhandene Ideen gleichzeitig auf und versuchen mit ihren Produkten die Bedürfnisse digitaler Nutzer zu befriedigen. Dabei bleiben viele auf der Strecke. Die wenigen die übrig bleiben konzentrieren sich auf eine Region. Lässt sich das Geschäft weltweit ausweiten, kommt es zu Übernahmen, bis am Ende ein Gewinner übrig bleibt, der den Markt bis zur nächsten Innovationswelle beherrscht. Es ist also nicht ausschließlich die Pionier-Idee, die ein Geschäftsmodell tragfähig macht, sondern die Fähigkeit der Gründer, die wachsende Komplexität in kurzer Zeit zu bewältigen: von der Idee über den Start-up, der Kapitalbeschaffung, der ersten Produktentwicklung und deren Skalierung bis hin zu der wachsenden Zahl von Kunden und Mitarbeitern, der Internationalisierung und dem Börsengang muss der Gründer in kurzer Zeit viel lernen – das können nur wenige (vgl. Ramge, Th. 2015, S. 115 f.).

Follower-Aktivitäten gibt es nicht nur im Hightech- und IT-Bereich, sondern in nahezu allen Branchen. Bietet beispielsweise eine Bank eine neue Anlageform an, ziehen die Wettbewerber meist nach, um einen Mitnahmeeffekt zu erzielen. Lokale Pionieraktivitäten auf dem Gebiet der Szene-Gastronomie in einer Stadt werden häufig nach kurzer Zeit in anderen Städten kopiert. Grundsätzlich gilt, je regionaler der Markt, auf dem die Pionier-Idee platziert wird, desto schneller erfolgen Follower-Aktivitäten in anderen Regionen. Handelt es sich bei den Produkt- und Dienstleistungsideen nicht um wirklich grundlegend neue Marktansätze, kann zwar das Marken- und Namensrecht geschützt werden, ein Patentrecht national oder gar international zu erwirken, ist dagegen nahezu aussichtslos.

Die Risiken der Follower-Strategie im Bereich technologischer High-end-Produkte liegen in dem möglichen Entwicklungs-, Markt- und Imagevorsprung des Pioniers, der nur schwer aufzuholen ist und den Patentschutz-Abwehrschlachten des Pioniers.

Risiken der Follower-Strategie

Beispiel **AUDI sagt TESLA den Kampf an**

▶▶▶ Audi will dem amerikanischen Elektroautopionier Tesla nicht länger den Markt für reichweitenstarke Elektroautos überlassen. In den nächsten Jahren will Audi zwei rein elektrisch angetriebene Serienautos auf den Markt bringen. Die Wagen sollen eine Reichweite von mehr als 500 km haben. Damit würde Audi in der Aufholjagd gegenüber Tesla an Geschwindigkeit zulegen und andere Wettbewerber wie BMW überholen. ◀◀◀

3.3.3 Make-or-buy-Strategie

Bei der Make-or-buy-Entscheidung geht es im Wesentlichen darum, für einen längeren Zeitraum festzulegen, welche Leistungen ein Unternehmen selbst erbringt und welche Fremdleistungen es einkauft.

Diese Entscheidungen haben insbesondere in der Fertigungsindustrie eine hohe Bedeutung, aber auch Dienstleister wie gastronomische Betriebe, Museen oder Flughafenbetreiber stehen vor der Alternative, alle Leistungen selbst zu erbringen, oder von anderen Unternehmen erbringen zu lassen.

Beispiel **Kochen oder kochen lassen**

▶▶▶ In der Gastronomie reicht die Spannbreite der Make-or-buy-Entscheidungen vom Erhitzen eingekaufter Fertiggerichte über die Mitverwendung eingekaufter, sogenannter Convenience-Produkte, bei denen der Hersteller bestimmte Vorbereitungsstufen des Fertigprodukts übernimmt, bis hin zur eigenständigen Verarbeitung von Naturprodukten. Der Trend zum Einkauf von Fertig- und Halbfertigwaren nimmt aus Kostengründen auch in der Nobelgastronomie zu. Allerdings sind in den letzten Jahren die Qualitätsstandards dieser Waren erheblich gestiegen. ◀◀◀

Das Outsourcing von Leistungen, die nicht zu den Kernaufgaben eines Unternehmens gehören, wie das Catering, die Reinigung oder auch die Buchhaltung, können zwar kurzfristig unter den Mitarbeitern Aufregung erzeugen. Gravierende Auswirkungen auf das Leistungsgefüge sind aber nicht zu erwarten. Strategische Make-or-buy-Entscheidungen, die das Kerngeschäft betreffen, haben dagegen erheblichen Einfluss auf die Funktionsbereiche F&E, Einkauf und Logistik, Produktion und Personal und somit auf das ganze betriebliche Leistungsgefüge. Der Einkauf von Fremdleistungen,

Abb. 3-19

Chancen und Risiken von Make-or-buy-Entscheidungen

Chancen der Eigenfertigung	Chancen der Fremdfertigung
Autarkie und Kontrollhoheit Know-how bleibt im Unternehmen Maximale Wertschöpfung Qualitätssicherung aus einer Hand Keine Transportkosten Kapazitätsauslastung	Variable statt fixe Kosten Erhöhung der Liquidität Senkung der F&E-Kosten Fokussierung auf Kernkompetenz
Risiken der Eigenfertigung	**Risiken der Fremdfertigung**
Komplexe Anforderungen an F&E Hohe Komplexität von Einkauf, Logistik und Lagerwirtschaft Unterschiedliche Produktionsabläufe Unterschiedliche Verfahrenstechniken	Lieferantenabhängigkeit Know-how-Weitergabe an Dritte Transportwege und -kosten Qualitätsmängel Verringerung der Flexibilität durch langfristige Bindung

Quelle: Eigene Darstellung

z. B. für die Kfz-Produktion, hat langfristige Auswirkungen und lässt sich nicht von heute auf morgen wieder rückgängig machen. Deshalb sind Make-or-buy-Entscheidungen von existenzieller Bedeutung für ein Unternehmen.

Beispiel **Automobilindustrie**

▶▶▶ In der Automobilindustrie, dem wichtigsten Industriezweig in Deutschland, hat man sich eindeutig für das Outsourcing von Leistungen entschieden. Die Fremdleistung von Automobilzulieferern liegt zwischen 70–80 Prozent, d. h. der Eigenfertigungsanteil liegt zwischen 20–30 Prozent. Entscheidende Gründe hierfür sind, dass das Qualitätsmanagement an den Schnittstellen des Hauptproduzenten zu den Lieferanten in den letzten Jahren optimiert wurde und die Just-in-time-Lieferung funktioniert. Darüber hinaus werden Kostenvorteile für die Produzenten durch harte Verhandlungen mit den Lieferanten erwirtschaftet. Die Kfz-Industrie hat die gewonnenen Ressourcen u. a. dazu genutzt, ihre Kernkompetenz in der variablen Fertigung unterschiedlicher Modelle auf einer Produktionsstraße ohne nennenswerte Umrüstungen zu steigern. ◀◀◀

In den Kontext strategischer Make-or-buy-Entscheidungen gehören auch Entscheidungen über die Rückwärts- bzw. Vorwärtsintegration von Prozessen und Leistungen. Beispielsweise hat VW vor Jahren einen Teil der ausgelagerten Fertigung von Antriebswellen wieder in die Eigenfertigung übernommen (Rückwärtsintegration). Auf der anderen Seite wurden vertriebsunterstützende Maßnahmen zur Absatzfinanzierung von Automobilen ergriffen, die schließlich zur Gründung einer eigenen VW-Bank führten (Vorwärtsintegration).

Rückwärts- und Vorwärtsintegration

3.3.4 Kooperationen und strategische Allianzen

Formelle, vertraglich geregelte Unternehmens-Kooperationen spielen rein quantitativ im deutschsprachigen Wirtschaftsraum keine große Rolle. Die Anzeichen sprechen dafür, dass infolge der vierten industriellen Revolution durch die Notwendigkeit, digitale Geschäftsmodelle unternehmensübergreifend zu konzipieren und zu realisieren, das Thema der Kooperation von hoher strategischer Bedeutung sein wird. Viele Unternehmen unterhalten schon jetzt zu ihren Wettbewerbern vielfältige Kontakte. Neben der wechselseitigen Beobachtung des Marktauftritts kennt man sich von Messen und Ausstellungen und tauscht sich in Fachausschüssen von Branchenverbänden aus. Auch im Rahmen von Tarifverhandlungen mit den Gewerkschaften finden Absprachen zwischen den Beteiligten in der Wirtschaft statt. Darüber hinausgehende Kooperationen werden aber selten eingegangen. Die Unternehmen sind darauf bedacht, ihre Betriebsgeheimnisse zu wahren und vor dem Zugriff von außen zu schützen. Deshalb sind sie gegenüber der Idee der Kooperation zurückhaltend. Dennoch gibt es betriebswirtschaftliche Gründe und praktische Beispiele, dass aus Kooperationen wechselseitig ein Nutzen gezogen werden kann. Werden Kooperationen eingegangen, erfolgt dieses aufgrund knapper Ressourcen und der wirtschaftlichen Erwägung, Kostenvorteile ohne Wettbewerbsnachteile zu erzielen.

Strategischer Nutzen

Kooperations-
möglichkeiten

Als Bereiche der Kooperation kommen infrage:

▶ Die Bildung von Einkaufsgemeinschaften zur Erlangung von Mengenrabatten und zur Sicherung von Rohstoffquellen.

▶ Gemeinsame Forschungs- und Entwicklungsarbeiten mehrerer Beteiligter in einer eigenständigen Gesellschaft.

▶ Rationalisierung der Fertigungsverfahren, der Fertigungsgegenstände und des Sortiments durch Absprache gemeinsamer Normen und Typen.

▶ Beschäftigungssicherung und Kapazitätsauslastung durch Übernahme von Aufträgen, die das Leistungsvermögen und die Finanzkraft einer einzelnen Unternehmung übersteigen (z. B. Arbeitsgemeinschaften (Arge) mehrerer Bauunternehmen bei Großprojekten).

▶ Gemeinsamer Werbeauftritt, zum Beispiel mit Gemeinschaftsständen auf Messen.

▶ Gründung einer gemeinsamen Vertriebsgesellschaft im Ausland.

▶ Durchführung gemeinsamer Schulungsmaßnahmen für Mitarbeiter in Grundlagenfächern, z. B. zum Bereich CAD/CAM.

Horizontale und
Vertikale Kooperation

Grundsätzlich unterscheiden lassen sich zwei Hauptformen der Unternehmenskooperation:

▶ *Horizontale Kooperation*

▶ Dabei kooperieren Unternehmen derselben Branche bzw. selben Wertschöpfungsstufe miteinander:

– Handwerksbetriebe eines Gewerks (z. B. Malerbetriebe), die ihre Kapazitäten optimal auslasten und Mengenvorteile erreichen wollen,

– Mittelständische Unternehmen, die ihre Weiterbildungsmaßnahmen für Mitarbeiter gemeinsam durchführen,

– Industrieunternehmen, die digitale Geschäftsmodelle gemeinsam konzipieren und erproben.

▶ *Vertikale Kooperation*

▶ Dabei kooperieren Unternehmen unterschiedlicher Branchen bzw. unterschiedlicher Wertschöpfungsstufen miteinander:

– Handwerksbetriebe unterschiedlicher Gewerke, die eine Dienstleistung aus einer Hand anbieten und aufgrund größerer Nachfrage und Kapazitätsauslastung ihren Umsatz steigern können,

– mittelständische Unternehmen, die projektbezogen bei der Entwicklung eines neuen Produktes für einen Abnehmer zusammenarbeiten, z. B. im Maschinenbau,

– Industrieunternehmen, die digitale Geschäftsmodelle über mehrere Wertschöpfungsstufen gemeinsam konzipieren und erproben.

Joint Venture

In der Praxis überwiegen nicht-formelle Kooperationen, also operative Absprachen über eine punktuelle oder projektbezogene Zusammenarbeit. Formelle, strategisch angelegte Kooperationen sind eher die Seltenheit. Häufig wird der zusätzliche Transaktionsaufwand bei einem schwer zu kalkulierenden langfristigen Nutzen gescheut. Allerdings gibt es auch Beispiele, wie aus einer Kooperation eine strategische Allianz entsteht, die nicht nur eine Addition von Potenzialen beinhaltet, sondern zu einer Leistungssteigerung führt.

Beispiel **Geglückte strategische Allianz**

▸▸▸ Das Unternehmen HELLA KGaA HUECK & Co. produziert Lichttechnik, vom Scheinwerfer und Blinklicht über die Heckleuchte bis hin zu Innenraum-Beleuchtungen für die Automobilindustrie. Die Firma Behr ist spezialisiert auf Motorkühlung und Fahrzeug-Klimatisierung. Schon 1999 realisierten die beiden Unternehmen, deren einzige Gemeinsamkeit daran besteht, dass sie Zulieferer für den Automobilbau sind, eine technisch-unternehmerische Kooperation. Ziel war es, die Produktlinien beider Unternehmen zu integrieren, auf diese Weise Systemanbieter zu werden und sowohl den Absatz ihrer Komponenten zu erhöhen als auch die Entwicklungskosten zu teilen. Sie gründeten zwei »Joint Ventures«, beide partnerschaftlich zu je 50 Prozent gehalten. Diese strategische Allianz hat sich dauerhaft bewährt. ◂◂◂

Bei formellen Kooperationen bleibt die Eigenständigkeit der Partner erhalten und der Gegenstand der Kooperation wird vertraglich geregelt. Die Kooperation kann z. B. die gemeinsame Übernahme eines Großauftrags durch mehrere Unternehmen beinhalten, wobei die wechselseitigen Rechte und Pflichten vertraglich vereinbart werden. In dem oben genannten Beispiel einer dauerhaften strategischen Allianz wird eine eigenständige Gesellschaft gegründet, an der die Partner zu gleichen Teilen beteiligt sind: Das Risiko wird geteilt (Joint Venture). Auf der nächsten Kooperationsstufe können sich Unternehmen wechselseitig kapitalmäßig verflechten, was meist auf eine geplante Fusion und Konzentration hindeutet (vgl. Kapitel 10).

Im Zusammenhang mit dem Thema der Kooperation zwischen Wirtschaftsunternehmen spielen auch materielle Absprachen und Kartelle eine Rolle. Das Wettbewerbsprinzip in der Marktwirtschaft scheint auf den ersten Blick im Widerspruch zu stehen mit der Idee der Kooperation. Dennoch ist die Energie, vor allem in oligopolen Märkten, nicht-öffentliche Absprachen zu treffen, groß. Entsprechend wacht in Deutschland das Bundeskartellamt darüber, dass Wettbewerbsprinzipien nicht ausgehebelt werden. 2014 verhängen die Wettbewerbshüter gegen neun renommierte Bierbrauer in Deutschland ein Bußgeld von insgesamt 338 Millionen Euro. Das Kartellamt erbrachte den Nachweis, dass zwischen den beschuldigten Brauereien in persönlichen Gesprächen und Telefonaten vereinbart wurde, gemeinschaftlich den Bierpreis für den Konsumenten zu erhöhen.

Auch über nationale Grenzen hinweg werden Kartellabsprachen geahndet. Die amerikanische Aufsichtsbehörde verhängte beispielsweise gegen einen deutschen Carbonhersteller und dessen wichtigsten Wettbewerber in den USA ein Bußgeld, das von beiden Beschuldigten akzeptiert und bezahlt wurde.

Konzentration

Kartelle

3.3.5 Preis-/Menge- oder Präferenz-Strategie

Zu den klassischen Strategien, Wettbewerbsvorteile zu erringen und zu sichern, gehören die Preis-Menge-Strategie, auch *Kostenführerschaft-Strategie* genannt und die Präferenz-Strategie, auch Strategien der *Differenzierung* oder *Marktführerschaft* genannt (vgl. Porter, M. E. 1980).

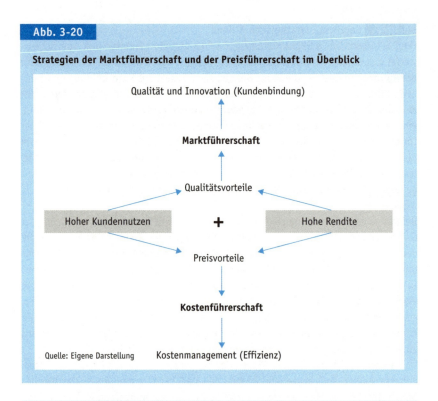

Abb. 3-20

Strategien der Marktführerschaft und der Preisführerschaft im Überblick

Qualität und Innovation (Kundenbindung)

Marktführerschaft

Qualitätsvorteile

| Hoher Kundennutzen | **+** | Hohe Rendite |

Preisvorteile

Kostenführerschaft

Quelle: Eigene Darstellung · Kostenmanagement (Effizienz)

> Die Preis-Mengen-Strategie zielt darauf, durch effektive serielle Fertigung
> oder ein hohes Maß an Standardisierung von Dienstleistungen Skaleneffekte
> zu erzielen, um auf diese Weise Preisführerschaft in einem Marktsegment zu
> erlangen.

Mit dieser Strategie sollen Kostenvorteile im Vergleich zu den Wettbewerbern erreicht
werden, um preissensible Kunden mit einem günstigen Angebot anzusprechen.

Beispiel **Ryanair fliegt dem Wettbewerb davon**

▶▶▶ Ryanair hat die Dienstleistung Flugtransport für Privatkunden in allen Leistungs-
bereichen standardisiert und den Service minimiert. Kostenvorteile, die sich z. B.
durch geringere Charterraten für die Flugzeuge, geringere Flughafengebühren oder
sinkende Treibstoffkosten ergeben, werden an die Kunden weitergegeben. Damit
führt Rynair einen Preiskampf in den Tourismus- und Geschäftskunden-Segmenten,
der Wettbewerber – deren Preise aus einer Mischkalkulation aus profitablen und
weniger profitablen Geschäftszweigen resultiert – in starke Bedrängnis bringt. ◀◀◀

Die Kostenführerschaft muss allerdings spürbar und längerfristig gegeben sein, sonst
greift der Kunde schnell zum Konkurrenzprodukt, da die Produkte und Dienstleistungen austauschbar sind und sich nur über den Preis differenzieren. Eine erfolgreiche Anwendung der Strategie der Kostenführerschaft erfordert

▶ eine Standardisierung der Abläufe,

▶ laufende Verfahrens- und Prozessinnovationen,

▶ den Einsatz von Gemeinkosten-Wertanalysen,

▶ günstige Produktions- bzw. Dienstleistungsstandorte,

▶ ein hohes Maß an Spezialisierung,

▶ eine Konzentration auf Großabnehmer im Produktionssektor bzw. auf das Mengengeschäft im Privatkundengeschäft.

Die Strategie der Kostenführerschaft ist dann erfolgreich, wenn in einer Branche oder einem Geschäftsbereich die Economy-of- Scale-Effekte noch nicht ausgeschöpft sind, wenn die Produkte nur geringe, die Produktionsprozesse jedoch große Verbesserungsmöglichkeiten aufweisen und wenn auf dem betreffenden Markt hohe Preiselastizität besteht.

Die Risiken der Kostenführerschaft-Strategie bestehen darin, dass die Wettbewerber schneller nachziehen, als die eigenen Effizienzressourcen gehoben werden können. Im Rahmen der digitalen Transformation von Produktionsprozessen (Industrie 4.0) eröffnen sich völlig neue Möglichkeiten der Effizienzsteigerung in den Kunden-Lieferanten-Beziehungen (vgl. Kapitel 4.2).

> Die Präferenz-Strategie zielt auf eine Qualitäts- und Marktführerschaft im Hochpreissegment für anspruchsvolle Kundengruppen.

Die Kunden müssen das Produkt auf eine für sie wichtige Weise als einzigartig ansehen. Die Produkte sind hochpreisig, was zu ihrem Markenkern dazu gehört, und sind mit einer hohen Marge für den Händler versehen. CARTIER, HARLEY DAVIDSON und MERCEDES BENZ sind Produzenten, die eine Präferenz-Strategie verfolgen. Allerdings kann eine überzogene Präferenzstrategie, mit der die Preis-Akzeptanz-Grenze beim Kunden überschritten wird, gefährlich sein.

Beispiel MULBERRYS Höhenflug und Absturz

▶▶▶ Als 2012 ein neuer CEO von HERMÉS zu Mulberry wechselte, verfolgte er die Strategie, die Marke luxuriöser zu positionieren. Damit verprellte Mulberry einen treuen Kundenstamm. Während man Mulberry vor der Neupositionierung eher mit Longchamp vergleichen konnte, versuchte die britische Marke nun auf der Erfolgswelle von High-End-Marken wie Bottega Veneta mitzuschwimmen und international zu expandieren, um neue Märkte zu erschließen. 2010 (Hochphase von Mulberry) kostete zum Beispiel das Modell »Pembridge Hobo« von Mulberry um die 680 Euro. 2014 lag der Preis bei 1300 Euro – das sind fast 100 Prozent Preisaufschlag in nur vier Jahren. Damit wurde die Kaufkraft des Mulberry-Kunden überschätzt und die Umsätze brachen ein. ◀◀◀

Auch bei einer Präferenzstrategie muss die Bandbreite der Zahlungsbereitschaft der Kundenzielgruppe zwischen Preisuntergrenze und Preisobergrenze verkaufspsychologisch ausgetestet werde. Hier spielt viel Psychologie eine Rolle. Dem »Mulberry-Effekt« (s. Beispiel) steht auch der gegenteilige Effekt gegenüber: Ein subjektiv als

Bandbreite
der Zahlungsbereitschaft

billig empfundenes Gebrauchsgut wird seiner assoziierten Werthaltigkeit beraubt und der Verkaufsabschluss erfolgt nicht.

3.3.6 Nischen-Strategie

> Die Nischen-Strategie zielt auf Marktführerschaft in engen, spezialisierten Märkten und eine globale Vermarktung innovativer Produkte.

Hidden Champions

In Deutschland beherrschen diese von Hermann Simon als »Hidden Champions« bezeichneten mittelständischen Unternehmen häufig mit ihren unspektakulären Produkten den Weltmarkt (vgl. Simon, H. 2006). Überwiegend als Familiengesellschaften geführt, erbringen sie einen wichtigen Beitrag zur Leistungsbilanz des Landes, haben einen hohen Exportanteil und sind äußerst überlebensfähig.

1990 hatte Simon erstmals die Erfolgsrezepte der Marktführer in Nischenmärkten untersucht. In seiner Forschungs- und Beratungspraxis hat er seitdem die Entwicklung weiter verfolgt. Dabei ist Simon in den Folgejahren zu dem Ergebnis gekommen,

Abb. 3-21

Erfolgsrezepte der Hidden Champions

Strategiedimensionen	Merkmale
Ziele und Visionen	Hidden Champions beanspruchen die »psychologische« Marktführung; sie wollen die Nr. 1 sein.
Marktdefinition	Hidden Champions definieren ihre Märkte eng. Sie entwickeln einzigartige Produkte, die sich ihre eigenen Marktnischen schaffen.
Globalisierung	Die enge Spezialisierung wird mit globaler Vermarktung kombiniert.
Kundennähe	Kundennähe ist der Dreh- und Angelpunkt der Marktführerstrategie.
Innovation	Innovation ist eines der Fundamente für Marktführerschaft. Viele Hidden Champions haben als Pioniere ein völlig neues Produkt eingeführt und ihre Pionierstellung beibehalten.
Wettbewerbsvorteile	Die Hidden Champions agieren in oligopolistischen Märkten mit intensivem Wettbewerb. Wettbewerbsvorteile beruhen weniger auf Kostenvorteilen als auf Differenzierung.
Strategische Allianzen	Hohe Fertigungstiefe bei hoher Kernkompetenz statt Outsourcing, denn so wird das Kern-Know-how geschützt und hoch qualifizierte Mitarbeiter werden an Bord gehalten.
Mitarbeiter	Hidden Champions sind team- und leistungsorientiert, aber intolerant gegenüber Faulenzern.
Führungspersönlichkeiten	Die Führungskräfte haben Energie, Willenskraft, Schwung und Autorität. Die durchschnittliche »Amtszeit« der Leiter von Hidden Champions beträgt mehr als zwanzig Jahre.

Quelle: Nach Simon, H. 2006, S. 49

dass die Globalisierung eher dazu beigetragen hat, dass die Hidden Champions auf dem Vormarsch sind und dass die in Abbildung 3-21 aufgeführten Erfolgsrezepte ihre Wirkung beibehalten haben.

Auf die Hidden Champions wird noch einmal Bezug genommen im Kapitel 9.1 »Der Mittelstand«. Dabei werden auch einige Fallbeispiele genannt.

Auch die *Blue-Ocean-Strategie* ist eine Nischenstrategie mit vergleichbaren Merkmalen: Die Unternehmen orientieren sich nicht als Follower an den Wettbewerbern, sondern definieren ihren Markt selbst. Dabei versuchen sie allerdings, im »Blue Ocean« ein eigenes Revier möglichst weit weg von anderen Akteuren zu finden. Sie beabsichtigen nicht primär die Pionierrolle zu übernehmen, sondern vorhandene technologische Innovationen bedarfsgerecht neu zu konfigurieren und weiterzuentwickeln. Dabei werden auch die Märkte und die Kundengruppen neu definiert.

Blue-Ocean-Strategie

Beispiel **Blue-Ocean-Strategie im asiatischen Raum**

▶▶▶ Die LPKF Laser & Electronics AG (LPKF) ist ein im Nisax20 und TecDAX börsennotiertes, deutsches, mittelständisches Technologie-Unternehmen. LPKF ist spezialisiert auf die Mikromaterialbearbeitung mit Lasertechnologien. Auf ihren Geschäftsfeldern zählt es zu den drei größten Unternehmen der Welt mit einem hohen Marktanteil im asiatischen Raum. Die Produkte dienen den Anwendern zur seriellen Bearbeitung von Platinen, z. B. für Smartphones. Gefertigt werden kleine Serien, in denen das Produkt-Know-how wie in einer Blackbox nicht entschlüsselt werden kann. ◀◀◀

3.3.7 Marktpositionierung

Die Marktdefinition gehört konstitutiv zur Unternehmensgründung und besteht als strategischer Auftrag in allen Phasen der Unternehmensentwicklungen weiter. Damit eng verbunden ist die strategische Marktpositionierung.

> Strategische Marktpositionierung zielt darauf, ein Unternehmen bzw. den Nutzen seiner Produkte und Dienstleistungen in klarer Abgrenzung von den Wettbewerbern im Bewusstsein der Konsumenten zu verankern und Kaufimpulse auszulösen.

Eine Marktpositionierungsstrategie setzt voraus, dass ein Produkt bzw. eine Dienstleistung ein Nutzenversprechen für den Konsumenten enthält und einlöst. Ist dieses Nutzenversprechen allerdings identisch mit den Nutzenversprechungen der unmittelbaren Wettbewerber, bleibt die Marktpositionierung unklar. Eine neue Bäckerei beispielsweise, die sich in ihren Produkten, Preisen, der Qualität, im Service und Erscheinungsbild nicht oder nur marginal von den Wettbewerbern im Umfeld unterscheidet, wird Schwierigkeiten haben, Kunden zu gewinnen.

Erfolgskriterien für eine strategische Marktpositionierung sind demzufolge:

Kundennutzen

▸ die besondere Nähe des Anbieters und seiner Produkte und Dienstleistungen zu spezifischen Nutzenerwartungen der Konsumenten,
▸ das Bieten eines Zusatznutzens bzw. eines unerwarteten Nutzens,

▶ die Nähe zu den rationalen und emotionalen Bedürfnissen der Kunden,
▶ die Distanz zu den Positionierungen der Wettbewerber sowie
▶ die Originalität und Unverwechselbarkeit der Inhalte der Positionierung.

Die imagebildenden *Inhalte* der Positionierung können sein,
▶ die Nutzenaspekte des Produkts oder der Dienstleistungen,
▶ die Qualität,
▶ der Preis,
▶ der Service,
▶ das Image der Marken und des Unternehmens,
▶ die Vertriebsform der Produkte und Dienstleistungen,
▶ die Emotionalität und Tonalität des Marktauftritts.

Vermittelt werden diese Inhalte der Positionierungsstrategie
▶ durch die Produkte und Dienstleistungen selbst,
▶ den Service,
▶ die produkt- und unternehmensbezogenen Werbebotschaften.

Distanz zum Wettbewerb

Die Marktpositionierungsstrategie eines Unternehmens steht in einem engen Zusammenhang mit der Markenstrategie, auf die im Kapitel 3.3.8 noch gesondert eingegangen wird.

Abb. 3-22

Wettbewerbs- und Kundenpositionierung

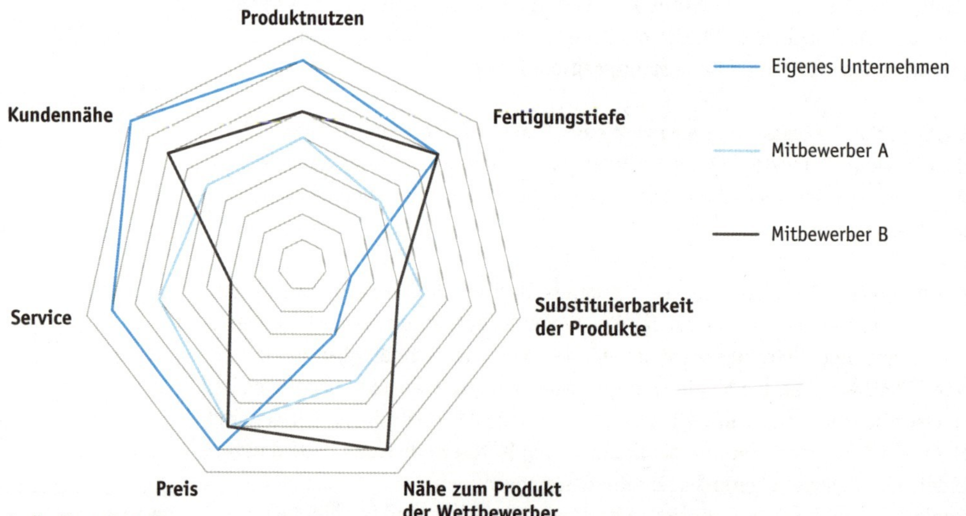

Quelle: Eigene Darstellung

3.3.8 Markenpositionierung

Die strategische Markenpositionierung setzt voraus, dass die in dem gewählten Marktsegment angebotenen Produkte und Dienstleistungen mit der Marktposition kongruent sind. Als Anbieter von Luxuswaren im Konsumentenbereich ist der Schnäppchencontainer mit Billig-Turnschuhen ebenso unangebracht wie ein Cartier-Stand im Supermarkt PENNY. Die stärkste Kongruenz zwischen definiertem Markt, Marktpositionierung und Warenangebot besteht dann, wenn es sich bei den Waren um wiedererkennbare Marken handelt, die in das Erwartungsspektrum der jeweiligen Zielgruppe gehören.

Vor allem im Konsumgüterbereich verfolgen die Anbieter von Waren und Dienstleistungen – mit unterschiedlicher Intensität – den Aufbau und die Weiterentwicklung von Marken. Aber auch im Investitionsgüterbereich besteht bei Kunden und Lieferanten ein Markenbewusstsein. International ist die Dachmarke »Made in Germany« aufgrund von Qualitätsmerkmalen und Zuverlässigkeit hoch angesehen.

Markenkern

Das Dachmarkenversprechen lösen im B2B-Geschäft u. a. Maschinenbauer wie STIHL, TRUMPF oder KRONES ein, im B2C-Geschäft die bekannten Autohersteller wie z. B. BMW, DAIMLER und VOLKSWAGEN. Gradmesser für den Erfolg einer Marke sind

Markenerfolg

- ihr Bekanntheitsgrad,
- das Maß, in dem die Marke emotional und rational positiv besetzt ist und
- der von der Marke ausgehende Impuls zur Kaufentscheidung.

> Erfolgreiche Marken haben einen hohen Bekanntheitsgrad, einen unverwechselbaren Wiedererkennungswert, sind emotional positiv besetzt, beinhalten rationale Nutzerelemente und stimulieren die Kaufbereitschaft.

Der Aufbau und die Weiterentwicklung einer oder mehrerer Marken gehören zu den besonders anspruchsvollen und aufwendigen strategischen Aufgaben des Managements. Markenführung ist nicht nur Marketing, sondern wichtige Aufgabe der gesamten Unternehmensführung, da sie sich nicht nur auf einzelne Produkte sondern auf das Gesamtunternehmen bezieht. Starke Marken haben etwas mit der Geschichte und der Entwicklung eines Unternehmens und seiner Leistungen zu tun. Sie spiegeln ein Stück der Unternehmensidentität wider und spielen keine Scheinwirklichkeit vor.

Gleichwohl bedarf es bei der Konzeption, dem Aufbau und der Pflege von Marken der Berücksichtigung sozialpsychologischer Erkenntnisse des strategischen Marketings und der Markenführung.

Vertrauen

Ein besonderes sozialpsychologisches Phänomen ist, dass starke Marken Vertrauen bei Menschen erzeugen können. Das betrifft sowohl Konsum- und Gebrauchsgüter, Dienstleistungen ebenso wie Investitionsgüter in der Industrie. Derselbe Mechanismus kann auch im Verhältnis zu Personen des öffentlichen Lebens, bei Institutionen oder Nationen wirksam werden, wenn es ihnen gelingt, durch ihren Auftritt und ihr Verhalten Vertrauensmechanismen bei anderen Menschen auszulösen.

Reduktion sozialer Komplexität

Vertrauen ist ein *sozialer Mechanismus*, der im Umgang mit Waren, Personen oder Institutionen dazu beitragen kann, *Komplexität zu reduzieren* und den Aufwand für die Auswahl, das Vergleichen und die Entscheidung zu verringern (*Transaktionskosten*). Bezogen auf Wirtschaftsgüter heißt das, dass ein Kunde bei der Wahl von Produkten und Dienstleistungen nicht immer wieder aufs Neue Qualität, Preise, Liefertreue und Service überprüfen muss, wenn er bereits Vertrauen zu einem Produkt oder einer Dienstleistung gefasst hat und dieses Vertrauen in der Vergangenheit nicht enttäuscht worden ist.

> Starke Marken verringern die »Qual der Wahl« und helfen Zeit und somit Geld zu sparen.

Verlässlichkeit

Ein vertrauensbildendes Element ist die Verlässlichkeit eines Anbieters und seiner Waren. Starke Marken vermitteln eine Qualitätsgarantie. Was bei einfachen Konsumgütern verhältnismäßig einfach zu realisieren ist (Persil bleibt doch Persil), kann bei anspruchsvollen Konsumgütern erhebliche Schwierigkeiten erzeugen. Als vor Jahren der Markenkern des Mercedes (Qualität) durch vergleichende Testverfahren infrage gestellt wurde, verunsicherte das die treue Kundschaft erheblich. Starke Marken fordern also vom Produzenten Kontinuität der Leistung, um dem Konsumenten das Versprechen der Verlässlichkeit geben zu können.

Identität

Die Identität starker Marken gibt Konsumenten die Möglichkeit zur Identifikation und damit auch zur eigenen Identitätsfindung und sozialen Differenzierung. Es gibt zahlreiche Typologien, welcher Lifestyle-Typus welche Automarke bevorzugt. Sozialkritisch betrachtet, kann das als Beleg für die scheinbare Oberflächlichkeit der Menschen in einer Konsum- und Warengesellschaft gewertet werden. Fakt ist aber, dass Menschen immer nach sozialen Differenzierungsformen suchen, ob im Bereich der sogenannten Hochkultur-Konsumwelt, oder in der Gebrauchswaren-Konsumwelt. Beides sind Bestandteile der sozialen Wirklichkeit.

Markentreue

Überzeugte SAAB-Fahrer halten noch immer zu der Marke, obwohl der Produzent den Markt verlassen hat, die Störanfälligkeit signifikant hoch ist und Ersatzteile zunehmend schwerer beziehbar sind. Der typische LADA-Fahrer, der scheinbar frei von jeglicher Eitelkeit zu sein scheint, bezieht einen Teil seiner Identität eben daraus, dass er scheinbar keinen Wert auf den Glamour und die PS-Zahl anderer Marken legt.

Selbstähnlichkeit

Relaunching birgt Gefahren in sich

Starke Marken vermitteln das Gefühl der Kontinuität. Veränderungen sind notwendig und werden vom Konsumenten erwartet und akzeptiert, wenn sie sich in einem für ihn nachvollziehbaren Tempo und Umfang bewegen. Abrupte Brüche im Erscheinungsbild, der Verpackung und der Funktionalität von Produkten und Dienstleistungen führt bei markentreuen Kunden zur Verweigerungshaltung. Keksfabrikanten

---

Anekdote

Leibniz als Markenguru

Gottfried Wilhelm Leibniz, einer der letzten Universalgelehrten soll, der Überlieferung nach, eines Tages an der Seite der Kurfürstin Sophie von Hannover durch die Herrenhäuser Schlossgärten gewandelt sein. Unbemerkt von den Wachen schlich sich ein Bittsteller an und bat ihn, aus Blei Gold zu machen. Ärgerlich schickte Leibniz den Mann mit der Aufforderung weg, er solle ihm zwei Blätter eines Baumes bringen die identisch sein. Der Mann, so die Überlieferung, kehrte nicht zurück. Pflanzen einer Art sind sich nie 100-prozentig gleich, sie sind sich aber selbstähnlich.

---

und Autohersteller haben hier schon schmerzhafte Erfahrungen sammeln müssen. Als die Firma BRANDT ihren traditionellen Zwieback in der Größe und Verpackung radikal änderte, führte das zu einem Sturm der Entrüstung bei Händlern und Kunden. Das Unternehmen hatte gegen das Markenprinzip der »Selbstähnlichkeit« verstoßen. Erfolgreiche Marken wenden dieses Prinzip bei der Weiterentwicklung von Marken und der Marken-Familien-Bildung an.

Markenführung umfasst einen Prozess mit folgenden Entwicklungsschritten:

▸ Aufbau einer Marke durch die bewusste Entscheidung für ein Produkt oder eine Dienstleistung, bzw. für das gesamte Produkt- und Dienstleistungsangebot (Mulberry-Agenda oder Mulberry-Sortiment; Burger King-Hamburger oder Burger King als Gesamtfastfood-Imbiss).

▸ Aufbau einer Marke durch Identifikation des Markenkerns (was macht die Marke einmalig).

▸ Markenpositionierung im Vergleich zu vergleichbaren Marken (Qualität, Preis, Service, besonderes Erlebnis).

▸ Integrierte Markenkommunikation im Zusammenhang mit dem gesamten werblichen Auftritt eines Unternehmens.

▸ Markenerweiterung durch Bildung von Marken-Familien (von der Seife zum Deodorant zum Rasierschaum usw.).

▸ Markenpflege durch sanfte Produkterneuerung und Relaunching (Darbietung und Verpackung).

▸ Markenbeobachtung zum Erkennen von Markenverschleiß und, wenn erforderlich, Marken-Wiederbelebung.

Markenführung ist ein aufwändiger und kostspieliger Prozess. Der Unternehmensnutzen können treue Kunden sein, die ihre Kundentreue auch über Marktkrisen hinweg bewahren. Der Nutzen kann auch in einem Markenwert bestehen, der sich bewerten und handeln lässt (vgl. Kapitel 10.3.4).

Markenführung – Entwicklungsschritte

Hoher Marktwert bei Spitzenmarken

3.3.9 Kommunikationsstrategie

In der Kommunikationsstrategie werden die Zielgruppen und zentralen Botschaften eines Unternehmens definiert.

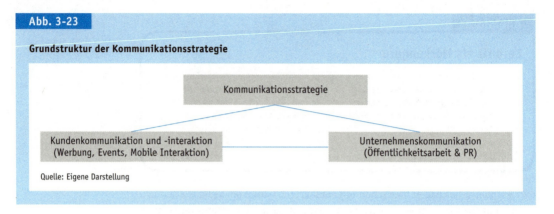

Abb. 3-23

Grundstruktur der Kommunikationsstrategie

Kommunikationsstrategie

Kundenkommunikation und -interaktion
(Werbung, Events, Mobile Interaktion)

Unternehmenskommunikation
(Öffentlichkeitsarbeit & PR)

Quelle: Eigene Darstellung

Sie bestimmt damit die Zielrichtung der Kundenkommunikation und -interaktion und der Unternehmenskommunikation. Auf der operativen Ebene werden die kommunikativen Botschaften mit unterschiedlichen Kommunikationsinstrumenten auf verschiedenen Kommunikationskanälen vermittelt.

Die Kommunikationsstrategie dient sowohl der Positionierung eines Unternehmens am Markt als auch der Markenpositionierung. Hauptzielgruppe der Kundenkommunikation sind Bestandskunden und potenzielle Kunden. Darüber hinaus steht ein Unternehmen mit seinen Shareholdern und seinen Stakeholder in einer Kommunikationsbeziehung, die professionell gemanagt werden muss. Das gesamte Kommunikationsgefüge wird synoptisch in der Abbildung 3-24 dargestellt.

Disruptive Veränderung
Neben den traditionellen Zielen, Inhalten und Instrumenten der Kommunikation eröffnen die digitalen Medien völlig neue Möglichkeiten der Kundenkommunikation und -interaktion. Die im Social Web initiierte Kommunikation hat im Vergleich zu klassischen Kommunikationskanälen eine neue Qualität: Jede Meinung ist öffentlich und durch die Vernetzungen der Nutzer können alle veröffentlichten Aussagen auch völlig unbekannter Autoren eine enorme Verbreitung und Verstärkung erfahren. Selbst über Rand- und Nischenprodukte wird gesprochen, neueste Ideen werden durch Blogs verbreitet und in Social Networks geben Kunden verschiedenste Informationen über sich preis. Diese Entwicklung ist auch für größere Unternehmen mit entsprechendem Werbebudget von Bedeutung, die nach alternativen Werbekanälen zum Fernsehen bei der Ansprache junger Zielgruppen suchen. YouTube hat sich nach zehnjährigem Bestehen zu einem ernst zu nehmenden Werbekanal entwickelt.

Beispiel **Werbekanal YouTube**

▶▶▶ Für Werbungtreibende ist das Videoportal von GOOGLE eine reizvolle Alternative, denn es bietet im Vergleich zur Schaltung von TV-Spots in vielerlei Hinsicht bessere Möglichkeiten, die Kampagnenleistung zu steuern.

▶ In Deutschland hat YouTube monatlich 34 Millionen Unique Visitors. Das ist über ein Drittel der Gesamtbevölkerung. Wäre YouTube ein TV-Sender, würde es in Bezug auf die Bruttoreichweite Platz 3 hinter RTL und Sat.1 einnehmen.

▶ Mit umfangreichen Targetingfunktionen können Werbungtreibende auf YouTube ihre Videoanzeigen sehr präzise aussteuern. Stimmt das Targeting, ist die Anzeige

Abb. 3-24

Synopse Kommunikationsstrategie

Zielgruppen	Ziele	Inhalte	Instrumente/Kanäle
Kunden	▸ Kundenbindung und Kunden-gewinnung ▸ Imagebildung, Marken-bildung ▸ Kundendialog (Customer Relationship Management – CRM)	▸ Produkte/Dienstleistungen ▸ Preise ▸ Service ▸ Innovation ▸ Marktinformation ▸ Gesellschaftliches Enga-gement (Corporate Social Responsibility – CSR)	▸ Werbung in Printmedien, TV, Hörfunk, Internet ▸ Social Media Blogs ▸ Kundenevents
Shareholder	▸ Investor Relations ▸ Information ▸ Vertrauen	▸ Geschäftsentwicklung ▸ Strategie ▸ Corporate Governance ▸ CSR	▸ Investor-Relations-News ▸ Events
Mitarbeiter und potenzielle Mitarbeiter	▸ Mitarbeiterbindung ▸ Information ▸ Corporate Identity ▸ Personalmarketing ▸ Employer Branding ▸ Mitarbeitergewinnung	▸ Interne Informationen ▸ Personalia ▸ Geschäftsentwicklung ▸ Innovation ▸ Marktinformation ▸ CSR ▸ Arbeitsplätze ▸ Aufgaben ▸ Karrierechancen und soziale Leistungen	▸ WEB-Auftritt, Intranet ▸ Mitarbeiterzeitung ▸ Social Media, Blogs ▸ Events
Sonstige Stakeholder	▸ Vertrauen ▸ Kontinuität und Innovation	▸ Geschäftsentwicklung ▸ CSR	▸ WEB-Auftritt ▸ PR und Öffentlichkeitsarbeit ▸ Events
Öffentlichkeit	▸ Markenkommunikation ▸ Employer Branding ▸ Vertrauen	▸ Unternehmensdarstellung ▸ CSR ▸ Lokale und regionale Präsenz	▸ WEB-Auftritt ▸ PR und Öffentlichkeitsarbeit ▸ Events

Quelle: Eigene Darstellung

thematisch hoch relevant für den Nutzer, denn er hat in der Regel gezielt nach dem Video gesucht.

▸ YouTube-Anzeigen generieren mehr Traffic als TV-Spots. Der Hinweis auf die Unternehmenshomepage oder Social-Media-Präsenzen gehört längst zum guten Ton moderner TV-Spots. Der Wechsel vom Fernsehbildschirm zum PC oder Mobilgerät erfordert allerdings einen Medienbruch, der viele Nutzer abspringen lässt. In YouTube-Videos können direkte Call-to-Actions oder Links eingebaut werden, die die User direkt zu einer gewünschten Destination leiten. ◂◂

3.3.10 Vertriebsstrategien

Zur strategischen Positionierung im Wettbewerb gehört auch die Entscheidung über die Form und Organisation des Vertriebs. Die Entscheidung für eine oder mehrere Vertriebsformen hängt ab von

- der Art der Produkte und Dienstleistungen,
- der Kundenfrequenz am Point of Sale (POS),
- der Vertriebsstrategie der Wettbewerber sowie
- den Vertriebskosten.

Am Vertriebsform-Portfolio (vgl. Abbildung 3-25) können exemplarisch für den Konsumgüterbereich Zusammenhänge zwischen Vertriebsform, Preisen, Kosten und Personalintensität abgelesen werden.

Beispiel **Vertriebsform-Portfolio im Konsumgüterbereich**

▶▶▶ Das Portfolio in Abbildung 3-25 lässt sich folgendermaßen erläutern:

- Ein kostengünstiger Direktvertrieb kommt für relativ hochpreisige Qualitätsprodukte nur dann in Frage, wenn Werbung und Produktinformationen stark in den Markt gepusht wurden (Bose-HiFi).
- Luxusartikel erfordern einen anspruchsvollen Einzelhandel und persönliche Beratung (Cartier).
- Preisbewusste Käufer bevorzugen den Onlinehandel ohne Beratung.
- Kaufhäuser wie Karstadt befinden sich in einer Kostenklemme: Sie sind vorwiegend im mittleren Preissegment angesiedelt, unterhalten teure Innenstadtlagen, um eine hohe Kundenfrequenz am Point of Sale zu ermöglichen, halten ein Vollsortiment vor und benötigen Verkaufspersonal. ◀◀◀

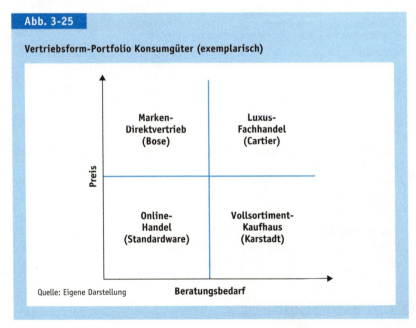

Abb. 3-25

Vertriebsform-Portfolio Konsumgüter (exemplarisch)

Marken-Direktvertrieb (Bose)

Luxus-Fachhandel (Cartier)

Online-Handel (Standardware)

Vollsortiment-Kaufhaus (Karstadt)

Preis

Beratungsbedarf

Quelle: Eigene Darstellung

Grundsätzlich unterscheiden lassen sich vier Vertriebsformen:

Vier Vertriebsformen

▸ Persönlicher Verkauf (Face to face) mit dem Point of Sale (POS) beim Kunden:
  – Verkauf durch Außendienst,
  – Handelsvertreter,
  – Key-Accounts,
  – Strukturvertrieb.
▸ Persönlicher Verkauf (Face to face) mit dem POS beim Anbieter
  – Stationärer Einzelgeschäfts- oder Filialverkauf,
  – Gastronomie,
  – Persönliche Dienstleistungen.
▸ Intermediärer Verkauf
  – Niederlassungen,
  – Vertragshändler.
▸ Mediengestützter Verkauf
  – Telefonverkauf,
  – Versandhandel,
  – Online-Shops,
  – Internet-Marktplätze,
  – Social Media als verkaufsförderndes Netzwerk (vgl. Kapitel 3.1.9).

Zudem lassen sich folgende Vertriebsformen nach einer Business-/Customer-Definition unterscheiden:

Vertriebsformen
nach Business-/Customer-
Definition

B2C	Hersteller →	Kunde
B2B2C	Hersteller →	Einzelhandel → Kunde
B2B2B2C	Hersteller →	Großhandel → Einzelhandel → Kunde
B2B	Hersteller →	Hersteller (Investitionsgüter/Halbfertigwaren)
C2C	Privatkunde →	Privatkunde (Internet-Marktplätze)

In der Abbildung 3-26 werden die wichtigsten Vertriebsformen mit ihren Merkmalen, die Einbindung in die Marketingkonzeption und entsprechende Beispiele dargestellt.

Exemplarisch sollen hier drei Vertriebsformen näher vorgestellt werden, die sich von den bekannten Vertriebsformen unterscheiden.

Social Media

Social Media gilt als Kommunikationsplattform und originär nicht als Vertriebsinstrument. Doch die Übergänge sind fließend geworden. Die Möglichkeiten der digitalen mobilen Kommunikation im Internet und der sozialen Medien insbesondere, haben disruptiven Charakter. Disruptive Veränderungen sind dadurch gekennzeichnet, dass sie nicht linear und kontinuierlich erfolgen, sondern einen bisherigen Entwicklungsstrang abrupt unterbrechen (vgl. Kapitel 4.2).

Die sozialen Medien eröffnen Chancen und Potenziale zur Interaktion mit Communities, die Einfluss auf die Produktentwicklung, die Produktvermarktung und die Servicekultur eines Unternehmens haben können.

Abb. 3-26

Synopse der wichtigsten Vertriebsformen

Vertriebsformen	Merkmale	Marketing	Beispiel
B2C-Vertriebsformen			
Außendienst	▶ Persönlicher Kontakt zum Kunden	▶ Rechtlich gesicherte Kundenbeziehungsanbahnung	▶ Versicherungen ▶ Vorwerk
Filialen des Herstellers/ Dienstleisters	▶ Exklusivität ▶ Markenfixierung	▶ Zentrale Kommunikation	▶ Nespresso-Laden ▶ Roeckl ▶ Deutsche Bank
Einzelhandel	▶ Regionalität ▶ Starke Kundenbindung	▶ Lokale Medien ▶ Persönliche Kundenbeziehung	▶ Singuläres Fachgeschäft
Einzelhandel/ Kette	▶ Vielfalt der Waren	▶ Lokales und überregionales Marketing	▶ Coop ▶ Saturn
Markt/Messe/ Event	▶ Aktionscharakter ▶ Mobilität	▶ Eventmarketing	▶ Wochenmarkt ▶ Anuga Tupperparty
Telefonverkauf	▶ Call-Center	▶ Rechtlich gesicherte Kundenbeziehungsanbahnung	▶ Vodafone
Versandhandel	▶ Katalog Print und Online	▶ Multi-Channel	▶ Otto-Versand
TV-Shopping	▶ Breites Sortiment ▶ Warenpräsentation	▶ Telefonbestellung mit Widerrufsrecht	
Web-Shop Hersteller			▶ Bose
Web-Shop zusätzlich zum Filialvertrieb	▶ Sortiment wie in Filialen	▶ Erreichen des ländlichen Raums ▶ Generationsdifferenzierung	▶ Rossmann ▶ Beate Uhse
eCommerce	▶ Breites Angebot	▶ Online-Marketing	▶ Amazon
Social Media (I)	▶ Interaktive Communities	▶ Community bestimmt die Inhalte des Marketings: Zuspruch, Kritik, Weiterentwicklung.	▶ Facebook ▶ Twitter ▶ YouTube
Social Media (II)	▶ Life-Style-Beratung und Produktplacement durch Social Media-Nutzer mit eigener Community	▶ Social Media durch Produktanbieter ▶ Werbung, kein Verkauf	▶ Blogging
Internet-Auktionen	▶ Alles geht	▶ Marktplatz	▶ Ebay
B2B2C-Vertriebsformen			
Großhandel (B2B2B2C)	▶ Lieferkette: Hersteller, Großhandel, Einzelhandel, Verbraucher	▶ Produkt und Vertriebsweg-Marketing	▶ Edeka-Einkaufsgenossenschaften
Franchise-Partner	▶ Hersteller verkauft über Franchisenehmer an Endkunden	▶ Zentrales Marketing	▶ Mc Donalds
Handelsvertretungen	▶ Kommissionsware mehrere Hersteller	▶ Zentrales Marketing	▶ Mehrfabrikatsvertretungen
Fachhandel	▶ Vertragshändler kaufen vom Hersteller	▶ Vertriebsmittler-/Fachhandelsmarketing	▶ Fachhändler für Heizungssysteme: Junkers, Vaillant

---

Abb. 3-26

Synopse der wichtigsten Vertriebsformen (Fortsetzung)

Vertriebsformen	Merkmale	Marketing	Beispiel
B2B-Vertriebsformen			
Direktvertrieb	▸ Zulieferindustrie in festen Qualitäts-, Supply-Chain und Just-in-time Lieferkontrakten mit Kunden	▸ Formalisierte Lieferanten-Kundenbeziehungen: Ausschreibungen, Qualitäts-Auditierungen	▸ Zuliefernetz der Automobilindustrie
Niederlassungen	▸ Vertriebs- und Servicestandorte	▸ Konsumgütermarketing; Kundenbeziehungsmanagement	▸ Meiller-Kipper
Key Account	▸ Persönlicher Kontakt des Lieferanten zu Schlüsselpersonen des Kunden	▸ Kundenbeziehungsmanagement; ▸ Reklamationen; ▸ Vertragsverhandlungen; ▸ Zukunftsplanung	▸ Thyssen-Krupp

Quelle: Eigene Darstellung

Damit wird partiell auch die theoretische Unterscheidung zwischen der Kommunikationsstrategie und der Vertriebsstrategie in der Unternehmensführung in der Praxis aufgehoben.

Beispiel **LEGO lässt die Kunden arbeiten**

▸▸▸ LEGO nutzt die Kreativität seiner Enthusiasten professionell: Ein halbes Dutzend Mitarbeiter in der Zentrale klopft die Einfälle der privaten Tüftler auf ihre Vermarktbarkeit ab. Jeden Monat loggen sich mehr als eine halbe Million Fans auf Legos Ideen-Seite ein, präsentieren eigene Entwürfe und bewerten die anderer.

Neben der Modell-Entwicklungsarbeit durch Kunden übernehmen diese auch das Marketing für ihre Ideen. Nur wer auf der »Ideenseite« innerhalb eines Jahres mindestens 10 000 positive Stimmen für sein Modell sammelt, darf darauf hoffen, dass es auch in Serie geht. Entsprechend engagiert promoten die »Erfinder« ihre Entwürfe auf Facebook, Flicker und Twitter. Wird ein Entwurf in das Lego-Sortiment aufgenommen, erhält der Entwickler ein Prozent des Nettoumsatzes seiner Figur und fünf Exemplare davon. ◂◂◂

Viele Unternehmen haben sich in den vergangenen Jahren für Social Media geöffnet und erproben die kommunikativen Möglichkeiten. Dabei verfügt Social Media über vertriebsstrategische Potenziale für die Vertriebsförderung, die Produktentwicklung und für den Kundenservice. Eine Social Media-Nutzung unter Vertriebsgesichtspunkten geht von der Frage aus, welche wertschöpfungsrelevanten Kundeninformationen enthalten z. B. »Tweets«, »Facebook-Updates« oder »Blog-Posts« über

Social Media – Kommunikation als wertschöpfungsrelevante Informationsquelle

▸ die Produkt- und Servicezufriedenheit,
▸ Verbesserungsvorschläge,
▸ verkaufsförderndes oder verkaufsverhinderndes Empfehlungsverhalten.

Dazu dienen Social-Media-Monitoring-Technologien, die die Suchergebnisse benutzerfreundlich zusammenfassen und grafisch aufarbeiten.

Auch im B2B-Geschäft bietet Social Media Unternehmen die Möglichkeit, sich als Know-how-Träger für eine Reihe vorher definierter Themen und für den Informationsaustausch mit den relevante Zielgruppen zu positionieren, um Rückmeldungen zu den eigenen Produkten und Dienstleistungen zu erhalten und das eigene Angebot zu verbessern.

Franchising

Win-Win-Situation

Für unternehmerisch orientierte Menschen, die nach einem hohen Maß an Selbstständigkeit streben, denen es aber an einer marktgängigen Geschäftsidee mangelt, stellt das Franchising eine interessante Alternative dar.

> »Franchising ist ein Vertriebssystem mit rechtlich selbstständigen Unternehmern, bestehend aus dem Franchisegeber und dem Franchisenehmer. Der Franchisegeber stellt die Geschäftsidee und sein Wissen – zum Teil in konkreten Vorgaben und Vorleistungen – für die Realisierung gegen Entgelt zur Verfügung. Der Franchisenehmer übernimmt diese Vorleistungen und setzt sie – ergänzt durch seine eigenen Leistungen – um«.
> Quelle: Deutscher Franchise-Verband e. V.

Zu den bekanntesten Franchiseangeboten gehört die Fastfood-Kette McDonald's. Darüber hinaus gibt es zahlreiche weitere Leistungsangebote auf Franchise-Basis, wie die in der Öffentlichkeit weniger bekannte SHBB-Steuerberatungsgesellschaft mit über 80 Kanzleien in Norddeutschland. Von der Zentrale werden Servicefunktionen wahrgenommen, wie z. B. die Aus- und Fortbildung und die Beratung der Franchisenehmer in besonders diffizilen Steuerberatungsfragen.

Chancen und Risiken für Franchisenehmer

Chancen für den Franchisenehmer sind:
▸ Schneller Marktzugang und Hilfe bei der Standortwahl,
▸ erhöhte Kreditwürdigkeit und kalkulierbares Risiko,
▸ erprobtes Produkt- oder Dienstleistungsmodell,
▸ vorhandenes Shop- und Einrichtungskonzept und erprobte EDV,
▸ gemeinsame Werbung, geschützter Name, eingeführte Marken,
▸ Kostenvorteile durch zentralen Einkauf und Schulungen.

Zu den Risiken gehören:
▸ Abhängigkeit von der Geschäftspolitik des Franchisegebers,
▸ geringer Einfluss auf die Geschäftspolitik des Franchisegebers,
▸ in der Regel langfristige vertragliche Bindung.

Vorteile und Risiken für Franchisegeber

Vorteile für den Franchisegeber sind:
▸ Hohe Rendite bei eingeführtem Geschäftsmodell,
▸ Umsatzbeteiligung,
▸ Verbreitungsmöglichkeiten bei kalkulierbarem Risiko,

▶ keine eigene Kosten und Risiken durch Mietverträge und Filialeinrichtung,
▶ kein eigenes Personal.

Risiken können sein:
▶ Hoher Kontrollaufwand zur Sicherung der Corporate Identity,
▶ Just-in-time-Lieferverpflichtung,
▶ Mitspracherechte der Franchisenehmer,
▶ Innovations- und Kostensenkungsdruck,
▶ Qualitätskontrollen.

Dass Verstöße gegen Verträge ein ganzes Franchisesystem schädigen können, zeigt folgendes Beispiel.

Beispiel **BURGER KING: Wenn Franchising zum Problem wird**
▶▶▶ Durch den Journalisten Günter Wallraff wurden Hygienemängel und schlechte Arbeitsbedingungen bei einem Franchisenehmer von Burger King festgestellt. 2014 kam es dann nach der fristlosen Kündigung durch den Franchisegeber zur Insolvenz der Holding, zu denen die 89 Filialen gehörten. Die Auseinandersetzungen zwischen Franchisegeber und Franchisenehmer mit dem entsprechenden Medienecho belasteten das ganze Burger-King-System auch bei den Franchisenehmern, die sich an die Qualitätsauflagen von Burger King gehalten hatten. ◀◀◀

Strukturvertrieb
Vor allem im Finanzdienstleistungssektor sind Unternehmen tätig, die mit der Vermittlung von fremden Finanzprodukten an Privatkunden Milliarden Umsätze machen. Die mediale Kritik an der Praxis einzelner »Schwarzer Schafe« im Vertrieb kann nicht darüber hinwegtäuschen, dass die Mehrzahl der Kunden mit der Dienstleistung zufrieden ist und die Unternehmen mit dem Prinzip des Strukturvertriebs sehr erfolgreich sind. Während andere Finanzdienstleister mühsam nach Modellen für eine leistungsorientierte Vergütung ihrer Vertriebsmitarbeiter suchen, wendet der Strukturvertrieb einfache Erfolgs-, Motivations- und Leistungsprinzipien an, die sich im Übereinklang befinden mit den Motivationskonzepten der Verhaltensbiologie (vgl. von Cube, F./Alshuth, D. 1992): Im Strukturvertrieb sind die Aufgaben, Umsatz zu generieren und das System zu regenerieren (Struktur) von gleich hoher Bedeutung:
▶ Stamm-Mitarbeiter bauen eine Struktur freier Mitarbeiter auf und führen Produkt- und Verkaufsschulungen durch. An dem Umsatz der freien Mitarbeiter sind die Stamm-Mitarbeiter mit einem bestimmten Prozentsatz beteiligt.
▶ Freie Mitarbeiter ohne Erfolg scheiden aus, erfolgreiche Mitarbeiter steigen in der Strukturstufe auf und können wiederum selbst freie Mitarbeiter anwerben usw.

Auf diese Weise entsteht ein hierarchisches System von Strukturen, in dem die Führungskräfte, je weiter sie aufsteigen, von einem immer breiteren Umsatzvolumen materiell profitieren, zunehmend aber für die Erhaltung des Systems durch Rekrutierung, Schulung und Führung verantwortlich sind. In diesem System werden keine

Verhaltensbiologische Annahmen über den Menschen

Hierarchisches System von Strukturen

Schlüsselbegriffe

▸ Basel III
▸ B2B, B2C
▸ Benchmark
▸ Blue-Ocean-Strategie
▸ Engpasskonzentrierte Strategie
▸ Follower
▸ Kooperation, horizontal,
  vertikal
▸ Make or buy
▸ Markteintrittsbarriere
▸ Nischenstrategie
▸ Nutzwertanalyse
▸ Pionier
▸ Portfolio-Analyse
▸ Preis-/Mengestrategie
▸ Präferenzstrategie
▸ Social Media
▸ Strategische Allianz
▸ Swot-Analyse
▸ Szenariotechnik
▸ Wettbewerbsanalyse
▸ Zielbildung und Zielumsetzung

Versichertenbestände an Nachfolger »vererbt« und Bestandsprovisionen spielen eine untergeordnete Rolle. Jeder kann in der Hierarchie aufsteigen. Es gibt nur zwei messbare Erfolgskriterien: Umsatz und Führungserfolg.

4 Das Management unternehmerischer Teilfunktionen

Leitfragen

Welche unternehmerischen Teilfunktionen werden gemanagt?

▶ Management im Zeichen zentraler Steuerung und Automatisierung

▶ Management im Zeichen digitaler Transformation

Welche Wertschöpfung leisten die Teilfunktionen?

▶ Strategischer Auftrag, Wertschöpfungsbeitrag und Schnittstellen

▶ Normativer Gestaltungsrahmen

▶ Digitale Transformation

4.1 Zentralisation und Automation

Im 3. Kapitel wurden die strategischen Entscheidungsfelder und die strategischen Werkzeuge zu ihrer Bearbeitung dargestellt und erörtert. Die Umsetzung der Gesamtstrategie erfolgt in den unternehmerischen Teilfunktionen, in denen die betriebliche Leistungserbringung vorgenommen wird. Das Management der Teilfunktionen hat sowohl eine strategische als auch eine operative Komponente.

Die Koordinationsaufgabe des oberen und mittleren Managements besteht darin, die strategischen Ziele für den jeweiligen Funktionsbereich vertikal an die Gesamtstrategie anzubinden und operativ einen entsprechenden Beitrag zur Wertschöpfung zu leisten. Zugleich muss horizontal ein Abgleich der Strategien aller Teilfunktionen und eine Koordination des operativen Handelns gewährleistet sein. In der Darstellung der einzelnen unternehmerischen Teilfunktionen in diesem Kapitel werden deshalb immer auch der jeweilige normative Handlungsrahmen (vgl. Kapitel 2) und die Rückbindung an die Gesamtstrategie untersucht.

Normativer Rahmen und strategischer Beitrag

Der strategischen und operativen Koordinationsfunktion des Managements kommt deshalb besondere Bedeutung zu, weil die klassische Organisation des Unternehmens nach Funktionen der Gefahr der Vereinzelung bzw. der ausschließlichen Verfolgung von Bereichsinteressen Vorschub leistet. Die Unternehmensführung koordiniert im konkreten betrieblichen Geschehen, modifiziert nach Betriebsgröße und Anzahl der Sparten (Märkte und Zielgruppen), idealtypisch die folgenden betrieblichen Funktionen:

▶ Forschung & Entwicklung (F&E), Einkauf, Lagerwirtschaft und Logistik (Beschaffungslogistik und Distribution),
▶ Produktion von Gütern oder die Bereitstellung von Dienstleistungen,
▶ Marketing & Vertrieb,
▶ Rechnungswesen und Controlling,

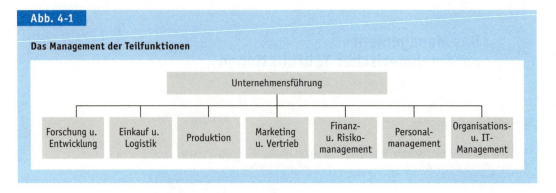

Abb. 4-1

Das Management der Teilfunktionen

Unternehmensführung

| Forschung u. Entwicklung | Einkauf u. Logistik | Produktion | Marketing u. Vertrieb | Finanz- u. Risiko- management | Personal- management | Organisations- u. IT- Management |

▸ Finanz- und Risikomanagement,
▸ Personalmanagement sowie
▸ Organisations- und IT-Management.

Das in der Abbildung 4-1 dargestellte klassische Funktionsgefüge eines Unternehmens ist geprägt durch zentrale Steuerung und lineare Informations- und Berichtswege. Auf der gegenwärtigen Stufe der informationstechnologischen Entwicklung sind viele Prozesse im hohen Maße automatisiert.

Organisation und Funktionen im Produktionssektor und im Dienstleistungsbereich

Die oben genannten Funktionen werden in den einzelnen Unternehmen je nach Markterfordernissen, Produktions- oder Dienstleistungsart und Betriebsgröße unterschiedlich gewichtet, strukturiert und organisiert. Beispielsweise ist in einer Eventagentur die Entwicklung neuer Ideen und Dienstleistungen integraler Bestandteil der Funktion »Produktion«. Dagegen kann »Forschung und Entwicklung« in einem Maschinenbauunternehmen zeitlich und organisatorisch durchaus von der Produktion abgekoppelt sein. Es gilt aber in der Regel, dass alle Funktionen in irgendeiner Weise wahrgenommen werden müssen, um den betrieblichen Erfolg zu gewährleisten. Zukünftig kommt es aber nicht mehr nur auf die lineare Steuerung der Teilfunktionen des Unternehmens an. Vielmehr stellt die Digitalisierung eine große Herausforderung für die Unternehmensführung, die Strategie und die Entwicklung von Geschäftsmodellen dar.

4.2 Digitale Transformation

Industrie 4.0

Das Management der Chancen und Risiken auf der vierten industriellen Entwicklungsstufe, dem digitalen Zeitalter, werden zur bestimmenden Aufgabe der Unternehmensführung der kommenden Jahre. Bereits jetzt werden in den Teilfunktionen der Unternehmensführung, wie sie im vorigen Abschnitt dargestellten wurden, die Möglichkeiten der Informationstechnologie und des Internets genutzt:

▸ Im Einkauf werden auf Internetplattformen Ausschreibungen vorgenommen und geeignete Lieferanten ausgesucht.

▸ Logistische Ketten und vollautomatisierte Produktionsabläufe werden durch zentrale Rechner gesteuert.
▸ Die Personalabteilung selektiert aus Online-Bewerbungen geeignete Kandidaten für Tests, die auch im Onlineverfahren durchgeführt werden können.
▸ Rechnerbasierte »Kundenbeziehungs-Management-Systeme« unterstützen das Marketingmanagement und die Vertriebssteuerung.

Vor dem Hintergrund des Entwicklungsstands der Automatisierung von Prozessen und den informationstechnologischen Optionen eröffnen »cyber-physische« Systemkonfigurationen Möglichkeiten der Integration von
▸ Informationstechnologie,
▸ Internet sowie
▸ Produktionstechnologie.

Cyber-physische-Systeme verändern sowohl die Gestaltung von Produktionsprozessen als auch das Kunden-Beziehungs-Management. Diese auch als »Industrie 4.0« bezeichnete diskruptive Entwicklung stellt eine neue, vierte technologische Stufe des industriellen Fortschritts dar (vgl. Abbildung 4-2).

Abb. 4-2

Die industriellen Entwicklungsstufen

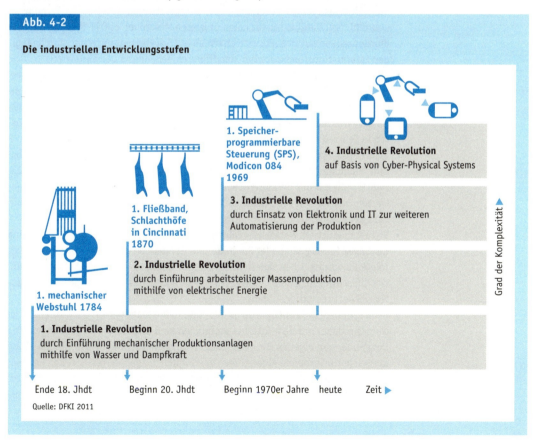

1. Speicher-programmierbare Steuerung (SPS), Modicon 084 1969

4. Industrielle Revolution auf Basis von Cyber-Physical Systems

1. Fließband, Schlachthöfe in Cincinnati 1870

3. Industrielle Revolution durch Einsatz von Elektronik und IT zur weiteren Automatisierung der Produktion

2. Industrielle Revolution durch Einführung arbeitsteiliger Massenproduktion mithilfe von elektrischer Energie

1. mechanischer Webstuhl 1784

1. Industrielle Revolution durch Einführung mechanischer Produktionsanlagen mithilfe von Wasser und Dampfkraft

Grad der Komplexität ▲

Ende 18. Jhdt   Beginn 20. Jhdt   Beginn 1970er Jahre   heute   Zeit ▸

Quelle: DFKI 2011

Nach der Mechanisierung, Industrialisierung und Automatisierung sind es die Digitalisierung und die zunehmende Vernetzung aller industriellen Produkte und Prozesse, die die Wirtschaft und den Arbeitsalltag grundlegend verändern werden. Die digitalen Grundlagen hierfür sind das Internet, mobile Rechner, Cloud-Computing und Big Data-Anwendungen.

> Im Kern bedeutet Industrie 4.0 den Einzug von cyber-physischen Systemen, in denen Maschinen, Fertigungswaren, Endprodukte und Menschen mittels Sensortechnik und mobilen Datenendgeräten via Internet in Echtzeit miteinander kommunizieren können.

Dabei wird eine horizontale und vertikale Integration von Prozessen, von der Beschaffung über die Produktion bis hin zum Vertrieb und Marketing ermöglicht.

Experten gehen davon aus, dass auf diese Weise erhebliche Innovations- und Wertschöpfungspotenziale in der Wirtschaft erschlossen werden können.

Der BDI (2015) nennt folgende Zukunftsfelder cyber-physischer Systeme:

- ▸ Social Machines: Analog zu sozialen Netzwerken im Internet tauschen intelligente Maschinen und Halbzeuge untereinander und mit Menschen Informationen aus, um sich selbstständig zu organisieren und gemeinsam Abläufe und Termine zu koordinieren. Darüber hinaus kommunizieren Maschinen und IT-Systeme auf Produktionsebene mit betriebswirtschaftlichen IT-Systemen, um einen durchgängigen Informationsfluss zwischen den Hierarchieebenen zu gewährleisten.
- ▸ Global Facility: Die Maschinen eines Unternehmens kommunizieren auch mit Systemen von Zulieferern und Kunden. Sie können dadurch auf mögliche Abweichungen eigenständig und situationsunabhängig reagieren. Fällt ein Lieferant aus, werden alternative Lieferanten hinsichtlich ihrer Kapazitätsauslastung oder Kosten in Echtzeit analysiert und automatisch beauftragt.
- ▸ Smart Products: Produkte führen mithilfe eines Chips Daten über ihren Betriebs- und Produktzustand mit sich. Diese Informationen werden je nach Einsatzzweck während des gesamten Lebenszyklus gesammelt, aktualisiert und ausgewertet, vom ersten Produktionsschritt über die Nutzung beim Kunden bis hin zum Recycling.
- ▸ Virtual Production: Neben der realen Produktionsstätte wird ein digitaler Zwilling der Smart Factory samt aller Produkte und Ressourcen existieren. Durch die digitale Abbildung können sämtliche Produktionsprozesse virtuell simuliert werden. Der Bildschirm zeigt dann alternative Fertigungsabläufe und das Optimierungspotenzial der Produktionslinien.
- ▸ Smart Services: Zukünftig wird es intelligente Produkte geben, die während ihrer Nutzungsdauer mit dem Internet verbunden sind und riesige Datenmengen (Big Data) über den eigenen Betriebs- und Produktionszustand in einer Daten-Cloud abspeichern. Lernende Algorithmen verknüpfen die gelieferten Daten in Echtzeit zu neuen Informationen (Smart Data) und bieten somit die Grundlage, um dem Kunden neben dem physischen Produkt, individuelle datenbasierte Dienstleistungen (Smart Services) anzubieten.

Definitionen zum Thema Digitalisierung

Industrie 4.0 ist der nur im deutschen Sprachraum verwendete Begriff, mit dem die Entwicklungsstufe der Digitalisierung und Vernetzung von Prozessen in der Wirtschaft gekennzeichnet wird.

Cyber-physische Systeme bezeichnen den Verbund informationstechnischer Komponenten mit mechanischen und elektronischen Teilen, die über eine Dateninfrastruktur, wie z. B. das Internet, kommunizieren.

Cloud Computing bedeutet das Speichern von Daten auf nicht-lokalen, externen Rechnern.

Big-Data-Anwendungen zielen u. a. auf die Gewinnung großer Datenmengen, z. B. über die Sozialen Medien und deren Nutzung, um Kundenverhalten zu analysieren bzw. zu beeinflussen.

Beispiel **Vernetzung zwischen Produktion, Logistik und Kundenservice**

▶▶▶ Eine für den Einbau in Waschmaschinen bestimmte Pumpe wird bislang vollautomatisch und seriell gefertigt. Ausgestattet mit Sensoren kann die Pumpe, eingebunden in ein digitales Netzwerk, Informationen austauschen

▶ mit den Maschinen über den Stand der Fertigung und mögliche Qualitätsstörungen,

▶ mit der Logistik bis hin zum Lieferanten, um den Lieferprozess anzustoßen,

▶ mit dem Kundenservice über Wartungs- und Instandhaltungsbedarf der Pumpe bei einer dem Kunden ausgelieferten Waschmaschine. ◀◀◀

Auch im Bereich von Marketing und Vertrieb bietet die Digitalisierung eine herausfordernde Perspektive für das Kundenbeziehungs-Management: Big-Data basierte Soziale Netzwerke bilden die Plattform für »Communities«, in denen Informationen, Meinungen und Verbesserungsvorschläge zu Produkten und Dienstleistungen weltweit untereinander ausgetauscht werden. Die konkrete Vision ist, dass der Kunde vom Konsumenten zum Mit-Gestalter und Impulsgeber für neue Produkte und Dienstleistungen wird« (vgl. Saatchi & Saatchi 2014).

Neue Dimensionen des Kundenbeziehungs-Managements

Fachleute prognostizieren, dass in vielen Bereichen der Wirtschaft bestehende Geschäftsmodelle, Produkte und Prozesse durch digitale Lösungen substituiert werden. Diese Entwicklung wird bereits als »Digitaler Darwinismus« (vgl. Kreutzer/Land 2013) beschrieben. Kleine und mittlere Unternehmen, die bislang das Rückgrat der meisten Volkswirtschaften darstellen, geraten in Gefahr, gegenüber der forschungs- und personalintensiven Industrie ins Hintertreffen zu geraten, wenn sie sich nicht der digitalen Herausforderung aktiv stellen. Mit dieser strategischen Frage beschäftigen sich schon jetzt über 70 Prozent der Unternehmen in Deutschland mit einem Jahresumsatz bis 125 Millionen Euro. In der High-Tech-Industrie schätzt man den Effizienzgewinn durch die Einführung »Cyber-physischer Systeme« auf 20 Prozent. Dafür werden jährlich Entwicklungsaufwendungen in Höhe von 40 Milliarden Euro eingeplant (vgl. PwC und Strategy& 2014).

Von existenzieller Bedeutung für die Wirtschaft im industriellen Fertigungssektor und in Teilen des Dienstleistungsbereichs werden die Fragen sein,

Vernetzung und große Datenmengen

▸ wie überlebensfähig die bestehenden Geschäftsmodelle, d. h. die Produkte, Fertigungsprozesse und Kundenbeziehungen im digitalen Zeitalter sind bzw. digital transformiert werden können,

▸ wie die Organisation digitaler Vernetzung und dezentrale Intelligenz im Unternehmen erfolgen kann,

▸ wie die Arbeitswelt im digitalen Unternehmen der Zukunft aussieht.

Industrie 4.0 –
Möglichkeiten

Auch wenn erfolgreiche Prozesse und Geschäftsmodelle nicht von einem Tag zum anderen abgelöst oder digital transformiert werden können, müssen schon jetzt die Weichen gestellt werden, um die folgenden Chancen einer Entwicklungsstufe »Industrie 4.0« zukünftig nutzen zu können:

▸ Digitaler Datenaustausch mit Zulieferern und Kunden mit der Möglichkeit, nicht »auf Lager«, sondern nach individuellen Kundenwünschen bis zu einer Losgröße »1« just in time zu fertigen,

▸ vertikale und horizontale Integration von Planungs- und Produktionsprozessen mit Zulieferern und Partnern,

▸ Flexibilisierung und zeitliche Optimierung von Produktionsprozessen,

▸ sensorbasierte Produktverfolgung mit der Möglichkeit, durch rechtzeitige Wartungsarbeiten den Service gegenüber den Kunden zu optimieren,

▸ Vernetzung von Customer-Relationship-Management-Systemen (CRM) mit der Entwicklungs- und Produktionsplanung,

▸ Social-Media basierte Kundenbindung und Kundengewinnung sowie

▸ Förderung der digitalen und sozialen Intelligenz der Mitarbeiter zu einer durch Intrapreneurship geprägten Arbeitswelt.

In den folgenden Abschnitten wird zu untersuchen sein, welche Perspektiven der digitalen Transformation sich in den einzelnen Funktionsbereichen eines Unternehmens eröffnen.

4.3 Wertschöpfungsmanagement

In diesem Kapitel werden die unternehmerischen Teilfunktionen daraufhin analysiert, welchen Beitrag sie zur unternehmerischen Wertschöpfung leisten.

> Die Wertschöpfung einer Unternehmung ist die Summe des durch die Kombination der Produktionsfaktoren Arbeit, Betriebsmittel und Werkstoffe im Rahmen der Produktion geschaffenen Mehrwerts. Dieser Mehrwert besteht aus der betrieblichen Gesamtleistung abzüglich der von Dritten bezogenen Vorleistungen. Es ist der von der Unternehmung in einer bestimmten Periode geschaffene Wertzuwachs. Dieser Wertzuwachs ist mit dem Beitrag der Unternehmen zum Sozialprodukt identisch.

Orientierung geben dabei folgende Fragen:

▸ Welcher strategische Teilauftrag wird in der jeweiligen Unternehmensfunktion erfüllt und welcher Wertschöpfungsbeitrag wird dabei geleistet?

▸ Welche Schnittstellen bestehen zu anderen Unternehmensfunktionen?

▸ In welchem normativen Rahmen bewegen sich die Akteure der jeweiligen Unternehmensfunktion ?

▸ Welche Herausforderungen stellt die digitale Transformation an das Management der unternehmerischen Teilfunktionen?

4.3.1 Forschung und Entwicklung

Strategischer Auftrag

Der strategische Auftrag der Forschung und Entwicklung (F&E) in der Handelsgüterindustrie (B2B) und in der Konsumgüterindustrie (B2C) besteht darin, für Märkte und Kundenzielgruppen entsprechende Produkte und Dienstleistungen bedarfsgerecht zu entwickeln bzw. weiterzuentwickeln und bis zur Markteinführung zu begleiten. F&E-Programme sind zumeist eingebunden in die mittel- und langfristige Unternehmensstrategie, in denen Märkte, Zielgruppen und Produkte definiert werden.

> Der Anstoß zur Produktweiterentwicklung und zur Produktneuentwicklung kann sowohl »technologiegetrieben« sein, also aufgrund neuer technischer Möglichkeiten und Verfahrenstechniken, als auch »kundengetrieben«, aufgrund von Kundenwünschen und neuen Markterfordernissen.

F&E-Produktinnovationen werden aber häufig auch im Rahmen einer »Followerstrategie« von »Markt- und Produktpionieren« (vgl. Kapitel 3.3.2) übernommen und weiterentwickelt.

Pionier und Follower

Der *Wertschöpfungsbeitrag* von F&E besteht darin, dass die Aufwendungen dazu beitragen, am Markt einen Preis durchzusetzen, der aufgrund des Innovationsgehaltes des Produktes auch von den Kunden akzeptiert wird.

F&E hat *Schnittstellen*

▸ zum Einkauf, zur Bereitstellung von Materialien, Geräten, der Laborausstattung und Softwareprogrammen,

▸ zum Marketing, hier insbesondere zur Marktforschung und zur Produkt- und Preispolitik (vgl. Kapitel 4.3.4), um »kundengetriebene« Impulse zu erhalten,

▸ zum Vertrieb, um die Markteinführung eines neuen Produktes in angemessener Zeit zu realisieren (Time to Market) und um Informationen über die Akzeptanz von Neuentwicklungen oder mögliche Reklamationen durch die Kunden zu bekommen,

▸ zur Produktion, um die Machbarkeit von Neuentwicklungen zu prüfen und die Markttauglichkeit des Endprodukts in Produktions-Probeläufen zu testen.

Große Unternehmen und Nischenspezialisten im Mittelstand verfügen zumeist über eigene Abteilungen für F&E. In der produzierenden mittelständischen Wirtschaft verläuft die Produktverbesserung und die Entwicklung neuer Produkte häufig Hand in

Hand mit der Produktion. Hier wird in den Produktionswerkstätten aus eigenem Antrieb und aufgrund von Kundenwünschen und -reklamationen nach dem Prinzip von »Trial and Error« experimentiert. Viele mittelständische Zulieferbetriebe zur Großindustrie verzichten auf eine eigene F&E-Abteilung, weil ihre Kunden ihnen genaue Produktvorgaben und verfahrenstechnische Hinweise geben. Bei kleineren Unternehmen – vorwiegend in der Gründungsphase – ist die Produktentwicklung meist »Chefsache«.

Praktischer
Nutzwert versus
Grundlagenforschung

Während angewandte Forschung und Grundlagenforschung nur in einigen Branchen, zum Beispiel der chemischen Industrie in umfangreichem Stil betrieben wird, werden Produkte, Dienstleistungen oder Abläufe in den meisten Unternehmen entwickelt, um Verbesserungen des Nutzwertes von Produkten und Kosteneinsparungen zu erreichen.

Innovationen von Dienstleistungen erfordern zwar auch spezialisierte Entwicklungsarbeiten, sie werden aber meist auf Projektbasis und damit zeitlich begrenzt durchgeführt und nicht in fest etablierten F&E-Abteilungen. In der Beratungsbranche (Rechtsberater, Steuerberater, Unternehmensberater usw.) erfolgt der Anstoß zu neuen Dienstleistungen häufig aufgrund veränderter rechtlicher Anforderungen bei den Klienten oder komplexer werdenden unternehmerischen Herausforderungen, wie zum Beispiel dem Exportgeschäft im globalen Maßstab. Im Bankensektor erfolgt die Veränderung der Finanzdienstleistung durch das Online-Banking vorwiegend unter Kostengesichtspunkten (im Vergleich zum teuren Filialvertrieb) und dem Trend folgend, dass immer mehr Menschen das Internet nutzen.

Normativer Handlungsrahmen

Eine energiesparende und schadstoffarme Fertigung, aber auch Verbesserungen bei der ergonomischen Gestaltung von Arbeitsplätzen und beim Unfallschutz können durch den Bereich F&E unterstützt werden.

Digitale Transformation

Im Bereich F&E werden die Leistungen experimentell und forschungsbasiert erbracht. Eine digitale Vernetzung ist hier schwer vorstellbar. Andererseits kann F&E mit einem entsprechenden Auftrag der Leitung versehen, zum zentralen »Hirn« bei der Implementierung digitaler Strategien werden.

4.3.2 Einkauf und Logistik

Strategischer Auftrag

Zum Funktionsbereich Einkauf wird die Beschaffung, die Beschaffungslogistik, die Lagerhaltung und die Distributions-Logistik gezählt. Der strategische Auftrag des Funktionsbereichs Einkauf und Logistik besteht darin, die für die Produktion und den Verkauf benötigten Rohstoffe, Betriebsstoffe, Halbfertigwaren, Anlagen und Dienstleistungen in der richtigen Menge und Qualität rechtzeitig und preisgünstig zu beschaffen und dauerhaft die Versorgungssicherheit des Unternehmens zu gewährleisten. Theoretisch gehören zu den Beschaffungsgegenständen von Einkauf und Logistik Gebrauchs- und Verbrauchsmaterialien, die EDV-Anlage, die Kommunikationstechnik, der Fuhrpark, große Fertigungs- und Verarbeitungsanlagen und externe Dienstleister. In der Praxis kleiner und mittlerer Betriebe wird diese Funktion häufig »nebenbei« durch Sekretariate geleistet. Bei größeren Investitionen wird die Geschäftsleitung in Abstimmung mit den entsprechenden Fachabteilungen tätig. In Großunternehmen erfolgt eine Spezialisierung nach den Sparten

▶ Gebrauchsgegenstände und Hilfsmittel,
▶ Rohstoffe, Betriebsstoffe und Halbfertigwaren sowie
▶ Maschinen und Anlagen.

Moderne Einkaufspolitik besteht darin, Einkaufsstrategien zu entwickeln, welche die derzeitige und zukünftige Marktsituation, das Beschaffungsvolumen und das Versorgungsrisiko des Unternehmens berücksichtigen. Strategischer Einkauf gibt auch Antworten auf die Fragen nach

Fertigungstiefe: Grad der vertikalen Eigenfertigung

▶ der »Fertigungstiefe«, d. h. ob Güter und Dienstleistungen in Eigenfertigung oder über Fremdbezug beschafft werden (Make-or-buy-Entscheidungen) (vgl. Kapitel 3.3.3),
▶ den Beschaffungsmärkten auch unter geopolitischen Aspekten und unter Betrachtung der Liefer- und Preistreue und der Versorgungssicherheit des Unternehmens,
▶ der Anzahl und Qualität der Lieferanten sowie
▶ der Angebots- und Nachfragestruktur des Marktes im Vergleich zu den Wettbewerbern.

Der *Wertschöpfungsbeitrag* des Bereichs Einkauf und Logistik geht also über die Einkaufs-Preisbetrachtung weit hinaus und schließt die Make-or-buy-Entscheidungen, die Sicherung der zukünftigen Einkaufsmärkte und die Versorgungssicherheit des Unternehmens mit ein.

Neben der Einkaufsfunktion mit den o. g. strategischen Implikationen gehört zu diesem Funktionsbereich auch die Planung, Steuerung und Kontrolle des gesamten Material-, Waren- und Informationsflusses (Supply-Chain-Management)

Supply-Chain-Management: Organisation integrierter Lieferkette

▶ von der Einkaufsquelle,
▶ über die Beschaffungswege und -prozesse,
▶ die Lagerhaltung,
▶ die »Just-in-time«-Bereitstellung von Betriebs- und Werkstoffen für die Produktion,
▶ die Distributionswege und -prozesse,
▶ bis zur Warenannahme durch den Kunden und
▶ gegebenenfalls die Inbetriebnahme der gelieferten Ware.

Supply-Chain-Management erfordert eine die *Schnittstellen* zur Produktion, dem Marketing und Vertrieb und zur Distribution übergreifende integrierte Steuerung. Ziele sind die Kosteneinhaltung und die Kundenzufriedenheit durch Termin- und Liefertreue, Qualitätssicherung und Reklamationsvermeidung.

Einkauf und Logistik sowie Supply-Chain-Management folgen in der Konsumgüterbranche und bei anderen Handelswaren und im Dienstleistungssektor im Prinzip der Logik des Produktionssektors (vgl. Kapitel 4.3.3). Allerdings sind die Strukturen und Prozesse anders geartet. Im Lebensmittelhandel, beispielsweise, folgt der Weg vom Milchproduzenten über die Molkerei, den Lebensmittelgroßhandel und dem Lebensmitteleinzelhandel bis zum Kunden, eigenen, branchenspezifischen Besonderheiten. Vergleichbares gilt für den Bereich der Gastronomie. Finanzdienstleister, das Gesundheitswesen und beratende Berufe haben ihre jeweils eigene Beschaffungsstruktur, auf die hier nicht weiter eingegangen wird.

Normativer Gestaltungsrahmen

Der Bereich Einkauf & Logistik hat eine Schlüsselfunktion bei der Prüfung ökologischer und sozialer Nachhaltigkeitsfaktoren bei den Einkaufsentscheidungen. Einkauf und Logistik ist der »Gate-keeper« für Rohstoffe und Güter, deren Abbau und Herstellung, deren Verpackung und Transport unter ökologischen und sozialen Gesichtspunkten geprüft werden können.

Digitale Transformation

In großen Unternehmen ist die elektronische Beschaffung (E-Procurement) bei differenzierten Warenbeständen und einem großen Einkaufsvolumen bereits Praxis. Voraussetzung hierfür ist, dass die jeweiligen EDV-Systeme kompatibel sind. Das erfordert einen hohen Aufwand und erzeugt wechselseitige Abhängigkeiten und steigert die Gefahr von Datenmissbrauch.

Datensicherheit

Bei einer weitergehenden digitalen Vernetzung muss die Gefahr des Datenmissbrauchs generell minimiert werden. Darüber hinaus stellen sich neue rechtliche Fragen, z. B. der vertraglichen Regelung des Besitzübergangs, der Gewährleistung und Haftung und des Marken- und Patentrechts. Für Käufer und Verkäufer ergeben sich aber auch neue Chancen einer multiplen Vernetzung. Im Rahmen der Digitalen Transformation der Produktion nimmt der Bereich Einkauf und Logistik wiederum eine Schlüsselfunktion bei der Gestaltung der gesamten Architektur des Supply-Chain-Managements ein.

4.3.3 Produktion

Strategischer Auftrag

Produktionsmenge

Der strategische Auftrag des Funktionsbereichs Produktion besteht in der Planung, Organisation und Durchführung der Fertigung von Produkten. Das können Komponenten wie Kühlsysteme sein, die in der Kfz-Industrie Teil des Produkts Auto werden, Halbfertigwaren, die beim Industriekunden Teil einer Maschine werden, Aromastoffe, die in der Lebensmittelindustrie Verwendung finden oder das Endprodukt Waschmaschine, das für den privaten Konsumenten bestimmt ist. In den Produktionsprogrammen müssen die eigenen Kapazitäten für die Produktion und Qualitätssicherung mit Lagerbeständen, den Personalressourcen sowie Marketing- und Vertriebsplanungen abgestimmt werden. Damit sind auch die wichtigsten *Schnittstellen* der Produktion bezeichnet. Der *Wertschöpfungsbeitrag* der Produktion liegt darin, durch effiziente und fehlerfreie Fertigung ein Höchstmaß an Wirtschaftlichkeit zu erreichen, die es ermöglicht, Preisvorteile im Vergleich zu Wettbewerbern an die Kunden weiter zu geben. Dieses gilt insbesondere für die serielle Produktion von Gütern (Economies of Scale). Die Kosten für die Fertigung berechnen sich aus der Bewertung der Produktionsfaktoren (Arbeit, Maschinen und Werkstoffe) mit den Marktpreisen.

> Das Ergebnis von Skaleneffekten (Economies of Scale) ist: Die Selbstkosten je Stück sinken mit steigender Produktionsmenge

Unterschieden wird zwischen der Werkstattfertigung und der Fließfertigung. Bei der Werkstattfertigung werden die Arbeitsschritte verrichtungsorientiert angeordnet und in Werkstätten (zum Beispiel Lackiererei, Schlosserei) zusammengefasst, um die einzelnen Arbeitsgänge zu optimieren. Bei der Fließfertigung hingegen orientiert sich die Anordnung am Fertigungsablauf der Produkte (zum Beispiel Fließbandproduktion), sodass diese die Fertigung ohne Unterbrechung durchlaufen.

Im *Dienstleistungsbereich* entspricht dem Wertschöpfungsprozess in der industriellen Produktion die Leistungserbringung am Kunden (z. B. Service in der Gastronomie, Krankenpflege, EDV-Beratung).

Normativer Handlungsrahmen

Sozialverantwortliches Handeln bedeutet in der Produktion in erster Linie das Befolgen der Sicherheits- und Arbeitsschutz-Richtlinien, die vom Gesetzgeber und den Berufsgenossenschaften vorgegeben sind. Darüber hinaus hat das Produktionsmanagement die Möglichkeit, den spezifischen Anforderungen des Unternehmens entsprechend, eigene verbindliche Sicherheitshinweise zu geben bzw. durch eine Betriebsvereinbarung mit dem Betriebsrat zu regeln. Hierbei sind auch die neuesten ergonomischen und arbeitswissenschaftlichen Erkenntnisse zu berücksichtigen.

Zudem kann das Produktionsmanagement durch die Einführung von *Qualitätszirkeln* die Partizipation und Motivation der Belegschaft steigern und zugleich einen betrieblichen Nutzen generieren. Regelmäßig veranstaltete und moderierte Gruppentreffen können der Verbesserung technischer Abläufe an den Schnittstellen von Arbeitsvorbereitung, Fertigung und Qualitätssicherung dienen. Zugleich können Qualitätszirkel auch einen Beitrag zur sozialen Integration von Mitarbeitern auch unterschiedlicher Nationalitäten leisten.

Qualitätszirkel

Digitale Transformation

Industrie 4.0 überträgt die Prinzipien des »Internets der Dinge« auf die verarbeitende Industrie. Grundlagen bilden mit Sensoren und intelligenten Steuerungseinheiten ausgestattete Objekte, wie Maschinen, Anlagen und Produkte, die kommunikationsfähig sind und eigenständig Informationen untereinander und mit Softwareplattformen austauschen können. Diese Produktionseinheiten werden als Cyber Physical Systems (CPS) bezeichnet. In der Vision einer vollständigen Durchdringung der Industrie besteht die Produktion aus intelligenten, vernetzten Objekten, die den Fertigungsprozess weitgehend autonom durchlaufen und deren Daten die Grundlage für Analysen und eine intelligente Wertschöpfungskette bilden.

4.3.4 Marketing und Vertrieb

Strategischer Auftrag

Marketing
als Umsetzungstreiber
der Strategie

In einer Unternehmensstrategie werden Entscheidungen über Märkte, die Marktpositionierung und die Produkte getroffen (vgl. Kapitel 3). Das Marketing ist mit seinem *strategischen Auftrag* und im operativen Handeln zentraler Treiber zur Umsetzung dieser übergeordneten Ziele. Deshalb wird auch der Begriff von der »Marktorientierten Unternehmensführung« verwandt, der die besondere Stellung des Marketings im Funktionsgefüge eines Unternehmens markiert.

Der *Wertschöpfungsbeitrag* des Marketings besteht darin, Absatzmärkte und Kundenzielgruppen auf der einen Seite und Produkte und Dienstleistungen auf der anderen Seite zu identifizieren und zu »matchen«. Je höher der Kundennutzen, d.h. je höher der Mehrwert von Produkten und Dienstleistungen für den Kunden (Produkteigenschaften und Preis) auch im Vergleich zu Mitbewerbern ist, desto höher kann der Ergebnisbeitrag für das Unternehmen ausfallen.

Zwischen Marketing und Vertrieb besteht in vielen Unternehmen eine Schnittstelle, an der es häufig zu Irritationen und Konflikten kommt. Zwischen dem konzeptionell-planerischen Denk- und Handlungsansatz im Marketing und dem unmittelbar kunden- und abschlussorientierten Auftrag des Vertriebs kommt es zu Informations- und Verständnisbrüchen. Bei der Steuerung des Bereichs oder der Bereiche Marketing und Vertrieb kommt es darauf an, durch Maßnahmen der Organisation und Information, eine »mentale Sollbruchstelle« zu vermeiden. Ansonsten droht hier Wertvernichtung statt Wertschöpfung. Darüber ist es die Aufgabe von Marketing und Vertrieb, an den *Schnittstellen* zum Bereich F&E an Produktinnovationen mitzuwirken, mit der Produktion Absatzmengen zu koordinieren und Kundenreaktionen an die F&E und an die Produktion rückzukoppeln. Der Vertrieb arbeitet eng mit der Distributionslogistik des Unternehmens zusammen.

Marketingmix

Auf der operativen Ebene dient der *Marketingmix* dazu, Produkte und Dienstleistungen zu entwickeln bzw. weiter zu entwickeln, sie preispolitisch zu positionieren, die Markteinführung und Begleitung kommunikativ zu unterstützen und schließlich die geeigneten Vertriebsformen auszuwählen.

Die Besonderheiten des Marketingmix und seines Managements bestehen darin, dass alle vier Entscheidungs- und Handlungsebenen in der Planung und Realisierung wechselseitig miteinander verknüpft werden. Das Management im Marketingmix beruht auf Informationen der Marktforschung. Die Marktforschung kann folgende Untersuchungsobjekte in den Fokus nehmen:
- gesellschaftliche Megatrends,
- Marktveränderungen und Marktprognosen,
- Kundenwünsche und zielgruppenspezifisches Kundenverhalten sowie
- Verhalten der Wettbewerber.

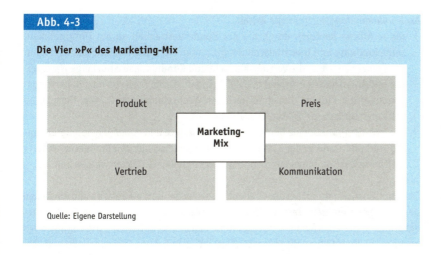

Abb. 4-3

Die Vier »P« des Marketing-Mix

Produkt

Preis

Marketing-Mix

Vertrieb

Kommunikation

Quelle: Eigene Darstellung

Fallbeispiel **Marketing-Mix-Alternativen eines Herstellers von Dauerbackwaren**

▶▶▶ Der Hersteller von Dauerbackwaren hat am heimischen Markt eine Kekssorte als Premiummarke im hochpreisigen Segment etabliert. Das Absatzpotenzial ist nach einiger Zeit ausgeschöpft, der Absatz stagniert oder ist rückläufig und der Wettbewerbsdruck nimmt zu. Das Unternehmen hat jetzt im Marketing-Mix folgende Möglichkeiten:

▸ Eine Produktdifferenzierung, zum Beispiel durch die Bildung einer Markenfamilie, die um das Kernprodukt gruppiert wird, verbunden mit einer Kommunikationskampagne, um eine neue Nachfrage zu stimulieren.

▸ Die Absenkung des Qualitätsstandards, um die Kosten für die Produkterstellung (Rohstoffe) zu reduzieren.

▸ Ein Relaunching der Verpackung, wobei die Füllmenge reduziert und die Kosten je Verkaufseinheit gesenkt werden.

▸ Die Erschließung eines neuen Vertriebsweges durch eine Kooperation mit Einzelhandelsketten, in denen das Produkt unter einem anderen Namen zu einem günstigeren Preis vertrieben wird, mit dem Ziel, durch eine erhöhte Produktionsmenge die Gemeinkosten zu senken.

▸ Die Erschließung neuer Absatzmärkte im Ausland, wobei das Produkt in seinen Genusseigenschaften den neuen Zielgruppen und der Preis deren Einkommensstruktur und dem Preisniveau der Wettbewerber angepasst werden muss. Darüber hinaus müssen neue Vertriebswege eröffnet und neue Kommunikationsformen erprobt werden. ◀◀◀

Zu den zentralen Aufgaben des operativen Marketings gehört es auch, Kundenbeziehungen dauerhaft zu stabilisieren und auszubauen. Der Aufwand, einen neuen Kunden zu gewinnen, ist im Durchschnitt fünf Mal höher, als der Aufwand, einen Kunden zu halten. Damit kommt dem Kundenbeziehungs-Management (Customer-Relationship-Management CRM) eine besondere Funktion als Kundenbindungsinstrument zu.

Kundenbeziehungs-Management

Als *Kundenbindungsinstrumente* gelten:
▸ *Die rechtliche Bindung*, durch die der Kunde vertraglich an ein Unternehmen, seine Produkte und Dienstleistungen gebunden ist. Diese Bindungsart wird dann problematisch, wenn die Vertragsklauseln und Kündigungsfristen lange Wartezeiten und einen hohen Aufwand mit sich bringen, die im Kern von dem Beharrungsverhalten der Kunden und ihrer geringen Wechselbereitschaft, zum Beispiel im Telekommunikations-Sektor, ausgehen.
▸ Die *technisch-funktionale Bindung*, bei der Produkte und Zubehör herstellerabhängig sind und – wie in der APPLE-Welt – nicht beliebig mit den Produkten anderer Wettbewerber kombiniert und mit deren Ersatzteilen betrieben werden können.

Die emotionale Bindung, bei der es einem Anbieter gelingt, eine Marke und ein Image derart zu positionieren, dass der Kunde, über den funktionalen Nutzen des Kaufgegenstandes, die emotionale Bindung an die Marke sucht. Dieses trifft vor allem bei anspruchsvollen Gebrauchsgegenständen im gehobenen Preissegment und bei Luxusartikeln zu.
▸ Die *Bonus-Programm-Bindung*, bei der die Kunden eine kostenlose Kundenkarte erhalten, mit der sie Bonusmeilen bei Fluggesellschaften oder Preisvorteile beim Betanken ihres Autos erhalten. In einzelnen Fällen sind Händler wieder zu dem traditionellen Rabattmarken-Buch zurückgekehrt, das schon vor Jahrzehnten als Instrument der Kundenbindung eingesetzt wurde.
▸ Die *Service-Bindung*, bei der Anbieter Serviceleistungen anbieten, mit denen sie sich von ihren Wettbewerbern unterscheiden (z. B. Warenbelieferung innerhalb von 24 Stunden).
▸ Die *Community-Bindung*, bei der Konsumenten zu Kommunikationspartnern eines Unternehmens und seiner Produkte werden, vor allem aber untereinander über Vor- und Nachteile der Produkte kommunizieren (vgl. Kapitel 3.3.10).

Das Internet hat darüber hinaus neue Felder des Kundenbeziehungs-Managements erschlossen. Einmal vorgenommene Bestellungen führen zu Folgeangeboten, die dem bereits erfüllten Kundenwunsch vergleichbar sind. Über je mehr Daten ein Unternehmen von seinen Kunden verfügt, desto bedarfsgerechter kann es, dem Lebenszyklus eines Menschen entsprechend, seinen Kunden Produkte und Dienstleistungen offerieren.

Online-Marketing

Auf die strategische Bedeutung des Online-Marketings mit den Möglichkeiten der Produktpräsentation, der Interaktion mit den Kunden und vor allem des Warenvertriebs wurde bereits in den Kapiteln 3.3.9 und 3.3.10 eingegangen.

Normativer Handlungsrahmen
Der ökologische und soziale Zusatznutzen als Erweiterung des Kernprodukts steht im Mittelpunkt des sogenannten Öko- und Sozio-Marketings. Diese »bezwecken die Einbeziehung ökologischer und sozialer Kriterien in die Entwicklung und Positionierung von Angeboten, um durch die entsprechenden Produkteigenschaften, Qualitätsargumente, Konsumbotschaften und Identifikationsmöglichkeiten zusätzliche Kaufanreize zu stiften« (vgl. BMU u. a. 2007, S. 33). Mit diesem Anspruch wird die

Integration von normativen Nachhaltigkeitszielen und ökonomischen Wirtschaft-
lichkeitszielen erkennbar. Mit dieser Definition nicht vereinbar ist eine rein plakative Übernahme modischer ökosozialer Ziele (Greenwashing), eine Verabsolutierung
öko-sozialer Ziele ohne Rücksicht auf die ökonomischen Folgen für ein Unternehmen, aber auch eine Position, von der aus nur die Gewinnmaximierung zur Leitidee
unternehmerischen Handelns gemacht wird.

Digitale Transformation

Das Internet ist zu einem der wichtigsten Marktplätze für Handelswaren und Konsumgüter geworden. Entsprechend sind auch die Methoden des Onlinemarketings
subtiler und differenzierter geworden. Die Sozialen Medien spielen eine immer
bedeutsamere Rolle in der Kommunikation der Kunden untereinander und mit den
Unternehmen. Mit »Big Data« ist es möglich, sehr große Mengen von Daten und
Informationen zu aggregieren. Interaktionsprozesse zwischen Produzenten und Lieferanten von Waren und Dienstleistungen und den Kunden eröffnen neue Wege im
Kunden-Beziehungsmanagement. Auch der Vertrieb und die Distribution von Waren
erfahren eine digitale Transformation, durch die Kundenbedürfnissen schneller und
individueller entsprochen werden kann.

4.3.5 Rechnungswesen und Controlling

Strategischer Auftrag

Die Systematik des Rechnungswesens und Controllings stellt sich wie folgt dar:

> Das *externe Rechnungswesen* bildet die finanzielle Situation des Unterneh-
> mens in Form der Bilanz, einer Gewinn- und Verlustrechnung und der Kapital-
> flussrechnung ab.
> Das *interne Rechnungswesen* dient mithilfe der Kosten- und Leistungs-
> rechnung und einer Investitionsrechnung der Planung und Kontrolle des
> Unternehmens.
> In der Betriebsabrechnung wird unterschieden zwischen der Kostenartenrech-
> nung, der Kostenstellenrechnung und der Kostenträgerrechnung.

Systematik des
Rechnungswesens
und Controllings

Der *strategische Auftrag* des Rechnungswesens und Controllings besteht darin, dem
Management wichtige Kennziffern zur Planung, Steuerung und Kontrolle des gesamten Unternehmens zur Verfügung zu stellen. Aus der vergangenheitsbezogenen
Betrachtung und einer zukunftsorientierten Prognose ist das Rechnungswesen und
Controlling ein strategisches Hilfsmittel der Unternehmensführung. Operativ leistet das Controlling einen eigenständigen *Wertschöpfungsbeitrag* durch die direkte
oder indirekte Steuerung der Rentabilität aller Betriebseinheiten und Prozesse und
durch die Sicherung der Liquidität des Gesamtunternehmens. Als zentrale, häufig
der Unternehmensleitung an die Seite gestellte Stabsstelle hat der Bereich Rechnungswesen und Controlling *Schnittstellen* mit allen Funktionsbereichen des Unternehmens.

Vergangenheits-
und zukunftsbezogene
Betrachtung

Normativer Handlungsrahmen

Rechnungswesen und Controlling können zur Erfassung, Analyse und Kommunikation von Umwelteinwirkungen erfolgreich eingesetzt werden. In das Berichtswesen werden ökologische Aspekte mit einbezogen, wie die Schadstoff-Emission oder andere Kennzahlen, die für die Umwelt relevant sind.

Strategische Transformation

Neben der horizontalen Vernetzung der Leistungserstellungsprozesse wird eine vertikale Vernetzung mit dem Rechnungswesen und Controlling möglich, durch die alle Daten in Echtzeit anfallen. Damit eröffnen sich für das Controlling neue Möglichkeiten der unmittelbaren Supervision und Steuerung.

4.3.6 Finanz- und Risikomanagement

Die Systematik der *Unternehmensfinanzierung* stellt sich folgendermaßen dar. Es wird zwischen der Innen- und Außenfinanzierung unterschieden.

Systematik
der Unternehmens-
finanzierung

> Die *Innenfinanzierung* erfolgt im Wesentlichen durch den Zufluss erzielter Überschüsse zum Eigenkapital, durch Abschreibungen und Rückstellungen.
> Die *Außenfinanzierung* erfolgt im Wesentlichen durch Fremdkapital aus Bankdarlehen, Unternehmensbeteiligungen und sonstigen Finanzierungsquellen.

Ein wichtiger *strategischer Auftrag* und zugleich ein *wertschöpfender Beitrag* der Unternehmensfinanzierung bestehen darin, unter *Opportunitätsgesichtspunkten* eine ausgewogene Balance zwischen Eigenkapital und Fremdkapital herzustellen. Dabei werden die Finanzierungskosten, beispielsweise eines Bankdarlehens, der erzielten oder geplanten Eigenkapitalrendite gegenübergestellt. Sind die Finanzierungskosten für ein Darlehen (Zinsen) geringer als die Eigenkapitalrendite, empfiehlt es sich, den Anteil des Fremdkapitals zu erhöhen. Ein weiteres strategisches Ziel der Unternehmensfinanzierung besteht darin, jederzeit die Liquidität des Unternehmens sicherzustellen. Die Unternehmensfinanzierung wird für das gesamte Unternehmen tätig, sodass eine Schnittstellenbetrachtung entfällt.

Systematik des
Risikomanagements

Risiken, die mit der Führung eines erwerbswirtschaftlichen Betriebs mit unterschiedlichen Bezugsgruppen und Aktivitäten verbunden sind, lassen sich naturgemäß nicht zu 100 Prozent vermeiden. Im Rahmen eines Risikomanagements können aber Risikoarten identifiziert und klassifiziert werden.

> Im Risikomanagement werden interne und externe Risiken untersucht und nach ihrer Eintrittswahrscheinlichkeit bewertet.

Zu den *internen Risiken* können zum Beispiel gehören:
▸ Lieferantenengpässe,
▸ Produktionsausfall,
▸ Arbeitsunfälle,

Abb. 4-4

Ausgewählte Formen der Unternehmensfinanzierung

Finanzierungs-formen	Merkmale und Besonderheiten
Bankdarlehen	Wichtigste Fremdfinanzierungsform im Mittelstand. Eine gute Eigenkapitalausstattung und eine professionelle Unternehmensführung können das Rating der Banken nach Basel II/III begünstigen und die Kapitalkosten (Zinsen) verringern.
Mezzanine	Mezzanine Kapitalzuführung durch Genussrechte, Genussscheine oder stille Beteiligungen ermöglicht es dem Unternehmen, das Eigenkapital zu stärken, ohne den Kapitalgebern nennenswerte Einflussmöglichkeiten eröffnen zu müssen. Die relativ hohe Verzinsung wird in Kauf genommen, wenn durch die Erhöhung des Eigenkapitals die Bonität gegenüber Fremdkapitalgebern steigt und eine Mischfinanzierung mit günstigeren Bankdarlehen ermöglicht wird. Mezzanine gelten in der Regel bilanziell als Eigenkapital, steuerlich werden die Finanzierungskosten als Fremdkapital behandelt.
Kapital-erhöhung	Kapitalgesellschaften haben die Möglichkeit, im Rahmen der Beteiligungsfinanzierung neue GmbH-Anteile (GmbH) oder »junge Aktien« (Aktiengesellschaft) auszugeben.
Private Equity	Unternehmen in einer Wachstums- oder Wende- und Krisenphase haben die Möglichkeit, spekulatives Risikokapital aufzunehmen. Entsprechend der Höhe der Beteiligung verlieren sie an unternehmerischer Autonomie. Die Kapitalgeber beteiligen sich an Unternehmen, um ihre Anteile nach einem begrenzten Zeitraum mit einem Spekulationsgewinn zu veräußern. Entsprechend nehmen sie Einfluss auf die Unternehmensführung.
Leasing & Factoring	Das Leasing von Maschinen, Fuhrpark und Geräten erspart Finanzierungskosten und kann die Liquidität eines Unternehmens begünstigen. Leasingkosten können darüber hinaus steuerlich als Betriebsausgaben geltend gemacht werden. Allerdings entfallen die Möglichkeiten der Abschreibung. Factoring: Um Forderungsverluste und Liquiditätsengpässe zu vermeiden, verkaufen Unternehmen ihre Forderungen aus Warenlieferungen oder Dienstleistungen an einen Factor und erhalten dafür sofort bis zu 90 % der Rechnungsbeträge.

▶ EDV-Störungen,
▶ Streiks,
▶ Schadstoffgefahren sowie
▶ erhöhte Mitarbeiterfluktuation.

Zu den *externen Risiken* können zum Beispiel gehören:
▶ kurzfristige Marktveränderungen,
▶ Wettbewerbsveränderungen,
▶ Insolvenz von Kunden,
▶ Liquiditätsprobleme,
▶ Umweltbelastung sowie
▶ soziale und politische Unruhen.

Die Zahl der internen und externen Risiken nimmt mit der Größe des Unternehmens und der Differenzierung von Produkten und Märkten zu. Letztendlich ist es eine Frage der unternehmerischen Entscheidung, in welchem Umfang das Risikomanagement organisiert und professionell betrieben wird. Der *strategische Auftrag* des Risikomanagements besteht darin, alles zu vermeiden, was die Unternehmensstrategie und die operative Umsetzung gefährden könnte. Der *wertschöpfende Beitrag* des Risikomanagements besteht darin, je nach Gewichtung der Eintrittswahrscheinlichkeit der identifizierten Risiken, Maßnahmenpläne für die Schadensbegrenzung vorzuhalten, bzw. aktiv mögliche Risiken zu minimieren. Das Risikomanagement hat *Schnittstellen* zu allen Funktionsbereichen des Unternehmens und arbeitet funktionsübergreifend.

Normativer Handlungsrahmen

Die Unternehmensfinanzierung bewegt sich dann in einem nachhaltigen normativen Rahmen, wenn sie sich auf originäre Finanzgeschäfte zur Ermöglichung des eigentlichen Unternehmenszwecks fokussiert und nicht risikobehaftete Fremdgeschäfte, zum Beispiel mit derivativen Finanzanlagen betreibt.

Beispiel Porsche als Finanzinvestor

▶▶▶ Es war einer der gewagtesten Übernahmepläne der deutschen Wirtschaftsgeschichte: Der kleine Sportwagenhersteller Porsche wollte den 15-mal größeren Volkswagenkonzern übernehmen. Dazu erwarb Porsche bis zu 75 Prozent der VW-Aktien. Als der VW-Kurs sich vom 17. Oktober bis 24. Oktober 2008 fast halbiert hatte, drohte Porsche ein die Existenz bedrohender Vermögensverlust. Noch Jahre später waren Klagen US-amerikanischer Fondsgesellschaften anhängig, die Porsche in diesem Zusammenhang Kursmanipulationen in Kooperation mit einer Bank und sogenannten Hedgefonds vorwarfen. Porsche hatte sich mit seinen Finanzgeschäften vom eigenen Kerngeschäft entfernt und auf fremdes Terrain vorgewagt. Statt VW zu übernehmen wurde Porsche mit einem Schuldenberg von 9 Milliarden Euro von VW übernommen. ◀◀◀

Normativer Handlungsrahmen

Risikomanagement als Schlüsselfunktion des Normativen Managements

Dem Risikomanagement kommt eine Schlüsselstellung bei der Prüfung, Einhaltung und Weiterentwicklung normativer Grundsätze der Unternehmensführung zu. Gegenstand des Risikomanagements können alle Bereiche des Normativen Managements sein, wie sie im Kapitel 2 erläutert wurden:

▶ Einhaltung gesetzlicher Normen,
▶ Management der Shareholder-, Customer- und Human Resources-Beziehungen,
▶ Prinzipien der Nachhaltigkeit und der gesellschaftlichen Verantwortung,
▶ Einhalten des Corporate Government Kodex sowie
▶ Prüfung des regelkonformen Handelns (Compliance Management).

Digitale Transformation

Die Vernetzung des Finanz- und Risikomanagements mit allen unternehmerischen Funktionsbereichen wird dichter, die Menge der zur Verfügung stehenden Informationen wird größer und die Prozesse werden schneller. Die mit den Fragen der Datensicherheit im Netz (Cloud) und den neuen rechtlichen Aspekten digitaler Kunden-Lieferantenbeziehungen verbundenen Risiken führen zu einem erweiterten Aufgabenspektrum des Risikomanagements.

4.3.7 Personalmanagement

Strategischer Auftrag

Der strategische Auftrag des Personalmanagements besteht zum einen darin, den zukünftigen Bedarf an Personalressourcen quantitativ und qualitativ zu sichern. Zum anderen ist es originäre Aufgabe eines strategischen Personalmanagements, wirtschaftliche, gesellschaftliche und technologische Entwicklungen daraufhin zu untersuchen, in wieweit sich die unternehmerische Bedarfslage und die Angebotslage auf dem Arbeitsmarkt zueinander verhalten. Zu diesen Herausforderungen gehören im deutschsprachigen Raum und in Mitteleuropa

▸ der demografische Wandel,
▸ die Migrationsbewegungen,
▸ die digitale Revolution (vgl. Kapitel 4.2) sowie
▸ mentale Mainstream-Veränderungen (Generation Y).

Beispiel **Generation Y**

▸▸▸ Alle paar Jahre präsentieren Wissenschaftler Thesen, wie sich die nachwachsende Generation von ihren Eltern und Großeltern unterscheidet. Dabei wird häufig der Eindruck erweckt, als handele es sich dabei um einen ganz neuen Menschentypus. Tatsächlich verändern sich von Generation zu Generation die Bedingungen der Sozialisation, die wiederum veränderte Verhaltensmuster erzeugen. Eine Generation, die in einer seit Jahrzehnten andauernden Periode relativer wirtschaftlicher Stabilität ohne kriegerische Auseinandersetzung aufwächst, kaum autoritäre Personen und Strukturen erfährt und webbasiert und digital vernetzt die Wirklichkeit erlebt und gestaltet, muss anders auftreten als vorherige Generationen. Vor diesem Sozialisationshintergrund wird es verständlich, dass Berufsstarter in Bewerbungsgesprächen den freien Freitag und das Sabbatjahr nach zwei Jahren Arbeit fordern. Taktisch mag das naiv sein, als kollektives Verhaltensmuster erfordert es aber ein flexibles Personalmanagement, das die neuen Qualifikationen und Qualitäten dieser Generation mit den Anforderungen der Arbeitswelt in Einklang bringt. ◂◂◂

Bei großen, technisch innovativen Global Playern hat das Human-Resources-Management (HR-Management) nicht nur eine Funktion, die sich aus der Unternehmensstrategie ableitet, sondern sie hat eine eigenständige, strategieprägende Funktion: Die Bestimmung strategischer Geschäftsfelder und Investitionsentscheidungen werden mit davon abhängig gemacht, welche geeigneten Humanressourcen zur Verfügung stehen und entwickelt werden können.

Human-Resources-Management

Es gibt zwei strategische Optionen für das Personalmanagement: »Staffing follows Investment«, also das Personal wird gesucht, wenn das Geschäftsfeld eröffnet wird. Oder aber, »Investment follows staffing«: Die Ausrichtung des Geschäftsfeldes richtet sich nach den Innovationspotenzialen und der Verfügbarkeit der Humanressourcen.

Das Personalmanagement operiert, neben seiner strategischen Funktion, vor allem im taktischen und operativen Feld der Personalgewinnung und -entwicklung (Kapitel 6.3.6). Der Wertschöpfungsbeitrag des PM besteht darin, zur richtigen Zeit im richtigen Umfang und in der erforderlichen Qualität Ressourcen bereitzustellen, deren Kosten eine wettbewerbsfähige Preisbildung am Absatzmarkt ermöglicht.

Normativer Handlungsrahmen

Die Steigerung des Human Resources Value im Beziehungsdreieck mit Shareholder Value und Customer Value (Kap. 2.2.1) ist auch normativer Auftrag des Personalmanagements. Zu einem sozial nachhaltigen Human Resources Management gehören u. a. Programme zur Vereinbarung von Arbeit und Familienleben oder zur Integration von Mitarbeitern unterschiedlicher nationaler und religiöser Herkunft (Diversity Management). Personalprogramme initiieren und begleiten die gelebte Unternehmenskultur und flankieren Maßnahmen des Veränderungsmanagements. Das Personalmanagement verantwortet die betriebliche Ordnung, die die persönliche Integrität aller Mitarbeiter gewährleistet. Das betrifft vor allem die Grundsätze für Führung und Zusammenarbeit. Das Personalmanagement ist aber auch die erste Instanz bei der Ermittlung strafrechtlich relevanter betrieblicher Handlungen von Mitarbeitern und Führungskräften.

Digitale Transformation

Intrapreneurship

Der digitale Wandel wird die Inhalte, die Prozesse und die sozialen Strukturen der industriellen Arbeitswelt verändern. Davon wird auch der Mittelstand als industrieller Zulieferer und als eigenständiger Nischenproduzent betroffen sein. Bisherige Tätigkeiten im Einkauf, der Logistik, der Produktion und Distribution werden sich verändern und möglicherweise entfallen. Neue Tätigkeiten für Mitarbeiterinnen und Mitarbeiter, die die Digitalisierung planen, steuern und überwachen, werden hinzukommen. Diese Veränderungen erfordern neue Kompetenzen, mit veränderten Quali-

---

Information

Expertenbefragung

In einer Basisstudie zum Thema »Produktionsarbeit der Zukunft – Industrie 4.0« werden auf der Basis einer Expertenbefragung folgende Trends definiert (vgl. Frauenhofer Institut, 2013, S. 6):

▸ Automatisierung wird für immer kleinere Serien möglich. Dennoch bleibt menschliche Arbeit weiterhin ein wichtiger Bestandteil der Produktion.

▸ Flexibilität ist nach wie vor der Schlüsselfaktor für die Produktionsarbeit in Deutschland – in Zukunft aber noch kurzfristiger als heute.

▸ Flexibilität muss in Zukunft zielgerichtet und systematisch organisiert werden – einfache »Pauschal-Flexibilität« reicht nicht mehr aus.

▸ Industrie 4.0 heißt mehr als CPS-Vernetzung. Die Zukunft umfasst intelligente Datenaufnahme, -speicherung und -verteilung durch Objekte und Menschen. Dezentrale Steuerungsmechanismen nehmen zu. Vollständige Autonomie dezentraler, sich selbst steuernder Objekte gibt es aber auf absehbare Zeit nicht.

▸ Aufgaben traditioneller Produktions- und Wissensarbeiter wachsen weiter zusammen. Produktionsarbeiter übernehmen vermehrt Aufgaben für die Produktentwicklung.

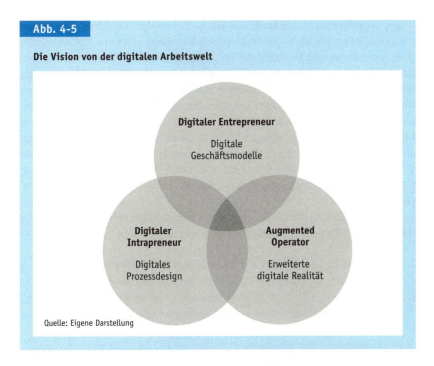

Abb. 4-5

Die Vision von der digitalen Arbeitswelt

Digitaler Entrepreneur

Digitale
Geschäftsmodelle

**Digitaler
Intrapreneur**

Digitales
Prozessdesign

**Augmented
Operator**

Erweiterte
digitale Realität

Quelle: Eigene Darstellung

fikationen und Qualifizierungsmöglichkeiten. Das Personalmanagement nimmt eine Schlüsselstellung ein im Prozess der personellen Restrukturierung und Qualifizierung im Zeichen von »Industrie 4.0«.

Als Vision der digitalen Qualifikationswelt von morgen sehen wir insbesondere drei Träger, Treiber und Betreiber cyber-physikalischer Welten:

▸ die »Digital Entrepreneure«, d.h. die Gründungsunternehmer, die digitale Geschäftsmodelle entwickeln bzw. in bestehenden Unternehmen Treiber der digitalen Transformation sind,

▸ die »Digital Intrapreneure«, die als Unternehmer im Unternehmen die neuen Geschäftsmodelle mit ihren horizontalen und vertikalen Vernetzungen umsetzen,

▸ die »Augmented Operator«, die mit einer erweiterten Realitätswahrnehmung (augmented reality) mit Hilfe IT-basierter Assistenzsysteme die Fertigungsabläufe der Produktionsnetzwerke steuern und überwachen.

4.3.8 Organisations- und IT-Management

Strategischer Auftrag

Die klassische Aufgabe des Organisationsmanagements besteht darin, die Aufgaben, die sich aus den strategischen, taktischen und operativen Vorgaben ergeben, organisatorisch zu strukturieren, umzusetzen und abzubilden.

Organigramm

Das Organigramm ist die klassische Form einer solchen Abbildung. Ausgehend von der »Stelle«, der kleinsten organisatorischen Einheit, werden Stellengruppen (z. B. Abteilungen und Bereiche) gebildet, bis alle im Unternehmen zu verrichtenden Aufgaben abgebildet und funktional in einen Zusammenhang gestellt sind. Die Organisationsgröße und Differenzierung der Organisationsstruktur ist abhängig von der Menge der zu erfüllenden Aufgaben. Innerhalb der auf diese Weise gebildeten Struktur (Aufbauorganisation) werden die optimalen Arbeitsabläufe und Prozesse beschrieben, umgesetzt und ständig an die Erfordernisse angepasst (Ablauforganisation) (vgl. Kapitel 5.2.). Zu den Aufgaben des Organisationsmanagements gehört auch, das Unternehmen mit der geeigneten Informationstechnologie und passgenauen Programmen auszustatten und die Funktionsbereiche und Arbeitsplätze zu vernetzen.

Die wertschöpfende Tätigkeit des Organisationsmanagements besteht darin, die Strukturen und Prozesse höchstmöglich effizient und effektiv zu gestalten.

> Messkriterien für die Effizienz und Effektivität einer Organisation können sein: Eindeutige Aufgabenverteilung, kurze Arbeits- und Berichtswege, klar definierte Schnittstellen, schneller Datenzugriff, funktionale Datenvernetzung und -verarbeitung und eine möglichst flache Hierarchie.

Zu den strategischen Organisationsentscheidungen kann auch gehören, dass Aufgaben aus dem Unternehmen ausgelagert und an andere Produzenten oder Dienstleister vergeben werden (Out-Sourcing).

Architektur der Informationstechnologie

Operative Hauptaufgaben des Organisationsmanagements sind
- die Organisationsstruktur immer wieder an die strategischen Vorgaben anzupassen,
- die Arbeitsprozesse schlank und schnell zu gestalten und überflüssige Tätigkeiten zu eliminieren oder zu substituieren sowie
- die IT-Architektur und die Software den Erfordernissen anzupassen.

Ein wichtiger Grundsatz für ein modernes Organisationsmanagement ist, die Strukturen und Prozesse nicht nach internen Verwaltungswünschen zu gestalten, sondern die gesamte Organisation aus Kundensicht mit dem Ziel größtmöglicher Kundenzufrieden zu reorganisieren. (vgl. Kapitel 5).

Normativer Handlungsrahmen
Der normative Auftrag des Organisationsmanagements besteht insbesondere darin, die Arbeitsplätze und die Arbeitsprozesse nach neuesten arbeitswissenschaftlichen und ergonomischen Erkenntnissen zu gestalten. Die Arbeitsumwelt, d. h. die Räume und die gesamte Infrastruktur bedürfen einer Gestaltung, die die Motivation und Leistungsfähigkeit des Personals fördern.

Digitale Transformation

Chief Digital Officer und Digital Intrapreneur

Das hohe Maß der Dezentralisierung und Vernetzung vor allem in der industriellen Produktion, stellt ganz neue Herausforderung an das Organisationsmanagement.

In der Fabrik von morgen wird organisatorische Kompetenz auf Maschinen, Menschen und Produkte verlagert, zwischen denen neue digitale Kommunikationsprozesse ablaufen. Neben der neuen Funktion eines »Chief Digital Officer« oder »Digital Intrapreneur« wird es auch den »Augmented Operator« geben, der an der Prozessgestaltung mitwirkt.

Schlüsselbegriffe

▸ **Augmented Operator**
▸ **Big Data**
▸ **Cloud Computing**
▸ **Customer-Relationship-Management (CRM)**
▸ **Cyber-physische Systeme**
▸ **Digital Entrepreneur**
▸ **Digital Intrapreneur**
▸ **Digitale Transformation**
▸ **Entrepreneurship**
▸ **Human Resources (HR)**
▸ **Industrie 4.0**
▸ **Internet der Dinge**
▸ **Intrapreneurship**
▸ **Supply-Chain-Management**
▸ **Wertschöpfung**

5 Die Organisation: Strukturen und Prozesse managen

Leitfragen

Was muss eine Unternehmens-organisation leisten?

▸ Begriffsklärung

▸ Das Handlungsfeld des Managements

Wie lässt sich die Organisation gestalten?

▸ Stellen als Bausteine der Organi-sation

▸ Strukturen und Prozesse

Wie lässt sich die Organisation verändern?

▸ Lean Management – Reengineer-ing – Produktivitätsmanagement

▸ Veränderungsmanagement

Wie hält man die Organisation auf Trab?

▸ Qualitätsmanagement

▸ Innovationsmanagement

Der Unternehmensorganisation wird über deren Darstellung im Kapitel 4.3.7 hinaus ein eigenes Kapitel gewidmet. Die Organisation ist ein Meta-System, das alle anderen Funktionen des Unternehmens abbilden muss. In der Organisationsstruktur und den Ablaufprozessen finden sich Aufgaben und Verrichtungen wieder, die den strategischen, taktischen und operativen Zielen des Gesamtunternehmens entsprechen. Darüber hinaus sind Organisationen Systeme, die von Menschen gestaltet werden, deren Handeln wiederum durch Strukturen und Prozesse beeinflusst wird. Die Interaktion zwischen Strukturen, Prozessen und Menschen bedarf deshalb einer gesonderten Betrachtung.

5.1 Anforderungen an die Organisation

Mit der Gestaltung der Organisation werden Unternehmensziele in Teilaufgaben »übersetzt« und in einer Aufbau- und Ablauforganisation geordnet. Organisationsmuster und regelhafte Prozesse schränken naturgemäß Freiheit, Spontanität, Flexibilität und Individualität des Menschen ein. An deren Stelle treten Ordnung, Regelhaftigkeit, Verlässlichkeit und Konformität. Organisationsgestaltung befindet sich also immer in einem nicht aufzulösenden Dilemma.

Das Organisationsdilemma

Organisation und Organisationsgestaltung müssen im Bewusstsein dieses Dilemmas folgenden Mindestanforderungen entsprechen:

Mindestanforderungen

1. Die Organisation muss dem *Unternehmenszweck* dienen und das Erreichen strategischer *Ziele* ermöglichen. Bei der Verfolgung dieses Auftrags kann es durchaus zu

Zielkonflikten kommen. Viele große Filialbanken, zu deren Markenkern die fußläufige Erreichbarkeit gehörte, stellen seit Jahren fest, dass, unterstützt durch das Online-Banking, Filialbesuche immer weniger werden. Konsequenterweise werden Filialen geschlossen, um den erwerbswirtschaftlichen Unternehmenszweck nicht zu gefährden. Dabei werden kurzfristige Irritationen in Kauf genommen.

2. Die Organisation muss in erster Linie dazu beitragen, *Kundenbedürfnisse* zu erfüllen und *Kundenzufriedenheit* zu gewährleisten. Notwendige bürokratische Organisationsmaßnahmen müssen transparent und nachvollziehbar sein. Die Zeiten, in denen bürokratische Organisationsprinzipien wie selbstverständlich vor Kundenbedürfnissen rangierten, sind vorbei. Bei Post, Bahn und Krankenkasse werden nicht mehr Bittsteller abgefertigt, sondern Kunden bedient. Als in den 80er-Jahren des vorigen Jahrhunderts die AOK von der Krankenkasse zur »AOK – Die Gesundheitskasse« umfirmierte, war das nicht nur ein Wechsel des Slogans. Eingeleitet wurde damit ein gravierender und langfristiger Veränderungsprozess der Organisationsstrukturen und der Mentalitäten und Verhaltensweisen der Mitarbeiter.

3. Die Organisation muss *effizient und effektiv* aufgestellt sein. Das erwerbswirtschaftliche Prinzip, mit einem Unternehmen Geld verdienen zu wollen und die Knappheit der Ressourcen verlangen von einem Unternehmen (Organisation), dass der Input, Throughput und Output aller betrieblichen Materialien und Leistungen mit den geeigneten Mitteln möglichst schnell erfolgt (Effizienz) und zu dem angezielten Ergebnis führt (Effektivität). Damit sind alle Prozesse gemeint,
   - von der Produktidee bis zur Markteinführung (Time to market),
   - von der Anlieferung von Rohstoffen, der Lagerung, der Produktion bis zur Distribution,
   - vom Bestelleingang bis zum Wareneingang beim Kunden,
   - vom Reklamationseingang bis zur Problemlösung.

4. Die Strukturen und Prozesse der Organisation müssen für die *Mitarbeiter nachvollziehbar* und sinnvoll sein und dabei folgende Funktionen erfüllen (vgl. Staehle, W. H. 1994):
   - *Integrationsfunktion:* Die Regelhaftigkeit der Organisation vermittelt allen Organisationsmitgliedern einen Grundkonsens des Miteinanders und der Konfliktregulation.
   - *Koordinationsfunktion:* Strukturen und Prozesse vermitteln Sicherheit für das Handeln. Nicht in jedem Einzelfall müssen Regeln neu definiert werden. Im besten Fall können sich alle Organisationsmitglieder darauf verlassen, dass jeder seine definierte Arbeit tut. Das schafft Vertrauen und entlastet von ständiger Kontrolle.
   - *Motivationsfunktion:* Eine in ihrer Regelhaftigkeit von den Mitarbeitern akzeptierte Organisation vermittelt den Organisationsmitgliedern »Sicherheit«, »Status« und »Sinn«. Das sind Basisfaktoren der Leistungsstabilität (vgl. Krüger, W. 2009, S. 62).
   - *Identifikationsfunktion:* Eine funktionsfähige, sinnhafte Organisation schafft Identifikationsmöglichkeiten und kann Bestandteil der persönlichen Identität werden.
   - *Leistungsfunktion:* Mit wachsendem Organisationsgrad und zunehmender Routine kann die Leistungskultur auf der Strecke bleiben. Funktionen werden

erfüllt, statt Höchstleistungen erbracht. Die immaterielle und materielle Anreizkultur muss leistungsfördernd sein.

Organisationsgestaltung und Organisationsentwicklung sind nicht statisch, sondern als fortlaufende Entwicklungsprozesse zu verstehen, wobei nicht interne Verwaltungsregeln und bürokratische Maxime, sondern Kundenbedürfnisse und Kundenerwartungen Treiber der Organisationsentwicklung sein müssen.

5.2 Die Organisationsgestaltung

5.2.1 Die Stellen – Bausteine der Organisation

Ausgehend von der »Stelle« als der kleinsten organisatorischen Einheit, können die Grundzüge der anwendungsorientierten Organisationslehre und der praktischen Organisationsgestaltung erläutert werden. Zudem ist die Stelle »Schnittstelle« zwi-

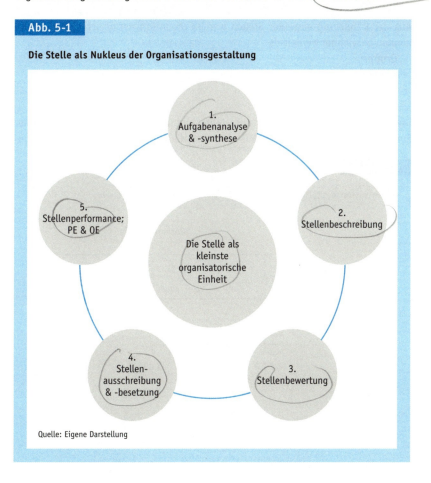

Abb. 5-1

Die Stelle als Nukleus der Organisationsgestaltung

1. Aufgabenanalyse & -synthese

2. Stellenbeschreibung

3. Stellenbewertung

4. Stellenausschreibung & -besetzung

5. Stellenperformance; PE & OE

Die Stelle als kleinste organisatorische Einheit

Quelle: Eigene Darstellung

schen dem Personal- und Organisationsmanagement, wodurch gleich zwei Handlungsperspektiven eröffnet werden.

Aufgabenanalyse und Aufgabensynthese

Idealtypisch erfolgt die Organisationsgestaltung, indem in einem ersten Schritt aus strategischen, taktischen und operativen Zielen Gesamtaufgaben abgeleitet werden. In einem zweiten Schritt werden diese Aufgaben in Teilaufgaben untergliedert.

Diese Teilaufgaben werden nach Art, Qualität und Erledigungsaufwand analysiert und sortiert. Schließlich erfolgt durch die Aufgabensynthese die Bildung von Stellen, wie das Beispiel »Auftragsabwicklung« (siehe Abbildung 5-3) verdeutlicht.

Mit der Stellenbildung verbunden ist deren Definition, entweder als

▸ *Leitungsstelle* mit entsprechenden Delegationsbefugnissen und Kontrollfunktionen oder

▸ als weisungsgebundene *Ausführungsstelle* oder

▸ als *Stabsstelle* mit besonderen Aufgaben, die zumeist der Geschäftsführung unmittelbar berichtspflichtig ist, aber über keine eigenen Delegations- oder Weisungsbefugnisse verfügt.

Aus der Bündelung einzelner Stellen werden *Organisationseinheiten* gebildet. Sie können bezeichnet werden als

▸ Gruppe,

▸ Abteilung oder

▸ Bereich.

Die Verbindung zwischen den Leitungsstellen und Ausführungsstellen führt zu einer *Einlinienorganisation*, d. h. jede Ausführungsstelle ist einer Leitungsstelle unterge-

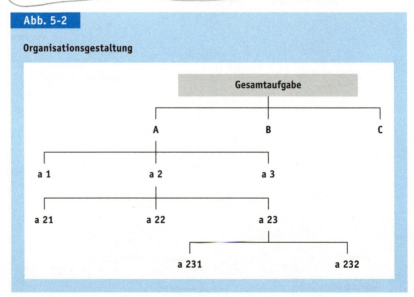

Abb. 5-2

Organisationsgestaltung

Abb. 5-3

Beispiel einer Stellenbildung durch Aufgabenanalyse und -synthese

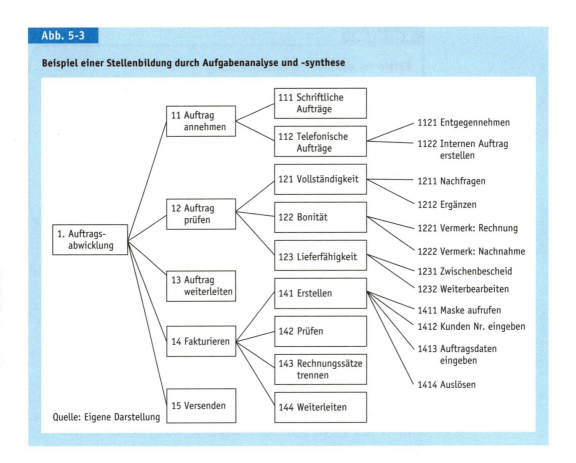

Quelle: Eigene Darstellung

ordnet. Ist eine Ausführungsstelle mehreren Leitungsstellen untergeordnet, spricht man von einer *Mehrlinienorganisation*. Werden Organisationen durch Leitungs-, Ausführungs- und Stabsstellen gebildet, liegt eine *Stablinienorganisation* vor. Diese Organisationsmuster liegen klassischen *Organisationsmodellen* zu Grunde, auf die im Kapitel 5.2.2 eingegangen wird.

Stellenbeschreibung

Eine Stellenbeschreibung hat mehrere Funktionen:

▸ *Orientierungsfunktion*. Für den Mitarbeiter werden die Hauptaufgaben beschrieben und die Berichtswege sind festgelegt.

▸ *Entgeltfunktion*. Die in der Stellenbeschreibung definierten Aufgaben und Pflichten sind Basis einer Stellenbewertung und damit der entgeltmäßigen Eingruppierung eines Mitarbeiters in das Tarifsystem.

▸ *Rechtsfunktion*. Neben dem Arbeitsvertrag ist die Stellenbeschreibung Grundlage der Definition der Rechte und Pflichten eines Mitarbeiters und des Arbeitgebers.

▸ *Planungsfunktion*. Bei der Personal-Bedarfsplanung werden Stellen gleicher Art und mit identischen Merkmalen zugrunde gelegt.

Kritik an der Stellenbeschreibung

Stellenbeschreibungen sollten auf wesentliche Eckpfeiler der Tätigkeit beschränkt und nicht zu detailliert sein. Zum einen verhindern engmaschige Stellenbeschreibungen Initiative und Flexibilität. Zum anderen können zu detaillierte Stellenbeschreibungen dazu führen, dass Mitarbeiter mechanisch nach den Stellenmerkmalen selektiert werden, statt nach ihrem Können, ihren bisherigen Leistungen und Talenten. Was nicht passt, soll dann durch den Reparaturbetrieb »Personalentwicklung« passend gemacht werden. In einer straff-lockeren Organisation sollte dagegen ein Spielraum gelassen werden, die »Stelle« nach den Talenten der Mitarbeiter mit entsprechenden Aufgaben anzufüllen gemäß dem Motto: erst die Person, dann die Organisation.

Stellenbewertung

Stellenbewertung ist die Zuordnung einer Stelle zu einer Entgeltgruppe, z. B. auf der Basis eines Tarifvertrages zwischen Gewerkschaften und Arbeitgebern.

Grundlage der Bewertung ist die differenzierte Erfassung der mit der Stelle verbundenen Aufgaben, Anforderungen und Kompetenzen auf der Grundlage einer Stellenbeschreibung.

Stellenausschreibung und Stellenbesetzung

Während die Stellenbeschreibung und Stellenbewertung internen formalen Anforderungen entsprechen muss, wird mit der Stellenausschreibung der Schritt in die Öffentlichkeit gemacht. Entsprechend dient sie der werblichen Darstellung des Unternehmens und der gewinnenden Darstellung von Tätigkeiten, Vergütung und sonstigen Sozialleistungen.

Stellenperformance – Personal- und Organisationsentwicklung

Die Erfüllung der mit der Stelle verbundenen Anforderungen und Aufgaben ist im Rahmen der Mitarbeiterführung Grundlage für Beurteilungsgespräche und Zielvereinbarungen. Maßnahmen der Personalentwicklung, z. B. der Weiterqualifizierung aber auch Veränderung des Aufgabenzuschnitts und der Kompetenzen eines Mitarbeiters, und damit der Organisationseinheit »Stelle«, können Resultate dieses Prozessschrittes sein. Die stellenbezogene Beurteilung der Mitarbeiterperformance kann also sowohl Personal- als auch Organisationsentwicklungsmaßnahmen auslösen.

5.2.2 Strukturmanagement – die Aufbauorganisation

In der Praxis der Unternehmensführung hängt die Wahl der Organisationsformen unter anderem ab vom Unternehmenszweck (Produktion oder Dienstleistung), der Unternehmensgröße (KMU oder Konzern) oder der Rechtsform (z. B. GbR oder Holding).

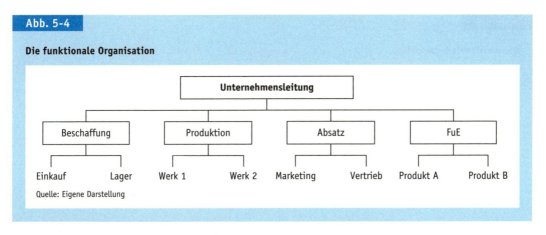

Drei klassische
Organisationsmodelle

Unter Verwendung der Organisationsmuster »Stab« und »Linie« lassen sich die meisten Organisationsformen auf drei Grundmodelle zurückführen.

Funktionale Organisation

Bei der funktionalen Organisation (auch Verrichtungsorganisation genannt) wird das Unternehmen nach seinen Hauptfunktionen gegliedert.

In dem hier gewählten Beispiel eines »Stabliniensystems« erfolgt die Gliederung nach Einkauf, Produktion, Vertrieb sowie Forschung und Entwicklung (F&E), die der Unternehmensleitung unterstellt sind. Diesen Hauptfunktionen sind wiederum Organisationseinheiten nachgeordnet. Die Unternehmensleitung wird durch die Stabsstelle »Controlling« unterstützt. Die funktionale Organisation ist vor allem in den produzierenden Betrieben angebracht, in denen nur wenige Produkte bzw. Produktgruppen (z. B. Staubsauger) gefertigt werden.

Vor- und Nachteile

Vorteile der funktionalen Organisation sind:
- eindeutige Verantwortungsbereiche,
- klare Kompetenzverteilung,
- hohe Spezialisierung.

Nachteile dieser Organisation sind:
- Bereichsdenken wird gefördert,
- hohe Steuerungskomplexität für die Unternehmensleitung,
- geringe Marktnähe,
- lange Dienstwege.

Divisionale Organisation

Eine divisionale Organisation, auch Spartenorganisation genannt, ist ein Einlinien- oder Stabliniensystem, das nicht nach Funktionen untergliedert ist, sondern nach »Objekten«, wie z. B.
- Produkten,
- Regionen oder
- Kundenzielgruppen.

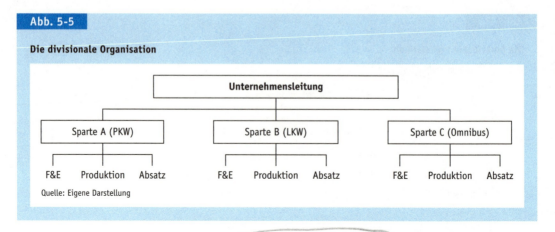

Abb. 5-5

Die divisionale Organisation

Quelle: Eigene Darstellung

Die einzelnen Geschäftsbereiche (Divisionen/Sparten) verfügen jeweils über eigene Funktionen (Verrichtungen), wie F&E, Produktion und Vertrieb. Die Sparten sind weitgehend eigenverantwortlich und selbstständig tätig, während der Unternehmensleitung die Koordination der Sparten obliegt. Die Unternehmensleitung verantwortet neben der Koordination der Sparten, übergreifende strategische, finanzwirtschaftliche und öffentlichkeitswirksame Aufgaben. Die divisionale Organisation ist vor allem im produzierenden Gewerbe dort angebracht, wo verschiedene, gut abgegrenzte Produkte bzw. Produktgruppen gefertigt werden.

Vor- und Nachteile

Vorteile dieser Organisationsform sind:

- Kundennähe,
- schnelle und flexible Marktanpassungsfähigkeit,
- Entlastung des Managements durch verteilte Führungsverantwortung,
- mögliche Profitcenter-Struktur.

Nachteile sind:

- Spartendenken wird gefördert,
- Wettbewerb der Sparten um knappe Ressourcen,
- geringe Neigung zu Synergieeffekten in vergleichbaren Abteilungen in den Sparten,
- erhöhter Bedarf an Fach- und Führungskräften.

Matrixorganisation

Bei der Matrixorganisation wird das Unternehmen sowohl nach Funktionen (Verrichtungen) als auch nach Sparten (z. B. nach Produkten, Regionen, Kundenzielgruppen) gegliedert. Dabei entsteht ein Mehrliniensystem. In dem abgebildeten Beispiel (siehe Abbildung 5-6) einer Verrichtungs-Mehrobjekt-Matrix werden die Produktgruppen A, B, C und die Regionen 1, 2, 3 mit den Funktionen Beschaffung, Produktion, Absatz und F&E miteinander »gekreuzt«. Damit wird beispielsweise der Führung des Funktionsbereichs Beschaffung operative Mitverantwortung für die Produktgruppen und Regionen zugeordnet. Die Matrixorganisation ist vor allem in

Abb. 5-6

Die Matrixorganisation

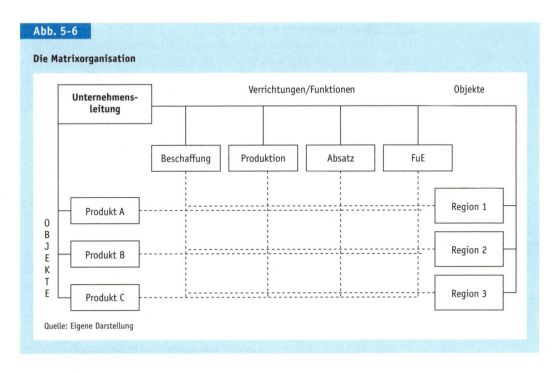

Quelle: Eigene Darstellung

internationalen Konzernen mit einer hohen Diversifikation der Produkte und Dienstleistungen ein häufig erprobtes Organisationsmodell.

Vorteile der Matrixorganisation sind:

Vor- und Nachteile

▶ Expertenwissen (Leistungsspezialisierung),
▶ Spezialisierung an den Schnittstellen (und somit fundierte Entscheidungen),
▶ Entlastung der Unternehmensleitung,
▶ hohe Anpassungsfähigkeit an veränderte Marktbedingungen.

Die Matrixorganisation hat folgende Nachteile:

▶ hoher Abstimmungsbedarf an den Schnittstellen,
▶ Kompetenzstreitigkeiten durch Doppelunterstellungen im Mehrliniensystem,
▶ verringerte Prozess- und Ergebnisverantwortung durch Mehrfachzuständigkeiten,
▶ erhöhter Fach- und Führungskräftebedarf.

Holdingorganisation

In der Organisationsform einer Holding wird das Prinzip der Spartenorganisation übernommen, die einzelnen Geschäftsbereiche sind aber rechtlich selbstständig und werden von einer Management-Holding koordiniert. Die Verantwortung für das operative Geschäft liegt bei den einzelnen Sparten, während die Holding strategische, finanzwirtschaftliche und öffentlichkeitswirksame Aufgaben für die Gesamtholding übernimmt.

Weltkonzern im Wandel

▶▶▶ Trotz weltweiter Verpflichtungen und einem diversifizierten Produkt- und Leistungsangebot hat die BAYER AG lange an der funktionalen Organisationsform festgehalten, um dann angesichts wachsender Probleme die Matrixorganisation zu erproben. Aufgrund der zunehmenden Globalisierung und des steigenden Wettbewerbsdrucks hatten sich aber die Märkte und Strategien der einzelnen Bereiche auseinanderentwickelt. Die Antwort der Bayer AG auf diese Entwicklung: Die Konzernführung wird heute durch eine strategische Holding wahrgenommen. Unterhalb dieser Holding arbeiten drei Teilkonzerne autonom. ◀◀◀

5.2.3 Prozessmanagement – Ablauforganisation

Vom vertikalen Ablauf zum horizontalen Prozess

Die klassische Ablauforganisation hatte die klar nach Verantwortlichkeiten strukturierte vertikale Abfolge von Prozessschritten und deren Koordination auf Leitungsebene im Blick. Das Prozessmanagement orientiert sich nicht an Organisationsgrenzen, sondern verfolgt die horizontalen Prozesse der Leistungserstellung und Leistungsverwertung. Dabei wird zumeist die Frage gestellt, wie sieht der ideale Prozess aus, dessen Ergebnis den (internen) Kunden durch ein Höchstmaß an Qualität, Pünktlichkeit und Wiederholbarkeit der Leistung zufriedenstellt.

Bei der Prozessaufnahme, beispielsweise in einem klassischen Produktionsablauf, sind folgende Fragen zu klären: Wie lassen sich

▶ Durchlaufzeiten,
▶ Maschinenauslastung und
▶ Personaleinsatz

ohne Qualitätsverlust und Materialausschuss optimieren?

Im Dienstleistungsbereich, beispielsweise in einem Krankenhaus, beginnt eine Prozessbetrachtung mit der Aufnahme des Patienten durch die Verwaltung, die Aufnahme auf einer Station, den pflegerischen und medizinischen Dienstleistungen bis hin zur Entlassung.

Ein solcher Prozess kann untersucht, optimiert und standardisiert werden unter den Aspekten

▶ der Information und persönlichen Ansprache der Patienten,
▶ der Vermeidung von Wartezeiten,

Abb. 5-7

Kernprozess in der Produktion

Maschinenrüstung → Arbeitsvorbereitung → Montage → Qualitätskontrolle → Anschlussfertigung

Quelle: Eigene Darstellung

Abb. 5-8

Kernprozess in einem Krankenhaus

Aufnahme Verwaltung → Aufnahme Station → Pflege → Medizinische Versorgung → Entlassung

Quelle: Eigene Darstellung

▸ der Wirtschaftlichkeit (Schnittstellenoptimierung, Zeitaufwand, EDV-Unterstützung und Personaleinsatz) und
▸ der Qualität (Servicebereitschaft, Kundenkommunikation, Hygiene).

In Prozessschritten werden die einzelnen Verrichtungen und deren Abfolge dokumentiert und auf ihre Notwendigkeit, Funktionalität und Dauer untersucht. Doppeltätigkeiten, überflüssige Handgriffe und Störungen im Ablauf in der Produktion, oder Arbeitsunterbrechungen z. B. durch Telefonate bei der Patientenaufnahme im Krankenhaus werden eliminiert. Auf diese Weise entstehen ideale, standardisierte Prozesse, die durch Einweisungen, Schulungen und Handbücher den Mitarbeitern vermittelt werden müssen.

Abb. 5-9

Die Gesamtprozessverantwortung

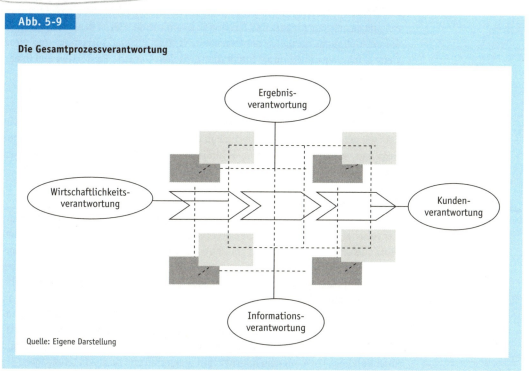

Quelle: Eigene Darstellung

In der Regel wird man sich in Unternehmen auf die Kernprozesse konzentrieren, in denen das höchste Wertschöpfungspotenzial angelegt ist. Der sachlogisch beste Prozess bleibt unwirksam, wenn die betroffenen Mitarbeiter nicht bei dessen Entwicklung mit einbezogen werden. Prozessoptimierung bedeutet auch, bei Mitarbeitern ein Bewusstsein dafür zu schaffen, dass sie über ihren Teilprozess hinaus, für einen Gesamtprozess Verantwortung tragen. Das schließt wirtschaftliches Handeln, kundenorientiertes Verhalten, aktive Information und die Mitverantwortung für das gesamte Leistungsergebnis ein.

5.2.4 Prozessorganisation in der digitalen Wirtschaft

Mit den weiteren Digitalisierungsschritten in der Wirtschaft (vgl. Kapitel 4.2) in Richtung cyber-physischer Systeme werden klassische Organisationsstrukturen und gängige Prozessketten radikal verändert. Dieses gilt innerhalb eines Unternehmens und seiner Funktionalitäten, wie sie klassisch in einer Organisationsstruktur abgebildet werden. Es gilt aber auch über die Unternehmensgrenzen hinweg zu Lieferanten und Kunden. Das Internet kennt keine Organisationsgrenzen, was technische, organisatorische und rechtliche Konsequenzen hat.

Horizontale Integration der Wertschöpfungskette
In der Industrie 4.0 tauschen intelligente Maschinen, Werkstücke (Halbfertigwaren) und Menschen Informationen untereinander aus, um sich selbstständig zu organisieren und gemeinsam Abläufe und Termine zu koordinieren. Ziel ist das Erreichen eines Gesamt-Optimums bezüglich der Durchlaufzeit, Qualität und Auslastung. Auf diese Weise erfolgt eine horizontale Integration zwischen Logistik, Produktion und Qualitätssicherung.

Vertikale Integration
Die Maschinen und IT-Systeme auf der Produktionsebene kommunizieren zugleich in Echtzeit mit den betriebswirtschaftlichen IT-Systemen, z. B. des Controllings und des Personals, um einen durchgängigen Informationsfluss zwischen den verschiedenen Hierarchieebenen eines Unternehmens zu gewährleisten.

Systemübergreifende Integration

Nicht nur innerhalb einer Produktionsstätte werden Maschinen intelligent miteinander vernetzt. Die Maschinen eines Unternehmens kommunizieren auch mit Systemen von Zulieferern und Kunden. Sie können dadurch auf mögliche Abweichungen eigenständig und situationsabhängig reagieren. Fällt ein Lieferant aus, werden alternative Lieferanten hinsichtlich ihrer Kapazitätsauslastung oder Kosten in Echtzeit analysiert und automatisch beauftragt. Industrie 4.0 endet nicht an den Fabriktoren. Denn intelligente Produkte steuern nicht nur aktiv ihren eigenen Produktionsprozess. Nach Auslieferung an den Kunden sind sie auch Plattform für neue Geschäftsmodelle. Zukünftig wird es Milliarden intelligenter Produkte geben, die während ihrer Nutzungsdauer mit dem Internet verbunden sind und riesige Datenmengen (Big

Data) über den eigenen Betriebs- und Produktionszustand in einer Cloud abspeichern. Lernende Algorithmen verknüpfen die gelieferten Daten in Echtzeit zu neuen Informationen (Smart Data) und bieten somit die Grundlage, um dem Kunden neben dem physischen Produkt, individuelle datenbasierte Dienstleistungen (Smart Services) anzubieten.

Die Organisationsgrenzen zwischen den in einem cyber-physischen System miteinander verbundenen Partnern werden durch die integrativen Prozesse durchbrochen. Das bedeutet aber auch, dass bewährte rechtliche Instrumente nicht mehr wie bislang greifen. Wenn die Prozesse eng miteinander verwoben sind, wird es schwierig, die Voraussetzung für Gewährleistung, Haftung und Qualitätssicherung zu bestimmen. Die rechtlichen Schnittstellen zwischen Unternehmen werden zunehmend schwieriger identifizierbar. Eine Herausforderung liegt im Datenmanagement: Die ausgetauschten Daten müssen sicher sein, dürfen nur zweckgerecht verwendet werden und für den Überlasser verfügbar bleiben. Ungeklärt ist die Frage, in welchem Umfang der Empfänger überlassene Daten auswerten und diese Auswertung für sich nutzen darf. Industrie 4.0 wird aber auch Auswirkungen auf Rechtsfragen im Personalbereich, im Marketing und für die Finanzierung von Unternehmen aufwerfen (vgl. Herfurth, U. 2015). Organisations- und IT-Management wächst somit die neue Aufgabe des Managements der Cyber-System-Integration zu.

In einer vernetzten Produktionswelt werden Partner und »Dinge« (Internet der Dinge) von zum Teil global organisierten Wertschöpfungsketten selbstständig Daten miteinander austauschen. Für die Zuverlässigkeit solcher Systeme und zum Schutz von betriebs- und personengebundenen Daten ist ein hohes Maß an IT-Sicherheit unabdingbar. Dazu erfordert es neuer, internationaler Datenschutzvereinbarungen. Damit stellen sich aus Organisationssicht auch neue Fragen des Datenschutzes und der IT-Sicherheit in der betrieblichen Praxis.

Cyber-physische Prozesse sprengen den Rechtsrahmen

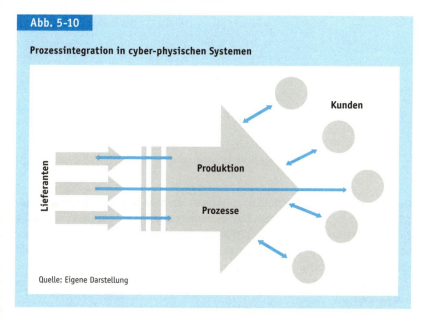

Abb. 5-10

Prozessintegration in cyber-physischen Systemen

Quelle: Eigene Darstellung

5.2.5 Projektorganisation

Die Arbeit in vielen Unternehmen wird mehr und mehr durch Projektarbeit geprägt. Neben den dauerhaften Aufgaben, die in den einzelnen Organisationseinheiten wahrgenommen werden, wird für vorübergehende Projekte über Abteilungen und Bereiche hinweg eine »Zeltorganisation« aufgeschlagen. Ist der Projektauftrag erledigt, wird das Zelt abgebaut und möglicherweise über anderen Mitarbeitern und Abteilungen mit einem neuen Projektauftrag wieder aufgebaut.

Auf diese Weise können Unternehmen flexibel auf die unterschiedlichen Anforderungen reagieren, die an sie gestellt werden. Denn Projekte unterscheiden sich von der ebenfalls notwendigen Tagesarbeit dadurch, dass sie

- innovative Zielsetzungen verfolgen,
- zeitlich begrenzt sind (Anfangs- und Endtermin),
- über ein definiertes Budget verfügen,
- eigene, ausschließlich auf das Projektziel hin arbeitende Mitarbeiter haben,
- meist abteilungsübergreifend organisiert sind, da die komplexen Aufgaben unterschiedliche fachliche Qualifikationen erfordern,
- eine eigene schlanke Aufbau- und Ablauforganisation haben.

Abb. 5-11

»Zeltorganisation« in Projekten

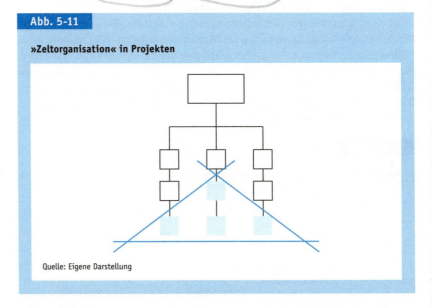

Quelle: Eigene Darstellung

Projekte als temporäre Organisationsform

Eine Projektorganisation besteht aus Instanzen, die ganz bestimmte Rollen und Aufgaben haben. In dem regelhaften Zusammenwirken der Projektinstanzen erfolgt die Projektabwicklung. Die Kommunikation zwischen den Projektinstanzen findet sowohl schriftlich (z. B. durch Projektanzeige, Zwischenberichte usw.) vorwiegend aber durch Projektsitzungen und Präsentationen statt.

Die Abbildung 5-12 zeigt das Grundschema der Projektinstanzen und deren Rollen und Aufgaben.

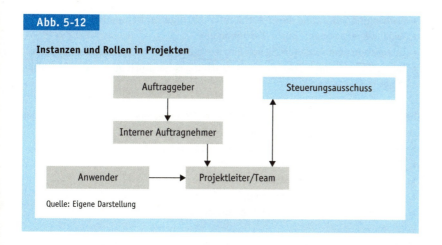

Abb. 5-12

Instanzen und Rollen in Projekten

Quelle: Eigene Darstellung

5.3 Organisationsentwicklung

Der Begriff Organisationsentwicklung wird hier in zweifacher Bedeutung verwandt. Zum einen geht es um den permanenten Anpassungsprozess der Organisation, seiner Prozesse und Strukturen an veränderte strategische Vorgaben und operative Notwendigkeiten (Reorganisation). Zum anderen wird unter Organisationsentwicklung die Analyse der Wechselwirkung zwischen Menschen und Systemen und deren planvolle Weiterentwicklung im Sinne von Verhaltensmustern und Systemveränderungen (geplanter Wandel) verstanden.

Bedeutung

5.3.1 Reorganisation

Ein Unternehmen und damit die Organisation befinden sich in einem stetigen Wandel: Neue strategische Geschäftsfelder und neue Auslandsmärkte werden erschlossen. Die Menge der Auftragseingänge und Auftragsausgänge ist Schwankungen unterworfen. Maschinen und IT-Systeme haben ihren Lebenszyklus. Die Digitalisierung verändert alle Funktions- und Leistungsbereiche eines Unternehmens. Die Organisation wächst oder schrumpft; Mensch-Maschine-Systeme werden neu konfiguriert; Prozesse werden automatisiert und digitalisiert. Einige Verrichtungen entfallen oder werden substituiert. Die Organisationsentwicklung bzw. Reorganisation muss diesen Veränderungen permanent Rechnung tragen, sie z.T. planerisch vorwegnehmen und just in time realisieren.

Diese operative Organisationsanpassung lässt sich folgendermaßen systematisieren:

Operative Reorganisation

▸ Anpassung des Organigramms an Veränderungen der Aufbau- und Ablauforganisation,
▸ Arbeitsplatzorganisation mit IT-Vernetzung,

▶ Aufbau und Gestaltung der IT-Architektur und digitaler Netzwerke,
▶ Gebäudemanagement, Büros, Fertigung usw.
▶ Integration oder Auslagerung von Betriebsteilen infolge kapazitativer Engpässe,
▶ Durchführung von Effektivitätsuntersuchungen im Auftrag der Geschäftsführung.

Die strategisch verfolgte Reorganisation eines Unternehmens zielt dagegen auf tief greifende Veränderung des Unternehmens, z B. durch

Strategische
Reorganisation

▶ das Outsourcing ganzer Betriebsteile, wie dem Personalwesen oder der IT,
▶ die Verlagerungen von Produktionsstätten ins Ausland,
▶ Maßnahmen des Personalabbaus,
▶ die Schließung von Betriebsteilen,
▶ den grundlegenden Umbau der Organisation.

Konzepte der
Reorganisation

Drei unterschiedliche Konzepte der Reorganisation werden im Folgenden erläutert: Lean Management, Produktivitätsmanagement und Reengeneering. Jedes Konzept steht exemplarisch für einen Reorganisationstypus.

Lean Management

In den achtziger und neunziger Jahren des vergangenen Jahrhunderts wurden in der Industrie ganze Führungsebenen ersatzlos gestrichen.

Auflösung der Lehm-
und Lähmschicht

Bei der Firma SIEMENS fiel es nicht weiter auf, als von sieben Führungsebenen zwei entfielen. Hier hatte man über Jahre hinweg Speck angesetzt. Getrieben wurde die Entwicklung hin zur »Schlanken Organisation« durch Organisationsuntersuchungen, die den Nachweis erbrachten, dass Teile des Mittelmanagements die »Lehm-Schicht« zwischen Management und Basis darstellt. Durch die Lehmschicht drangen weder Informationen und Botschaften von oben nach unten, noch von unten nach oben. Unter dem Vorzeichen von Lean Management wurden Hierarchien zusammengestutzt, Team- und Projektarbeit gefördert und die unmittelbare Kommunikation eingefordert. Verkrustungen und bürokratische Hierarchien wurden auf diese Weise aufgelöst. Die teamorientierte Zusammenarbeit in flachen Organisationseinheiten hatte motivierenden Charakter. Ernüchterung setzte allerdings ein, als erkennbar wurde, dass die Führungsspanne von Vorgesetzten sich drastisch erhöht hatte und Mitarbeiter kaum Gelegenheit bekamen, Fachfragen zu klären oder eine persönliche Rückmeldung mit Entwicklungsperspektive zu bekommen. Zudem wurden durch den Wegfall von Führungsebenen Möglichkeiten verringert, auf einer Karriereleiter aufzusteigen.

Das Prinzip des Lean Management hat sich dennoch weitgehend bewährt. Eine erfolgreiche Unternehmensführung achtet unter Kosten- und Führungsgesichtspunkten darauf, dass kein bürokratisch-hierarchischer Wildwuchs entsteht. Um Führungskräfte bei erweiterten Führungsspannen zu entlasten, werden Teamstrukturen mit Teamsprechern etabliert, die zwar keine disziplinarische Verantwortung haben, aber in Fach- und Führungsfragen zum Teil die klassische Rolle des Linienvorgesetzten übernehmen.

Produktivitätsmanagement

Produktivitätsmanagement steht für einen Reorganisationsansatz, der nicht von außen kommt, sondern Mitarbeiter zu Partnern bei der Optimierung von Strukturen und Prozessen macht.

Reorganisation mit, nicht gegen Mitarbeiter

> Als Produktivitätsmanagement wird hier eine Methode bezeichnet, mit der Unternehmen mit den Mitarbeitern zusammen Wertschöpfungspotenziale erschließen.

Unternehmen, die durch kontinuierliche Verbesserungsprozesse ihre Kernprozesse schlank und effizient halten und ständig die gesamte Wertschöpfungskette im Blick haben, überstehen meist auch wirtschaftlich schwierige Phasen. Allerdings fehlt es in Boomphasen mit hohem Auftragseingang und hochtouriger Produktion bzw. Dienstleistung häufig an Zeit und hauseigenem Wissen und Können, um die Prozesse zu optimieren. Externe Berater erbringen zumeist nur Effekte von kurzer Dauer. Was in Boomzeiten versäumt wurde, kann gerade in Zeiten freier Kapazitäten nachgeholt werden: Statt das Personal nach Hause zu schicken, werden mit den betroffenen Mitarbeitern zusammen die wichtigsten Wertschöpfungsprozesse überprüft und verbessert. Dieses erfordert eine strikte Projektorganisation. Die Projekte vermitteln »Sicherheit«, weil für die Zukunft gearbeitet wird, sie geben »Sinn«, denn die Ergebnisse sind messbar und sie stabilisieren den »Status« der Mitarbeiter, durch die neuen Rollen im Projektmanagement und die intensive, zweckgebundene Zusammenarbeit in neu geschaffenen Teams.

Beispiel SEW-Eurodrive nutzte die Flaute – mit Erfolg

▶▶▶ Das Familienunternehmen SEW-Eurodrive, beschäftigt in seinen elf Fertigungs- und 61 Montagewerken 12.000 Mitarbeiterinnen und Mitarbeiter in 44 Ländern. In diesem Unternehmen wurde die Absatzflaute von 2009 an konsequent zur Optimierung aller Prozesse, von der F&E über die Fertigung bis hin zum Vertrieb genutzt. Begründet wurde dieses Vorgehen damit, dass in Zeiten des Booms und der Vollbeschäftigung der Wertschöpfungsgrad vernachlässigt wird. Dieser liegt in der Industrie in Deutschland nur bei 60–70 Prozent. Deshalb geht es darum, nicht nur immer auf die Produktion zu schauen, sondern das Unternehmen als Ganzes zu betrachten, also die gesamte Wertschöpfungskette zu analysieren. Dieses beginnt beim Telefonat mit dem Kunden und endet, wenn das gewünschte Produkt an den Kunden ausgeliefert ist. Insgesamt wird das Wertschöpfungspotenzial in den meisten Unternehmen auf mehr als 50 Prozent geschätzt. Die Optimierung der Wertschöpfungskette umfasste bei SEW–Autodrive auch die Forschung und Entwicklung, deren Innovationsleistung meist bei Reorganisationsuntersuchungen vernachlässigt wird. In der F&E braucht man ein exaktes Zeitfenster, um die Durchlaufzeiten von Innovationen und Verbesserungen zu erhöhen und den Parameter »Time to Market« zu optimieren. Bislang wurde bei SEW-Autodrive eine klassische, produktspezifische Zuordnung zu Mitarbeitern vorgenommen. Das führte dazu, dass keiner mehr nach rechts und links geschaut hat. Als Zeit dafür war, diesen Bereich zu reorganisieren, wurden vier Produktfelder etabliert, die einerseits Produkt- und Projektverantwortung in der Serienentwicklung besitzen, sowie andererseits die Produktpflege forcieren. Interdisziplinär besetzte Teams entwickelten Serienprodukte und Lösungen für die einzelnen Produktfelder. ◀◀◀

Reengineering

Während das zuvor dargestellte Produktivitätsmanagement eher eine sanfte Methode der Reorganisation ist, zeichnet sich die Methode des Reengineerings vor allem durch ihre Radikalität aus.

Ziel ist es, erhebliche Verbesserungen in den Bereichen Qualität, Zeit, Kosten und Service zu erreichen. Radikales Reengineering bedeutet, dass die bestehenden Strukturen und Vorgehensweisen im Unternehmen komplett in Frage gestellt werden. Man will völlig neue Wege zur Erledigung der Arbeit finden. Es sollen sämtliche Geschäftsprozesse neu gestaltet und nicht nur einzelne Abläufe verbessert oder verändert werden. Auch wenn dieser Ansatz in der Praxis häufig über Sandkastenspiele nicht hinausgeht, bekommt er doch im Zeichen von Industrie 4.0 neue Aktualität. Bei den Überlegungen zur Transformation bisheriger, bzw. der Entwicklung neuer Geschäftsmodelle auf der Basis cyber-physischer Produktion, hilft ein radikales Denken wie im Reorganisationsansatz des Reengineerings.

Verbesserung von:
Qualität
Zeit
Kosten
Service

5.3.2 Geplanter Wandel – Veränderungsmanagement

Die Rahmenbedingungen für ein Unternehmen sind nicht statisch, sondern dynamisch. Auch wenn es Phasen relativer Kontinuität gibt, ist der Wandel von Politik, globaler Wirtschaft, Marktbedingungen, Wettbewerberverhalten und technischer Entwicklung stetig. D. h. mit anderen Worten, Wandel, Anpassung und Veränderung stehen in jedem Unternehmen auf der Tagesordnung. Dagegen sind die Beharrungskräfte unter Mitarbeitern – Führungskräfte eingeschlossen – meist sehr groß. Jeder Wandel birgt Chancen und Risiken in sich. Manche Wandlungsprozesse vollziehen sich langsam und scheinbar unmerklich, andere Veränderungen sind disruptiv und revolutionär. Für eine Unternehmensführung ist entscheidend, dass nach vorgenommenen Veränderungen wieder Stabilität und Produktivität zur Normalität im Unternehmen werden. Klassische betriebliche Veränderungen, bei denen ein hohes Maß an Beharrungsvermögen bei Mitarbeitern zu vermuten ist, sind beispielsweise:

Disruptiver Wandel

- ▸ Veränderungen in der Vergütungsstruktur des Außendienstes,
- ▸ Veränderungen bei den Organisationsgrenzen und Kompetenzen zwischen Marketing und Vertrieb,
- ▸ Fusion zweier Unternehmen nach einer Phase der strategischen Allianz.

In allen drei Fällen muss die Unternehmensführung den geplanten Wandel im Sinne des Projektmanagements konzipieren und organisieren. Je nach Umfang des Veränderungsprogramms sollte eine externe Beratungsinstanz mit einbezogen werden. Der ideale Verlauf eines Veränderungsprogramms beinhaltet folgende Punkte:

1. Kosten-Nutzen-Analyse des beabsichtigten Änderungsschrittes. Dabei sind betriebswirtschaftliche und soziale Kosten und Erträge gleicherweise zu berücksichtigen.

2. In diesem Zusammenhang wird ein Chancen-Risikokatalog erstellt. Halten sich Chancen und Risiken die Waage, sollte die Entscheidung noch einmal überdacht werden.

3. Die gesamte Unternehmensführung verpflichtet sich per Protokoll, das Veränderungsziel gemeinsam zu verfolgen. Nur wenn alle dem Projekt zustimmen, wird gemeinsam der nächste Schritt in Richtung Veränderung gegangen.

4. Sofern keine betrieblichen, wettbewerbssensiblen Daten gefährdet werden, müssen in einem nächsten Schritt Führungskräfte und Betriebsrat zu entsprechenden Beratungen eingeladen werden.

5. In unmittelbarer Folge darauf sollten die Mitarbeiter über die beabsichtigten Veränderungen informiert werden. Mit den leitenden Mitarbeitern werden Führungsworkshops veranstaltet mit der Auflage, dass die Führungskräfte in ihrem jeweiligen Zuständigkeitsbereich Informationsveranstaltungen durchführen. Im Rahmen der Mitbestimmungsrechte werden die Beratungen mit dem Betriebsrat ständig fortgesetzt.

6. Die sozialen Medien werden zur betriebsinternen Kommunikation genutzt.

7. Projektteam, Projektleitung und Steuerungsausschuss werden etabliert. Zeitplan und Meilensteine werden definiert.

8. Die Unternehmensführung begleitet den Veränderungsprozess und greift erst dann ein, wenn gravierende Probleme auftauchen oder das Projekt aus dem Ruder zu laufen droht.

Beispiel **Unterschätzte Beharrungskräfte**

▶▶▶ Nach Jahren einer strategischen Allianz fusionierten zwei Unternehmen der Textilindustrie. Beide Unternehmen haben Existenzsorgen. Durch die neu gewonnene Größe erhofft man sich mehr Umsatz und Rentabilität. Bei der Fusion wurden harte Personalschnitte vermieden. Zwei Jahre nach vollzogener Fusion hatte sich das Gesamtergebnis des Unternehmens weiter verschlechtert. Das Mittelmanagement beider Unternehmen saß abwehrbereit in den jeweiligen Stellungen. Erfahrungsberichte zeigen immer wieder, dass bei Fusionen, Mitarbeiter und das Mittelmanagement bei ihrer ablehnenden bis destruktiven Haltung bleiben, auch wenn sie sich selbst damit in eine existenziell bedrohliche Situation bringen. Es agiert nicht der Geist des homo oeconomicus, sondern der feindliche Geist einer Stammesfehde. ◀◀◀

Grundlegende Veränderungsprozesse in Unternehmen vollziehen sich idealerweise in einer offenen und partizipativen Unternehmenskultur. Dazu werden Informationsveranstaltungen, Workshops und Ideenbörsen eingerichtet. Aber Unternehmen sind keine parlamentarisch-demokratischen Veranstaltungen, wo die Mehrheit darüber entscheidet, wohin die Reise geht. Die Unternehmensführung muss auch Entscheidungen über Veränderungen treffen, die in der Belegschaft Verunsicherung, Widerstand oder Apathie erzeugen können. Folgen dann Mitarbeiter und Führungskräfte

Veränderungsmanagement ist kein Wunschkonzert

nicht dem eingeschlagenen Weg, sollte man sie nicht nur ziehen lassen, sondern sich aktiv von ihnen trennen. Veränderungsmanagement ist kein Wunschkonzert.

In dem aufgeführten Beispiel hat die Unternehmensführung versagt, und keine wirklichen Synergien aus der Fusion abgeleitet und das Mittelmanagement zahlenmäßig und in Doppelfunktionen belassen.

Fragenkatalog zur Fusion

Vor der Fusion hätte durch das Management beider Unternehmen geklärt werden müssen:

▶ Sind die strategischen Ziele der Fusion eindeutig definiert?
▶ Sind die Synergiefelder und Synergieeffekte definiert?
▶ Steht der Fusionsfahrplan?
▶ Ist die Dramaturgie des Fusionsprozesses geklärt?
▶ Sind Standortverlagerungen bzw. -schließungen vorgesehen?
▶ Ist Personalabbau geplant?
▶ Wie sieht die Informationspolitik gegenüber den Betriebsräten aus?
▶ Wie sieht die Informationspolitik gegenüber den Führungskräften und Mitarbeitern aus?
▶ Sind die Unterschiede der Unternehmenskulturen bekannt?
▶ Stehen alle Parteien der Fusion positiv gegenüber?

Auch wenn weiter oben die Einbeziehung professioneller Berater in einen geplanten Veränderungsprozess empfohlen wurde, sei an dieser Stelle doch vor der von Beratern häufig forcierten Change-Euphorie gewarnt. Die Managementliteratur und die Consulter offerieren ein breites Spektrum an grenzwertigen Sozialtechniken, durch die Mitarbeiter davon »überzeugt« werden sollen, »freiwillig« den von der Unternehmensführung eingeschlagenen Weg mitzugehen.

Reflexion

Es lebe die Routine

Change-Management wird immer lauter als Rezept für unternehmerischen Erfolg empfohlen. Ohne Change scheint nichts mehr zu gehen. Gelangt eine Führungskraft auf eine neue Stelle, heißt es erst einmal: Wir müssen umbauen! Ganz gleich, wie gut oder schlecht der Vorgänger war, etwas Neues muss her – ein Change-Programm wird aufgelegt. Mitarbeiter haben derweil schon auf Durchzug geschaltet. Denn auch der Vorgänger hatte bei seinem Start vor drei Jahren alles neu gemacht. Mitarbeiter suchen eine berufliche Heimat, Kunden nach Partnern, auf die sie sich verlassen können. Über Jahre erprobte Routine in Arbeitsvorgängen ist keineswegs Stumpfsinn –

sie ermöglicht Qualität, weil Mitarbeiter den Kopf frei haben, ihre Sache wirklich gut zu machen. Präzision, Zuverlässigkeit und Liebe zum Produkt entsteht nicht, wenn jedes Quartal alles über den Haufen geworfen wird. Unternehmerischer Erfolg braucht oftmals auch Reife: Es bedarf bewährter, über Jahre immer wieder verbesserter Prozesse und Mitarbeiter, die sich auskennen, weil sie ihrer Profession treu geblieben sind und in ihrem Beruf wachsen konnten. In gut geführten Unternehmen wird der Wert dieser Art von Stabilität erkannt und geschätzt. Hier wird nicht nur der Wandel gemanagt, sondern auch das Bewährte.

5.4 Kontinuierliche Verbesserung

Dienen die Reorganisation und die Projekte des Veränderungsmanagements häufig dazu, Defizite in einem Unternehmen zu beheben oder grundlegende Strukturfragen zu klären, geht es bei den Themen Qualität und Innovation immer um eine kontinuierliche Wahrung von Standards und der Weiterentwicklung von Ideen.

5.4.1 Qualitätsmanagement

Als Konsument freut man sich darüber, wenn die Mohnbrötchen eines Bäckers jeden Morgen gleich schmecken. Sind dagegen die Brötchen mal hell mal dunkel, mal mit mehr, mal mit weniger Mohn versehen, weiß man, der Bäcker hat Qualitätsprobleme.

Was Brötchen und Autos verbindet

Das gleiche Prinzip gilt in der Industrie. Wie bereits an anderer Stelle ausgeführt, bezieht die in Deutschland dominante Kfz-Industrie bis zu 80 Prozent der Fertigungsteile von Zulieferern. Wie bei dem Brötchen-Bäcker-Beispiel kann es sich kein Automobilist erlauben, von seinen Lieferanten Produkte unterschiedlicher Qualität zu verarbeiten. In den nationalen und internationalen Kunden-Lieferanten-Beziehungen ist es deshalb seit Jahrzehnten üblich, dass die Einhaltung streng definierter Qualitätsstandards Vertragsbestandteil ist. Das hat dazu geführt, dass in nahezu allen relevanten Industriezweigen vergleichbare Qualitätsmanagement-Systeme zur Anwendung kommen, die untereinander kompatibel sind. Das klassische Basismodell ist das Qualitätsmanagement-System nach DIN-ISO 9001. DIN steht für Deutsche Industrienorm, ISO für International Standardisation Organisation.

Wenn ein Unternehmen nach dieser internationalen Qualitäts-Konvention zertifiziert sein will, muss es nachweisen und in einem Qualitätshandbuch hinterlegen, dass

Internationale Qualitäts-Konvention

▸ messbare Qualitätsziele im Unternehmen veröffentlicht und dokumentiert sind,
▸ Kundenanforderungen erfragt und gemessen wurden,
▸ die Bereitstellung von Menschen, Materialien und Maschinen zur Fertigung von Produkten oder zur Erbringung von Dienstleistungen systematisch gemanagt werden,
▸ eine Messung zwischen Input, Throughput und Output erfolgt,
▸ die Kundenzufriedenheit mit dem Produkt bzw. der Dienstleistung gemessen wird,
▸ Erkenntnisse und Daten zyklisch wieder zur Verbesserung des gesamten Qualitätskreislaufs beitragen.

Das erstellte Qualitätshandbuch dient dazu, dass alle in der Backstube an der Fertigung von Mohnbrötchen beteiligten Personen und die in der Kfz-Zulieferindustrie arbeitenden Mitarbeiter in gleicher Weise instruiert werden, mit welchen Mitteln und Verrichtungen bei welchen Aggregatzuständen sie ihre Fertigungsleistung zu erbringen haben. Ein Unternehmen, das die Zertifizierung erfolgreich durchlaufen hat, muss sich in periodischen Abständen einer weiteren Zertifizierung unterziehen. Im Grunde besagt eine Zertifizierung nur, dass ein Unternehmen über ein Qualitätsmanagementsystem verfügt. Es sagt aber nicht unmittelbar etwas über die Qualität der Produkte aus. Dennoch sind Qualitätshandbücher und Qualitätsmanagementsysteme

Qualitätshandbücher: nicht beliebt, aber wichtig

Abb. 5-13

Das DIN-ISO 9001 Qualitätsmanagement-System

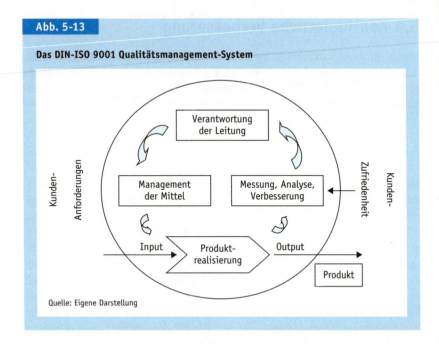

Quelle: Eigene Darstellung

in einer global vernetzten Wirtschaft unverzichtbar. Es ist eine Frage der Mitarbeiterführung, ob die Qualitätsansprüche entsprechend der vereinbarten Normen auch realisiert werden.

Qualitätszirkel

Wir haben uns hier bewusst auf das Grundmodell des Qualitätsmanagements nach ISO 9001 beschränkt. Aus den vielen Ansätzen und Modellen des Qualitätsmanagements, wie Kaizen oder Six Sigma, wird hier noch ein Ansatz ausgewählt, der in den letzten Jahrzehnten alle Moden überdauert hat: der Qualitätszirkel. In Qualitätszirkeln werden regelmäßig die an einem Produktions- oder Dienstleistungsprozess beteiligten Mitarbeiter innerhalb der Arbeitszeit zusammengerufen. Moderiert durch Kollegen, die für diese Aufgabe qualifiziert worden sind, werden Mängel der Produktion, der Zusammenarbeit und des Ablaufs gesammelt, gewichtet und formuliert. Besonders ressourcensparende Verbesserungsvorschläge, die sich auch umsetzen lassen, können im Rahmen eines betrieblichen Vorschlagswesens prämiert werden.

5.4.2 Innovationsmanagement

Gutes Innovationsklima

Deutschland nimmt einen guten Platz ein im internationalen Innovationswettbewerb. Deutschland befindet sich im »Innovationsindikator 2014« (Deutsche Telekom Stiftung, 2014) auf dem sechsten Platz hinter den führenden Ländern Schweiz und Singapur und den unmittelbar vor Deutschland liegenden Ländern Schweden, Belgien und Finnland. Verglichen wird das Innovationsklima, wie es durch die Leistung der Wirtschaft, der Wissenschaft, des Bildungsbereichs, des Staates und der Gesellschaft insgesamt gestaltet wird.

Im langfristigen Innovationszyklus befinden sich die Industrienationen noch in einer Investitionsphase im Bereich Informations- und Kommunikationstechnologie (IuK). Der nach Nikolai Kondratjiew benannte industrielle Lebenszyklus besagt, dass nach grundlegenden Erfindungen und Innovationen, von der Dampfmaschine bis heute, sich immer Phasen der Investition und des Wachstums anschlossen, die langsam abflachen, bis sich die nächste industrielle Innovation ankündigt. Die mit Industrie 4.0 bezeichnete Entwicklung des Internet der Dinge, die auch als vierte Stufe der industriellen Revolution bezeichnet wird (vgl. Kapitel 4.2), ist durchaus mit dem Modell der industriellen Zyklen nach Nikolai Kondratjiew kompatibel.

In der Wirtschaft liegen die Stärken der Großunternehmen in Deutschland insgesamt

▶ im Fahrzeug- und Maschinenbau,
▶ in der Elektroindustrie und
▶ der Chemie- und Pharmaindustrie.

Die Schwerpunkte bei den »Hidden Champions« im Mittelstand findet man in
▶ den Produktionstechnologien,
▶ den Werkstofftechnologien,
▶ der Elektronik und
▶ der Informations- und Kommunikationstechnologie.

Abb. 5-14

Die Kondratjiewschen Zyklen der industriellen Entwicklung

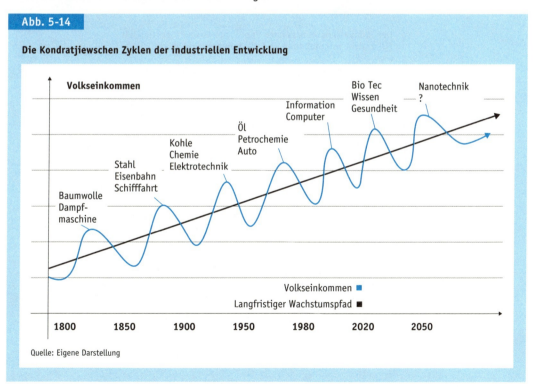

Quelle: Eigene Darstellung

Innovation bedeutet Erneuerung. Unterschieden werden kann im Rahmen der Unternehmensführung zwischen:

- Produkt- oder Dienstleistungsinnovation,
- Prozessinnovation
- und sozialer Innovation.

Auf die Prozessinnovation wurde bereits in dem Kapiteln 5.2.3 eingegangen. Formen sozialer Innovation werden im Rahmen des 6. Kapitels, Personalmanagement, noch behandelt. Hier geht es insbesondere um die Produkt- bzw. Dienstleistungsinnovation.

Produktinnovation kann bestehen aus einer Weiterentwicklung und Differenzierung bestehender Produkte, z. B. den »Questionmarks« und den »Stars« im bestehenden Produktportfolio eines Unternehmens (vgl. Kapitel 3.2.5), z. B. dem Smartphone, das als Star noch Entwicklungs- und Absatzpotenzial hat.

Die eigentliche Herausforderung ist aber die Schaffung von neuen Produkten. Die Treiber für Produktinnovationen können sein:

- die technische Entwicklung,
- die Entwicklungen und Leistungen der Wettbewerber sowie
- die Anforderungen des Marktes.

Abb. 5-15

Der Innovationsprozess nach dem Stage-Gate-Prozessmodell
(Übersicht in Anlehnung an RKW-Kompetenzzentrum 2014)

1. Ideengenerierung	**2. Voranalyse**
▸ Chancen- und Problemanalyse	▸ Voranalyse Markt
▸ Ideengenerierung	▸ Voranalyse Technik
▸ Ideensammlung	▸ Voranalyse Rendite
▸ Ideenspeicherung	
▸ Ideenkonkretisierung	
3. Machbarkeitsstudie	**4. Forschung und Entwicklung**
▸ Detailanalyse Markt	▸ Marktstudie/Kundenfeedback
▸ Detailanalyse Technik	▸ Produktentwicklung
▸ Detailanalyse Rendite	▸ Detaillierte Rendite
▸ Rechtliche Beurteilung	▸ Pläne für Tests
▸ Patentrechte	▸ Pläne für Marketing
▸ Projektgründung	▸ Pläne für Produktion
▸ Produktdefinition	▸ Prototypenbau
▸ Projektplan	▸ Prototypentest mit Kunden
▸ Lasten- und Pflichtenheft	
▸ Konzepttest mit Kunden	
5. Testen und prüfen	**6. Markteinführung**
▸ Produkttest intern	▸ Realisierung des Einführungsplans
▸ Produkttest Kunden	(Messeauftritt, Werbung, etc.)
▸ Detailanalyse Rendite	▸ Erstverkäufe
▸ Testverkäufe	▸ Anlauf der Serienproduktion
▸ Pilotproduktion	▸ Bestückung der Vertriebslogistik
▸ Anfahren der Produktion	▸ Projektabschluss

Für ein systematisches und geplantes Innovationsmanagement bedarf es eines Verfahrens, das hilft, unbrauchbare Ideen oder aber Ideen, die sich unter den gegebenen Bedingungen nicht realisieren lassen, so schnell wie möglich zu erkennen und auszusondern.

Systematisch von der Idee zum Produkt

Der *Stage-Gate-Prozess* nach Robert G. Cooper liefert ein solches Verfahren. Der Prozess verläuft von der Entwicklung der ersten Idee bis zur Markteinführung in aufeinander aufbauenden Arbeitsschritten, den sogenannten Stages. Mit jeder Stufe wird das Projekt konkreter, aber auch kostenintensiver. Am Ende einer jeden Stufe folgen Qualitätskontrollen, die sogenannten Gates. Durch die Kontrollpunkte sind die Anfangs- und Endpunkte der einzelnen Stufen inhaltlich festgelegt, d. h., es ist definiert, welche Aktivitäten in welcher Qualität durchzuführen sind und welche Ergebnisse an welchem Kontrollpunkt vorliegen müssen. Dieses Vorgehen hat folgende Vorteile:

▸ Die vollständige Erledigung aller wichtigen Entscheidungsgrundlagen wird sichergestellt.

▸ Der Produktentstehungsprozess lässt sich ergebnisorientiert steuern. Zeit-, Kosten- und Qualitätsvorgaben können besser eingehalten werden. Das Risiko des Scheiterns wird reduziert.

▸ Eine Verschwendung knapper finanzieller und personeller Ressourcen wird vermieden. Falls sich eine Idee als nicht tragfähig herausgestellt hat, kann das Projekt jederzeit abgebrochen werden.

▸ Alle Arbeitsschritte lassen sich durch Visualisierungen und in strukturierter Weise abarbeiten.

▸ Durch Team- und Projektarbeit verbessert sich die bereichsübergreifende Kommunikation. Das Prozessverständnis der Mitarbeiter wird geschult.

▸ Der notwendige Ressourcenbedarf für das Projekt wird frühzeitig ermittelt, sodass die Geschäftsführung genügend Ressourcen für alle Aktivitäten, einschließlich der Marktforschung, Rentabilitätsrechnung und Markteinführung bereitstellen kann.

Schlüsselbegriffe

▸ **Ablauforganisation**
▸ **Aufbauorganisation**
▸ **Change Management**
▸ **DIN-ISO 9001**
▸ **Disruptiver Wandel**
▸ **Divisionale Organisation**
▸ **Funktionale Organisation**
▸ **Innovation**
▸ **Kondratjiewsche Zyklen**
▸ **Lean Management**
▸ **Matrixorganisation**
▸ **Prozessmanagement**
▸ **Prozessverantwortung**
▸ **Stab-/Linienorganisation**
▸ **Stäbe**
▸ **Stage-Gate-Prozess**
▸ **Stellen**

6 Management der Personalressourcen

Leitfragen

Aus welchen Perspektiven wird der Mitarbeiter betrachtet?

▸ Engpassfaktor der Zukunft?

▸ Zwischen Kostenfaktor und Zukunftsressource

Was sind die Hauptaufgaben des Personalmanagements?

▸ Planung und Beschaffung

▸ Personalmarketing und Employer Branding

▸ Personalwirtschaft

▸ Personalentwicklung

6.1 Engpassfaktor Fachkräfte

Der zentrale Engpassfaktor für die erfolgreiche Führung eines Unternehmens ist zunehmend qualifiziertes und leistungsstarkes Personal. Die demografische Entwicklung weist eine Lücke auf zwischen Angebot und Nachfrage, die den Wirtschaftsstandort Europa gefährdet. Besonders die Länder Deutschland, Österreich und Schweiz als Exportländer brauchen qualifiziertes Personal mit einem hochwertigen Wissen und Können, um die vorhandene technologische Kernkompetenz zu reproduzieren und weiterzuentwickeln. Zweifellos entsteht sowohl in den einzelnen betroffenen Unternehmen als auch in der gesamten Volkswirtschaft ein Wertschöpfungsdelta, wenn eine der wichtigsten Ressourcen zur Leistungserstellung – das qualifizierte und leistungsorientierte Personal – äußerst knapp wird oder gar versiegt. Dabei geht es nicht nur um Quantitäten und die fachlichen Qualifikationen allein. Auch die außerfachlichen Einstellungen und Verhaltensweisen gewinnen aufgrund der dynamischen Anforderung in der Arbeitswelt immer mehr an Bedeutung. »Gesucht werden Mitarbeiter, die sowohl fähig als auch bereit sind, unter sich ständig verändernden Rahmenbedingungen Höchstleistungen zu bringen. Angesichts der Schere zwischen steigenden Anforderungen und dem Engpass beim Personalangebot wird es jedoch immer schwieriger, die passenden Bewerber zu finden« (Olesch, G. 2009, S. 61).

In wirtschaftlichen Krisenzeiten haben die meisten Unternehmen mit rückläufigem Auftragseingang und geringeren Umsätzen und Erträgen vordergründig nur ein einziges Personalproblem: Wie lassen sich die vorhandenen Arbeitskapazitäten schnellstmöglich an die veränderte Auftrags- und Ertragslage anpassen? Oder salopp ausgedrückt: Wie meistern wir Kurzarbeit und Entlassungen? Vorausschauende Unternehmen versuchen auch in wirtschaftlich angespannten Zeiten – vorausgesetzt

Demografische
Entwicklung

die Kapitalstruktur und Liquidität lässt es zu – ihre Leistungsträger zu halten und neue zu gewinnen: Spezialisten und Fachkräfte vor allem im Anlagen- und Maschinenbau, im Automotivebereich, der Elektroindustrie, in der Softwareentwicklung und der Chemie.

Besetzungsengpässe

In Zeiten wirtschaftlichen Aufschwungs, bei hoher Nachfrage und geringem Angebot an Berufsstartern und wechselbereiten Fachkräften wird die Besetzung von Vakanzen in den oben genannten Bereichen, insbesondere für kleinere und mittlere Unternehmen, zu einem ernsten Problem. Gehen gute Leute, entsteht ein Defizit an Wissen und Können. Bis eine Stelle neu besetzt wird, braucht es Zeit. Passt man dann nach einigen Monaten der Zusammenarbeit – warum auch immer – nicht zusammen, war der Aufwand groß und das Ergebnis ist nichtig. Die Wartezeit, bis mögliche neue Kandidaten gefunden und eingearbeitet werden und bis eine angemessene Leistung als Gegenleistung für die Aufwendungen erbracht wird, ist für das Unternehmen kritisch und teuer.

Vor diesem Hintergrund und dem demografischen Entwicklungsszenario kommt einer intelligenten Personalarbeit eine erhöhte strategische und operative Bedeutung zu.

6.2 Die fünf Perspektiven des Personalmanagements

Die Unternehmens*führung* beinhaltet neben der strategischen Funktion und dem Management der unternehmerischen Teilfunktionen auch die Personal*führung*. Personalführung wiederum umfasst das Personalmanagement mit seinen Funktionen der Beschaffung, Bewirtschaftung und Entwicklung, aber auch die personale Interaktion zwischen Mitarbeitern unterschiedlicher Hierarchiestufen und Aufgaben. Auch wenn sich Stellenbeschreibungen und Aufgabenkataloge für Mitarbeiter standardisieren lassen, handelt es sich bei Mitarbeitern um Individuen mit eigener Biografie, einer spezifischen sozial-emotionalen und intellektuellen Ausstattung und besonderen Fähigkeiten und Fertigkeiten. Zudem hat sich, der gesellschaftlichen Entwicklung entsprechend, die nationale und kulturelle Struktur der Mitarbeiterschaft stark gewandelt.

Diversity Management

Unterschiedliche nationale, kulturelle und religiöse Wurzeln der Mitarbeiter machen eine Personalarbeit erforderlich, die dieser Vielfalt gerecht wird (Diversity-Management). Personalmanagement hat somit auch nicht nur eine betriebswirtschaftliche Komponente, sondern eine soziologische und psychologische Dimension. Zudem unterscheidet sich der Aktionsradius des Personalmanagements, zum Beispiel vom Einkauf oder der Produktion dadurch, dass die »Ressource Personal« mit ihren Kompetenzen und ihren Fähigkeiten und Fertigkeiten nicht dem Unternehmen gehört, wie die eingekauften Rohstoffe oder die produzierenden Maschinen. Die Zusammenarbeit zwischen Mitarbeitern und Unternehmen ist temporär und durch Arbeitsverträge geregelt. Diese Sonderstellung des Personalmanagements im Rahmen der unternehmerischen Teilfunktionen rechtfertigt deren besondere Betrachtung im Rahmen dieser Veröffentlichung.

Die Mitarbeiter stehen aus fünf unterschiedlichen unternehmerischen Perspektiven im Mittelpunkt der Aktivitäten des Personalmanagements:

Mitarbeiter als Arbeitsmarktpartner

▶ In Abhängigkeit von der konjunkturellen Situation und der wirtschaftlichen Lage eines Unternehmens muss der Bedarf an Fach- und Führungskräften gedeckt werden. Potenzielle Mitarbeiter sind Wirtschaftssubjekte, die sich entweder als Arbeitssuchende auf dem offenen Arbeitsmarkt bewegen, oder als vertraglich gebundene Arbeitnehmer als potenzielle Ansprechpartner auf einem verdeckten Arbeitsmarkt anzutreffen sind. Die Aufgabe des Personalmanagements besteht darin, beide Arbeitsmärkte zu sondieren und mit Maßnahmen des Personalmarketings und des Employer Branding das Unternehmen auf dem offenen und geschlossenen Arbeitsmarkt zu positionieren.

Angebot und Nachfrage

▶ Durch Personalanzeigen in Print- bzw. Onlinemedien müssen geeignete Kandidatinnen und Kandidaten gesucht werden.

▶ Durch verdeckte Recherchen und Direktansprache – meist mit Unterstützung professioneller Personaldienstleister (Headhunter) – müssen geeignete Kandidatinnen und Kandidaten identifiziert und zu einem Wechsel des Arbeitgebers bewogen werden.

Mitarbeiter als Kosten- und Leistungsträger

Aus personalwirtschaftlicher Perspektive werden Mitarbeiter als »Personalaufwand« bilanziert. Der Personalaufwand setzt sich zusammen aus

Personal als bilanzieller Aufwand

▶ dem Arbeitsentgelt auf der Basis von Tarifverträgen und außertariflichen Zulagen,
▶ den Sozialabgaben,
▶ freiwilligen Leistungen (z. B. Kinderbetreuung, Weiterbildungsmaßnahmen, usw.),
▶ einzelvertraglich geregelten Entgeltzahlungen und zusätzlichen Leistungen (z. B. Dienstwagen) im außertariflichen Bereich.

Um den Leistungseinsatz von Mitarbeitern so wirtschaftlich wie möglich zu gestalten, kann das Personalmanagement auf betrieblicher Ebene leistungsorientierte Bezahlungsmodelle und flexible Arbeitszeitmodelle entwickeln und umsetzen. Im Rahmen von Kostensenkungs- und Rationalisierungsprogrammen, von denen die Mitarbeiter betroffen sind, muss das Personalmanagement, z. B. durch Kurzarbeitsmodelle und Sozialpläne, gestaltend tätig werden.

Mitarbeiter als Entwicklungs-Ressource

Um die Potenziale von Mitarbeitern besser nutzen zu können und im Sinne der betrieblichen Erfordernisse einzusetzen, kann das Personalmanagement Förderprogramme auflegen, z. B.

Zukunftspotenziale

▶ Qualifizierungsprogramme am Arbeitsplatz,
▶ Aus- und Weiterbildungsmaßnahmen,
▶ Coaching-Maßnahmen.

Aufgabe des Personalmanagements ist es auch, in Zusammenarbeit mit anderen Funktionsbereichen, z. B. der Produktion, Programme für die systematische Ideengenerierung und von Verbesserungsvorschlägen zu gestalten.

Mitarbeiter als Individuen und Teil von Gruppen

Psychologie ist gefragt

Mitarbeiter müssen als Individuen auf der Basis von Stellenbeschreibung, Aufträgen und Zielvereinbarungen Leistungen erbringen, die auch individuell bewertet werden müssen. Damit sind Führungsrichtlinien verbunden. Mitarbeiter bewegen sich zugleich auch immer in einem Interaktionsgefüge in Abteilungen, Teams und Projekten, die eine Gemeinschaftsleistung erbringen. In der Interaktion und Kommunikation zwischen Mitarbeitern können Probleme und Spannungen auftreten. Das Personalmanagement kann hier durch persönliche Beratung, Coaching-Maßnahmen und Teamentwicklungsprozesse tätig werden (vgl. Kapitel 7). Darüber hinaus muss das Personalmanagement dafür Sorge tragen, dass Mitarbeiter unterschiedlicher Nationalität, Sprache und Religion in das Unternehmen integriert werden (Diversity Management).

Mitarbeiter als Rechtspersönlichkeiten

Juristische Dimension

Arbeitsvertragliche Regelungen mit Mitarbeitern sind Gegenstand des *Individualrechts*. Arbeitsschutzregelungen, Tariffragen und Betriebsvereinbarungen sind Ge-

---

Abb. 6-1

Perspektiven und Aufgaben des Personalmanagements

Mitarbeiter aus der Perspektive des Personalmanagements	Aufgaben des Personalmanagements
Mitarbeiter als Arbeitsmarktpartner	Personalmarketing und Employer Branding: Personalsuche durch Print- bzw. Onlinemedien und soziale Medien, Personalrecherche und Direktansprache (Head Hunting).
Mitarbeiter als Kosten- und Leistungsträger	Entgeltsysteme, Arbeitszeitmodelle, Mitarbeiterbeteiligung, Optimierung der Kosten-/Leistungsrelation, Rationalisierung, Kurzarbeit und Sozialplangestaltung.
Mitarbeiter als Unternehmensressource	Personalentwicklungs- und Qualifizierungsprogramme, Ideenmanagement
Mitarbeiter als Individuen und Gruppenmitglieder im Unternehmen	Führungsgrundsätze und Führungssysteme, Beratung, Coaching, Teamentwicklung, Diversity Management.
Mitarbeiter als Rechtspersonen	Individualrecht: Vertragsrecht, Kollektivrecht: Sozialversicherungsrecht, Mitbestimmung, Tarifvertragsrecht, Arbeitsschutzgesetze, Streikrecht, Sozialpläne.

genstand des *Kollektivrechts*. Auch aus dieser Perspektive muss das Personalmanagement die Mitarbeiter betrachten und als kompetenter Ansprechpartner für die Unternehmensleitung und den Betriebsrat fungieren. Besondere Bedeutung kommt dieser Perspektive bei disziplinarischen Auseinandersetzungen, der Auflösung von Arbeitsverträgen und betriebsbedingten Kündigungen zu.

In der Abbildung 6-1 sind die Mitarbeiter aus der unternehmerischen Perspektive den korrespondierenden Aufgaben des Personalmanagement gegenübergestellt.

6.3 Funktionen des Personalmanagements

In einer zyklischen Betrachtung des Personalmanagements steht am Anfang die Personalplanung in Abhängigkeit von der Unternehmensstrategie und dem operativen Bedarf. Personalmarketing und die Profilierung des Arbeitgebers als Marke leitet die Beschaffung und Auswahl geeigneter Mitarbeiter ein. Die Bewirtschaftung der »Ressource Mensch« im Unternehmen umfasst die Entgeltfindung und sonstige Zuwendungen, das Arbeitszeitmanagement und die arbeitsvertraglichen Vereinbarungen. Hier ist auch die Regelung der Vertragsauflösung und möglicher materieller Entschädigungen angesiedelt. Die Personalentwicklung umfasst, in Zusammenarbeit mit den Fachabteilungen, die Karriereplanung, die Performancemessung, die Beurteilung und Maßnahmen der Qualifizierung, der Teamentwicklung und des Coachings.

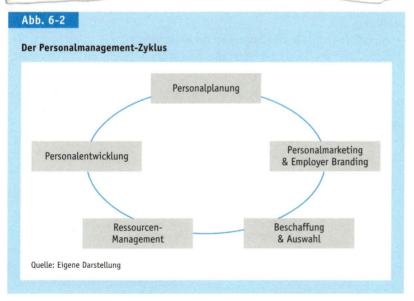

Abb. 6-2

Der Personalmanagement-Zyklus

Quelle: Eigene Darstellung

6.3.1 Personalplanung

In kleinen und mittleren Unternehmen erfolgt die Personalplanung als Teil der Jahresplanung des Unternehmens und der Budgetierung »auf Sicht«. Auf entstehende Vakanzen oder einen Zusatzbedarf wird kurzfristig reagiert. In großen, produktionsintensiven, innovationsstarken und international aufgestellten Unternehmen erfolgt die Personalplanung auch auf mittlere und längere Sicht. Ausgangspunkt der Personalplanung ist die Feststellung des Personal-Ist-Bestands zu Zeitpunkt t0. Die Feststellung des Personal-Ist-Stands zum Zeitpunkt t1 erfolgt durch den Saldo aus geplanten Abgängen (z. B. Ruhestand, Ausgliederung von Betriebsteilen, Mutterschutz) und geplanten Zugängen (Rückkehr aus dem Erziehungsjahr, Übernahme von Auszubildenden). Der Ersatzbedarf, um den Personal-Ist-Bestand zum Zeitpunkt t 0 zu erreichen, sowie ein möglicher Zusatzbedarf stellen den Personal-Nettobedarf, bzw. den Neubedarf dar. Der Personal-Ist-Stand zum Zeitpunkt t1 plus Personal-Neubedarf ergeben den Brutto-Personalbedarf oder Personal-Soll-Bestand. Der Zeitpunkt t1 kann im Rahmen der Jahresplanung nach zwölf Monaten gesetzt werden. Bei strategischen Überlegungen ist noch ein Zeithorizont von 36 Monaten realistisch.

Für die Personalplanung stehen unterschiedliche Methoden zur Verfügung, von denen einige im Folgenden exemplarisch dargestellt werden.

Für die strategische Personalplanung und die Sicherung von Fachkräften schlagen Fachleute vor, »Jobfamilien« zu bilden, d. h. Tätigkeiten vergleichbarer Art bzw. vergleichbarer Qualifikationsanforderungen zusammenzufassen und diese Jobfamilien einer Risikobetrachtung zu unterziehen (vgl. RKW-Kompetenzzentrum 2014). Die Risiken sind:

▸ *Altersrisiko* (hohes Durchschnittsalter der Beschäftigten),
▸ *Kapazitätsrisiko* (Reicht der Personalbestand in der Jobfamilie aus, um die zukünftigen Aufgaben zu erledigen?),

Abb. 6-3

Ermittlung des Personal-Ist-Stands und des Soll-Bestands

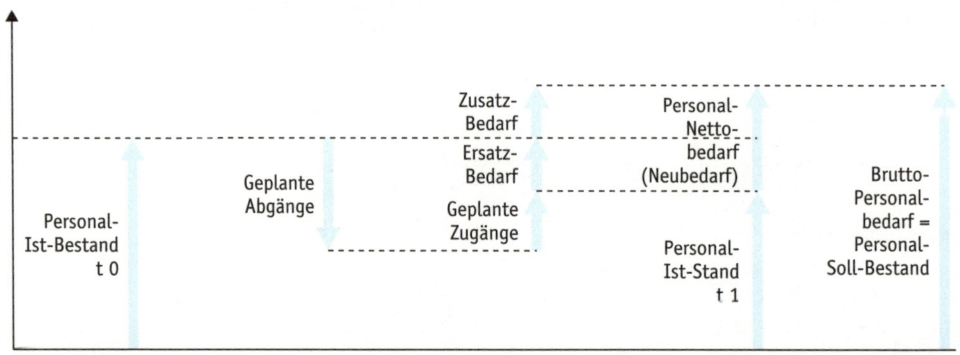

Quelle: Eigene Darstellung

Abb. 6-4

Methoden der Personalplanung

Methode	Erläuterung
Schätzverfahren/ Expertenbefragung	Führungskräfte/Experten schätzen den Bedarf aufgrund von Erfahrungen und Analogieschlüssen ein (z. B. für die nächsten zwei Jahre).
Stellenplanmethode	Vorhandene Stellenpläne werden unter Berücksichtigung von konkreten Unternehmenszielen bzw. absehbaren Veränderungen fortgeschrieben.
Kennziffermethode	Voraussetzung ist eine stabile Beziehung zwischen dem Personalbedarf und bestimmten Kennziffern, z. B. die durchschnittliche Produktivität eines Mitarbeiters in einem bestimmten Fertigungsprozess oder die durchschnittliche Anzahl der Kunden in einer Filiale.
Selbstaufschreibung	Mitarbeiter mit identischen Tätigkeiten schreiben auf Formblättern die Ist-Zeiten für bestimmte Arbeitsvorgänge auf. Mittels statistischer Verfahren wird eine Standardarbeitszeit je Arbeitsvorgang ermittelt.
REFA-Methode	Die erforderliche Zeit für definierte Tätigkeiten bzw. für einzelne Verrichtungen wird exakt ermittelt, mit der Menge multipliziert und durch die Arbeitszeit je Mitarbeiter pro Periode dividiert: $$\text{Personalbedarf} = \frac{\text{Zeit} \times \text{Menge}}{\text{Arbeitszeit}}$$
Budgetierung	Die Personalbemessung wird aus dem zur Verfügung stehenden Budget unter Berücksichtigung zu erwartender Personalkostensteigerungen abgeleitet.
Null-Basis-Budgetierung	Ausgehend von der Null-Basis müssen alle Leistungen und die erforderlichen Budgets begründet werden. Alternativen der Leistungserbringung sollen aufgezeigt werden. Die Bewertung erfolgt mittels einer Nutzwert-Analyse. Danach erfolgt die Personalbemessung.
Gemeinkosten-Wert-Analyse	Alle betrieblichen Leistungen werden einer Kosten-/ Nutzen-Analyse unterzogen. Geprüft wird, ob eine ganze Leistung wegfallen kann (keine Wertschöpfung), sich schrittweise abbauen lässt, durch andere Leistungen ersetzt, in der Quantität und Qualität reduziert oder ausgelagert werden kann. Daraufhin werden die neuen Mengen und Zeiten ermittelt und der Personalbedarf neu definiert.

▶ *Kompetenzrisiko* (Reichen die Kompetenzen der Mitarbeiter aus, um neue strategische Aufgaben zu erfüllen?),

▶ *Beschaffungsrisiko* (Geringes Angebot bei hoher Nachfrage oder aber das Qualifikationsprofil hat noch einen zu geringen Professionalisierungsgrad).

Am Beispiel der für die digitale Transformation der Produktion (vgl. Kapitel 4.2) erforderlichen Jobfamilie des »Digital Intrapreneur« und des »Augmented Operator« (vgl. Kapitel 4.3.6) kann die Funktionsweise des Risikoprofils erläutert werden. Da es ein ausgeprägtes Berufsbild in diesem Bereich noch nicht gibt, sondern Mitarbeiter

Neue Berufsprofile

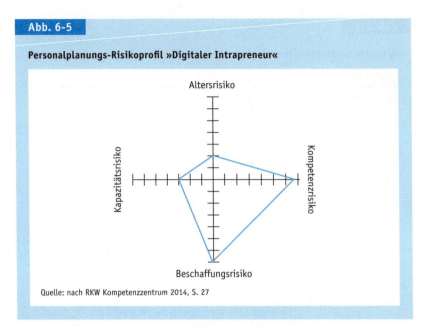

Abb. 6-5

Personalplanungs-Risikoprofil »Digitaler Intrapreneur«

Quelle: nach RKW Kompetenzzentrum 2014, S. 27

infragekommen, die im Bereich Organisation für die IT-Entwicklung und in der Produktion für die Systemsteuerung zuständig sind, ergibt sich folgendes Bild: Für die zu bewältigenden Aufgaben reicht die vorhandene Mitarbeiterkapazität halbwegs aus. Die Mitarbeiter haben aber nicht die ausreichende Kompetenz. Andererseits sind Mitarbeiter mit diesem Profil auf dem Arbeitsmarkt noch gar nicht vorhanden, sodass das Beschaffungsrisiko ebenfalls sehr hoch ist. Das Altersrisiko ist zu vernachlässigen, da die Mitarbeiter in diesem Bereich im Durchschnitt 35 Jahre alt sind.

6.3.2 Personalmarketing und Employer Branding

Personalmarketing – besser Arbeitgeber-Marketing – hat zum Ziel, die Gewinnung und Bindung von Mitarbeitern zu unterstützen, indem das Unternehmen auf den Personalbeschaffungsmärkten vorteilhaft positioniert wird. Während das klassische Marketing ein absatzwirtschaftliches Instrumentarium nutzt, betrachtet das Personalmarketing potenzielle Bewerber und Mitarbeiter als Kunden. In Anwendung des Marketingmix stellt das Personalmarketing also folgende Fragen:

1. Wie kann das Unternehmen mit seinen Arbeitsplätzen als Produkt vermarktet werden? (Beispiel: Starke Strategie und gute Produkte, anspruchsvolle Tätigkeiten, Internationalität, Karrieremöglichkeiten, Kultur, Führungsstruktur und Teamarbeit, Förderung und Weiterbildung, Familienfreundlichkeit usw.).
2. Wie ist das Verhältnis von Arbeitnehmerleistung und Unternehmensentgelt? (Das Gehaltsgefüge im Marktvergleich, Mitarbeiterbeteiligung und erfolgs- und leistungsorientierte Bezahlung).

3. Auf welchen Beschaffungsmärkten – lokal, regional, international – lässt sich das Unternehmen platzieren, bzw. welche Beschaffungskanäle lassen sich nutzen (vgl. Kapitel 6.3.3 Personalbeschaffung)?
4. Über welche Medien und mit welchen Inhalten lässt sich das Unternehmen kommunizieren; besteht eine vermarktbare »Corporate Identity«? Welche Botschaften sollen bei welchen Zielgruppen kommuniziert werden (z. B. Auszubildende, Studenten, Hochschulabsolventen, Facharbeiter)? Welche Kommunikationskanäle und -medien lassen sich nutzen?

Die 100 größten Unternehmen in Deutschland – und darüber hinaus – verfügen über ein professionelles Personalmanagement, innerhalb dessen die Imagepflege und die Markenbildung des Unternehmens als Arbeitgeber nach außen und nach innen einen hohen Stellenwert einnehmen. Bei den großen, börsennotierten Markenunternehmen ist das Personalmarketing Teil der Gesamtmarketingstrategie, da die Strahlkraft der Marke sowohl Kunden als auch potenzielle Mitarbeiter anzieht. Der Erfolg dieser Anstrengungen zeigt sich in der Beliebtheit der großen, sinnlich erfahrbaren Marken bei Hochschulabsolventen. Im jährlichen »Absolventenbarometer« werden angehende Wirtschaftswissenschaftler zum Thema Berufseinstieg befragt. Zur Qualitätsbeurteilung dienen Kriterien wie Arbeitszeit, Gehalt, berufliche Perspektiven, Image und deren Übereinstimmung mit den Karrierevorstellungen angehender Akademiker. Auf diese Weise werden die Top 100 Arbeitgeber in Deutschland ermittelt.

> Personalmarketing – Teil einer Gesamtmarketingstrategie

Auch 2014 fanden sich bei diesem Ranking bei den Hochschulabsolventen die großen Automarken wie, BMW, AUDI, VOLKSWAGEN, PORSCHE und DAIMLER unter den ersten zehn Plätzen. Es folgen die großen Unternehmensberatungen, die DEUTSCHE BANK auf Platz 15 usw.

Abb. 6-6

Die zehn beliebtesten Arbeitgeber in Deutschland

Rang	Unternehmen	Prozent
1	BMW-Group	12,5
2	AUDI	12,3
3	Volkswagen	8,6
4	Deutsche Lufthansa	7,5
5	Porsche	7,4
6	Daimler	6,5
7	Google	6,4
8	Bosch	6,3
9	Adidas	6,0
10	Siemens	5,6

Quelle: Trendence Graduate Barometer 2014 – Business Edition 2014

Der Glanz einer Marke

Unverkennbar ist, dass die starken Marken, die auf dem Käufermarkt hohe Präferenz erfahren, auch auf dem Personalbeschaffungsmarkt die Favoriten sind. Im Vergleich dazu befindet sich der Mittelstand im Wettbewerb um Facharbeiter, Spezialisten und High Potentials in einer ungünstigeren Ausgangssituation. Auch die »Hidden Champions« im Mittelstand (vgl. Kapitel 3.3.6 und 9.1), aber insbesondere die Mehrheit der kleineren Unternehmen, die über keine besonderen Alleinstellungsmerkmale auf dem Absatz- und Personalmarkt verfügen

▶ haben einen begrenzten Spielraum für materielle Anreize,
▶ besitzen nur einen begrenzten Bekanntheitsgrad in Spezialmärkten und
▶ verfügen über kein professionelles Personalmarketing.

In der Praxis zeigt der Mittelstand, mit Ausnahme einiger »Leuchttürme«, jedoch auch ein starkes Beharrungsvermögen: An herkömmlichen Rekrutierungs- und Qualifizierungsformen wird festgehalten, neue Wege werden gemieden. Erforderlich sind regionale Kooperationsverbünde von Mittelständlern und der lokalen und regionalen Wirtschaftsförderung, um ein wirksames *Employer-Branding-Programm* aufzulegen.

Marke Mittelstand

Im Mittelpunkt solcher Aktivitäten steht die »Marke Mittelstand«, die auf den Personalmärkten platziert wird (vgl. Krüger, W. 2009). Erfolgreiche Mittelständler zeichnen sich durch Gemeinsamkeiten aus, die den Kern der »Marke Mittelstand« darstellen:

▶ eine langfristig angelegte, risikobewusste Unternehmensführung,
▶ ein hohes Maß an verlässlicher Kundenorientierung,

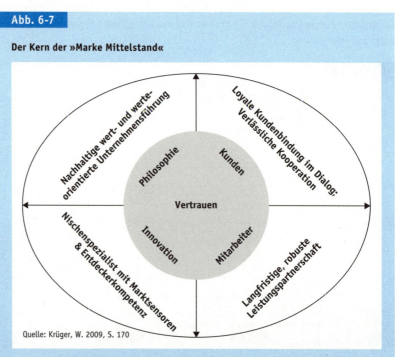

Abb. 6-7

Der Kern der »Marke Mittelstand«

Quelle: Krüger, W. 2009, S. 170

▸ eine langfristig orientierte, »familiäre« Mitarbeiterbindung,
▸ und »sanfte« Veränderungs- und Reorganisationsprozesse.

Alles zusammengenommen lässt sich das Verhalten erfolgreicher Mittelständler auf einen Begriff bringen: Sie bauen zu ihren wichtigsten Bezugsgruppen, den Kunden und den Mitarbeitern (aber auch zur Gesellschaft), Vertrauen auf. Vertrauen ist ein Mechanismus, der hilft, die soziale Komplexität zu reduzieren und wechselseitig Verlässlichkeit und Loyalität zu entwickeln.

Vertrauen als Markenkern

Damit ist ein Markenkern identifiziert, der helfen kann, den Mittelstand erfolgreicher auf den Personalbeschaffungsmärkten gegenüber den Aktien- und Konzerngesellschaften zu positionieren, die in den letzten Jahren stark an Vertrauen in der Gesellschaft eingebüßt haben (vgl. Kapitel 9.3.1).

6.3.3 Personalbeschaffung

Die Personalbeschaffung kann sowohl unternehmensintern als auch extern erfolgen. Im Rahmen der Mitbestimmung ist in den meisten Betrieben geregelt, dass vor einer externen, erst eine interne Stellenausschreibung erfolgen muss.

Interne Personalbeschaffung

Der klassische Weg, um einen Teil des eigenen Personalbedarfs zu decken, geht über
▸ die Berufsausbildung, durch die junge Menschen eine betriebsspezifische fachliche Qualifizierung und eine unternehmenskulturelle Sozialisation erfahren,
▸ die Fort- und Weiterbildung, durch die Mitarbeiter im Rahmen der Personalentwicklung auf neue bzw. komplexere Aufgaben und Funktionen vorbereitet werden.

Diese Maßnahmen bieten keine Garantie für Mitarbeiterbindung. Die Wechselbereitschaft von Mitarbeitern bis zum 35. Lebensalter hat in den letzten Jahren deutlich zugenommen.

In großen Unternehmen und in Unternehmen mit einer Holdingstruktur mit weitgehend selbstständigen Unternehmensbestandteilen gehört es zur vorausschauenden Personalstrategie, den eigenen Mitarbeitern innerhalb des Konzerns Karrierewege zu eröffnen. Durch

▸ Führungsnachwuchs-Förderprogramme,
▸ die Zusage, ein berufsbegleitendes duales Studium absolvieren zu können,
▸ Rotations-Programme und
▸ eine interne Nachfolgeplanung

wird versucht, Leistungsträger im Unternehmen zu halten und zu fördern.

Externe Personalbeschaffung

Für die Personalrekrutierung gibt es folgende Beschaffungswege:
▸ die Agentur für Arbeit als Vermittlungsinstanz,
▸ Personalleasing,

- ▶ die Stellenanzeige in Printmedien mit
  - der Vorstellung des Unternehmens,
  - der Tätigkeitsbeschreibung,
  - einem Anforderungsprofil,
  - den vom Bewerber erwarteten Leistungen,
  - den Leistungen des Unternehmens.
- ▶ Die Internetseite des Unternehmens mit der Rubrik »Jobs & Karriere«. Professionell gestaltet und interaktiv konzipiert kann auf diesem Wege über einen Link eine virtuelle Besichtigung des Unternehmens und ein Treffen mit potentiellen Kolleginnen und Kollegen arrangiert werden.

Neue Beschaffungswege

- ▶ Soziale Netzwerke werden zunehmend von Unternehmen als Rekrutierungsplattformen genutzt. Nach bestimmten Suchbegriffen werden Plattformen wie Xing, Facebook, StudiVZ oder Twitter nach interessanten Persönlichkeiten durchsucht und ein Kontakt angebahnt.
- ▶ Jobbörsen im Internet, die sich gezielt an Hochschulabsolventen oder Berufspraktiker wenden.
- ▶ Absolventenmessen für Studenten.
- ▶ Fachmessen und Kongresse.
- ▶ Personalberater. So genannte Headhunter suchen im Auftrag eines Unternehmens qualifizierte und berufserfahrene Fach- und Führungskräfte. Das Unternehmen kann dabei vorerst anonym bleiben und überlässt den Beratern den Erstkontakt mit potenziellen Kandidaten.

Darüber hinaus gibt es informelle Formen der Personalbeschaffung, die über die Ansprache von Mitarbeitern auf Fachmessen bis hin zu Aktionen »Mitarbeiter werben Mitarbeiter« gehen und die als »Personal-Guerilla-Marketing« bezeichnet werden können.

6.3.4 Personalauswahl

Qualifizierte Bewerber um anspruchsvolle Stellen testen mit der Bewerbung auch den Markt und ihren Marktwert und sind nicht selten auch mit anderen Unternehmen im Gespräch. In einem ausgeprägten »Nachfragemarkt«, in dem Kandidaten zwischen mehreren Stellenangeboten wählen können, müssen Unternehmen den schmalen Pfad zwischen Personalmarketing und kritischer Distanz finden. Generell hat aber bei den Unternehmen die Bereitschaft zugenommen, auch Kandidaten zu prüfen, die nicht hundertprozentig zum Stellen- und Anforderungsprofil passen, deren Werdegang und Persönlichkeit aber Anpassungs- und Entwicklungspotenzial verspricht. Geistes- und Sozialwissenschaftler finden auf diese Weise zunehmend Eingang in betriebswirtschaftlich geprägte und vertriebsorientierte Berufe.

Das Auswahlverfahren umfasst in der Regel die folgenden Elemente:

Analyse der Bewerbungsunterlagen (schriftlich oder online)

Bewerbungsunterlagen sind die Werbebroschüren der Kandidaten auf dem Arbeitsmarkt. Worauf ist (von beiden Seiten) zu achten?

- Form und Sprache,
- Originalität,
- Entwicklungspotenzial über die Stelle hinaus oder andere Stellen im Unternehmen,
- Erfahrungen, Projekte, nachweisbarer Output,
- Bildungs- und Berufsbiografie,
- Besonderheiten und Persönlichkeitsprofil.

Bewerber die hier, trotz der vielfältigen Hilfestellungen, die auf dem Markt angeboten werden, nicht die Form wahren und inhaltlich nichtssagend bleiben, fallen – trotz möglichen Personalmangels – aus dem Verfahren heraus. Sie signalisieren mit ihrer Bewerbung mangelndes taktisches Verhalten.

Taktisches Verhalten der Bewerber

Durchführung der Bewerbungsgespräche

Die wichtigste Informationsquelle bei der Suche nach geeigneten Mitarbeitern ist nach wie vor das Gespräch. Ein planvoll oder auch intuitiv geführtes Personalgespräch bietet die Chance, biografische Weichenstellungen, Verhaltensweisen in kritischen Situationen und nachweisbare berufliche Ergebnisse (Output) eines Kandidaten zu erfassen. Darüber hinaus sind (beidseitig) die folgenden Aspekte in einem Gespräch zu beachten:

- Gesamterscheinung und Kleidung,
- situationsangemessenes Verhalten,
- Branchenkenntnisse und Erfahrungen,
- Entwicklungswünsche und Gehalt,
- familiäre Situation,
- Passung ins Team/Unternehmen.

Das Assessment-Center (AC)

Das AC ist in Deutschland ein weit verbreitetes Auswahlverfahren. In großen Unternehmen und zunehmend auch in der öffentlichen Verwaltung wird das AC systematisch eingesetzt. In einem AC müssen die Kandidaten in Einzel- oder Gruppensituationen unterschiedliche Aufgaben lösen, bzw. sich in Simulationen bewähren. Das Ziel ist, die Entscheidungsgrundlage der als Beobachter fungierenden Vertreter der Fachabteilungen und des Personalbereichs zu erweitern. Die folgende exemplarische Auswahl zeigt, welche Übungen mit welchen Inhalten, mit welcher Dauer und mit welchen Beobachtungszielen durchgeführt werden können.

In der simulierten Realität eines AC werden die Kandidaten von geschulten Führungskräften und Personalfachleuten beobachtet. Mit den Beobachtern wird vor dem AC besprochen, für welche Einsatzbereiche die Kandidaten vorgesehen sind und welche Anforderungsprofile (neben den fachlichen Voraussetzungen) die zu besetzen-

Abb. 6-8

Typische Bestandteile eines AC

Übung	Inhalte und Formen (Beispiele)	Zeit	Beobachtungsziele
Selbst-präsentation	Drei charakteristische Eigenschaften nennen; begründen, warum man sich für das Unternehmen interessiert.	5 Min.	Kommunikation, Strukturierung, Logik, Stressverhalten.
	In englischer Sprache; alle Hilfsmittel zugelassen.	5 Min.	Rhetorik, Auftreten, Englisch-kenntnisse.
Präsentationen (mit Vorberei-tungszeit)	Vorstellung eines Konzepts für ein marodes Unternehmen.	15 Min.	Visionen, Überzeugungskraft.
	Planungs -und Projektauftrag mit Visua-lisierung.	20 Min.	Rhetorik, Logik, Stressverhalten.
	Selbst gewähltes Thema.	5 Min.	Logik, Struktur, Kommunikation, Stressverhalten.
Gruppen-diskussion	Wie steigert man die Attraktivität von Auslandseinsätzen von Mitarbeitern?	30 Min.	Ideenfindung, Argumentation, Diskussionsverhalten. Informationsstand,
	Perspektiven der digitalen Wirtschaft und Chancen der demografischen Entwicklung.	30 Min.	Diskussionsverhalten, Kreativität, Überzeugung,
		30 Min.	Argumentation.
Gruppenübung	Priorisieren von Gegenständen in Extrem-situationen.	60 Min.	Argumentation, Reflexion, Entscheidungsverhalten in Gruppen.
Gesprächsübung	Verkaufsgespräch »Windkrafträder«.	20 Min.	Argumentation, Überzeugungskraft, Steuerungsverhalten, Überblick,
	Moderation Projektteam.	30 Min.	Systematik.
Postkorbübung	Abarbeiten von Informationen unter ungünstigen Rahmenbedingungen.	45 Min.	Strukturiertes Vorgehen, Entschei-dungsfähigkeit, Stressverhalten.
Tests	Intelligenz- und Persönlichkeitstests (z. B. »Big Five« (vgl. Kapitel 1.4). Zahlenreihen ergänzen. Tabelleninterpretation. Räumliches Vorstellungsvermögen. Mathematische Kenntnisse	45 Min.	Konzentration, logisches Denken, Rechtschreibung, Allgemeinwissen, Reaktionsfähigkeit, mathematisches Verständnis.

den Stellen haben. Einsatzbereiche und Anforderungs- bzw. Beobachtungskriterien können z. B. sein:

Einsatzbereiche	Anforderungskriterien
Führungsnachwuchskräfte	Überzeugend – integrativ – zielorientiert
Vertriebsmitarbeiter	Kontaktfreudig – argumentierend – kreativ
Technische Entwickler	Systematisch – reflektierend – mathematisch

Es werden Übungen ausgewählt, bei denen die genannten Anforderungskriterien auch beobachtet werden können, z. B. beim Führungsnachwuchs ein Mitarbeiterge-spräch, eine Verhandlungssituation für Vertriebsmitarbeiter, eine technische Fallstu-die für Entwickler. Ein AC wird dem folgenden Schema entsprechend entwickelt und umgesetzt:

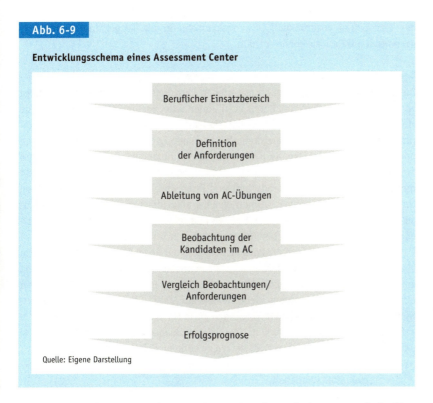

Abb. 6-9

Entwicklungsschema eines Assessment Center

Beruflicher Einsatzbereich

Definition
der Anforderungen

Ableitung von AC-Übungen

Beobachtung der
Kandidaten im AC

Vergleich Beobachtungen/
Anforderungen

Erfolgsprognose

Quelle: Eigene Darstellung

Der Aufwand für die Durchführung eines AC ist sehr groß, der prognostische Wert hinsichtlich der beruflichen Performance eines Kandidaten ist dagegen eher gering. Das in einem AC »spielerisch« gezeigte Verhalten muss nicht korrespondieren mit dem Verhalten in einer beruflichen »Ernstsituation«. Wenn die Anwender eines AC sich der vielen Fehlerquellen in der Beobachtung bewusst sind, dann kann der Nutzen eines AC allerdings darin liegen, dass sich Führungskräfte auf bestimmte Anforderungen und Kriterien verständigen und gemeinsam eine Entscheidung treffen. Das erhöht die soziale Verantwortung für die erfolgreichen Kandidaten in der Einarbeitungsphase und der Karriereplanung.

AC nicht überschätzen

6.3.5 Personalwirtschaft

Die Bezahlung (Entgelt) und die Arbeitszeit stehen im Fokus der personalwirtschaftlichen Betrachtung. Sie sind entweder Bestandteil kollektiver Tarifverträge oder außertariflicher, individueller Arbeitsverträge. Ein Tarifvertrag gilt dann, wenn das Unternehmen Mitglied im tarifschließenden Arbeitgeberverband ist und die Arbeitnehmer Mitglieder der tarifschließenden Gewerkschaften sind. Eigene Betriebsvereinbarungen zum Arbeitsentgelt und zur Arbeitszeit können mit dem Betriebsrat dann getroffen werden, wenn das Unternehmen nicht tarifgebunden ist, oder wenn

Tarifverträge

der Tarifvertrag ausdrücklich Öffnungsklauseln für die Entgeltfindung und die Arbeitszeit auf Betriebsebene enthält.

Bezahlung/Entgeltfindung

Mindestlohn
und Millionenbonus

Die arbeitsvertraglich geregelten materiellen Leistungen in der Wirtschaft reichen vom Mindestlohn bis hin zum Bonus in Millionenhöhe. Bei der Entgeltfindung für die Mehrzahl der Mitarbeiter aber ist der Entscheidungsspielraum der Unternehmensführung klar umgrenzt. Zum einen ist ein Unternehmen an den Tarifabschluss gebunden und kann nicht weniger, sondern nur mehr als vereinbart zahlen. Auch nicht tarifgebundene Unternehmen können sich in dem gegebenen sozialpolitischen Umfeld nicht gänzlich von der Tariflandschaft und ihren Abschlüssen lösen. Zudem haben Unternehmen gegenüber den Arbeitnehmern auch die soziale Verpflichtung, für geleistete Arbeit angemessen zu entlohnen und schließlich sind es auch die materiellen Anreize, die es ermöglichen, Mitarbeiter zu gewinnen und zu binden.

Zum anderen aber bilden die Personalkosten in der Regel den größte Kostenfaktor eines Unternehmens. Tarifvertragliche Regelungen ohne Öffnungsklauseln und außertariflich einzelvertraglich fixierte Vergütungsansprüche der Arbeitnehmer ermöglichen dem Unternehmen nicht, flexibel auf Absatz-, Kosten- und Ergebnisentwicklungen reagieren zu können. Entsprechend muss sich ein Unternehmen entweder außerhalb des Tarifsystems stellen, oder Öffnungsklauseln in Tarifverträgen nutzen, um Flexibilisierungsinstrumente einsetzen zu können. Solche Instrumente sind:

▸ der Widerrufvorbehalt bei vereinbarten Leistungen,
▸ der Freiwilligkeitsvorbehalt,
▸ der Teilkündigungsvorbehalt,
▸ der Anrechnungsvorbehalt von Zulagen bei Tariferhöhungen und
▸ die Befristung einer Zulage für eine bestimmte Tätigkeit (vgl. Krüger, W. 2008, S. 135 f.).

In der Wirtschaftskrise ab 2007 wurden diese Instrumente punktuell in einzelnen Betrieben genutzt. Flächendeckend wurde aber eine gesetzliche Regelung zum Kurzarbeitergeld umgesetzt.

Information

Kurzarbeit in Krisenzeiten

»Das konjunkturelle Kurzarbeitergeld (Kug) wird gewährt, wenn in Betrieben oder Betriebsabteilungen die regelmäßige betriebsübliche wöchentliche Arbeitszeit infolge wirtschaftlicher Ursachen oder eines unabwendbaren Ereignisses vorübergehend verkürzt wird. Die gesetzliche Regel-Bezugsdauer für das konjunkturelle Kurzarbeitergeld beträgt längstens sechs Monate« (§ 177 Abs. 1 Satz 3 SGB III). Information der Bundesagentur für Arbeit 2015. Diese Regelung, die in den Jahren 2007 bis 2011 immer wieder verlängert wurde, half entscheidend, die konjunkturelle Wirtschaftskrise in Deutschland zu überwinden.

Ergebnis- und leistungsabhängige Vergütung

Unter variabler Vergütung sind alle Vergütungsbestandteile zu verstehen, die einem Mitarbeiter dann ausgezahlt werden, wenn bestimmte zuvor definierte Ziele oder Erfolge erreicht worden sind. Diese Ziele bzw. Erfolge können unterschiedlichster Art sein und hängen ganz von den unternehmenspolitischen und vergütungspolitischen Zielsetzungen des Unternehmens ab. Zu unterscheiden ist zwischen

▸ einer ergebnisorientierten variablen Vergütung, die sich zumeist an dem Gesamtergebnis eines Unternehmens oder aber an dem Ergebnis einer Gruppe oder Abteilung orientiert (Tantieme, Gratifikation, Prämie),

▸ einer individuellen, leistungsorientierten Zulage aufgrund vereinbarter Leistungsziele (Provision, Bonus).

Für Mitarbeiter im außertariflichen Bereich wird in vielen Unternehmen, individualvertraglich geregelt, eine an Leistungszielen orientierte Bonuszahlung vereinbart. Dabei werden unterschiedliche Modelle, wie exemplarisch in Abbildung 6-10 verdeutlicht, zu Grunde gelegt.

International nimmt der Bankenbereich eine Sonderstellung bei der Vergütung von Mitarbeitern ein. Insbesondere im Investmentbanking, bei dem es u. a. um die Kapitalbeschaffung von Unternehmen durch die Emission von Anleihen oder die Vermittlung von Unternehmensbeteiligungen mit großen Volumina geht (vgl. Kapitel 10.2), sind hohe Erfolgsbeteiligungen möglich. Nach der vergangenen Finanz- und Wirtschaftskrise um das Jahr 2010 hatte die EU festgelegt, dass die variablen Vergütungen in Banken nur noch so hoch ausfallen dürfen wie das Grundgehalt. Damit sollen Investmentbankern weniger Anreize zu riskanten Geschäften gegeben werden. Denn mehr Risiko gefährdet im Verlustfall die gesamte Bank, im Gewinnfall steigt dagegen der Bonus. Mittlerweile können variable Vergütungsanteile wieder das Doppelte des Fixums ausmachen. Begründet wird dieses mit dem starken Wettbewerb um die kleine Anzahl der Kapitalmarktspezialisten.

Sondermarkt

Reflexion

Die Tücken des Leistungsbonus

Differenzierte Leistungsbonusprogramme erzeugen einen hohen betrieblichen Aufwand und bergen Tücken in sich. Leistungsbezogene Vergütungsanteile werden, wenn sie mehrfach gezahlt wurden, nicht als Belohnung, sondern als Rechtsanspruch gedeutet und verlieren ihre motivierende Wirkung. Eine generelle Belohnungserwartung, die bei schlechtem konjunkturellen Verlauf oder mäßiger Beurteilung durch den Vorgesetzten nicht erfüllt wird, führt zu Frustration. Große Automobilhersteller in Deutschland haben für den Tarifbereich ihr System radikal vereinfacht: Alle Mitarbeiterinnen und Mitarbeiter im Tarifbereich erhalten die gleiche Prämie, die sich an dem Geschäftsergebnis orientiert. Jeder Mitarbeiter kann – wenn auch schmerzlich – nachvollziehen, wenn nach einem schlechten Geschäftsjahr keine oder eine geminderte Prämie gezahlt wird.

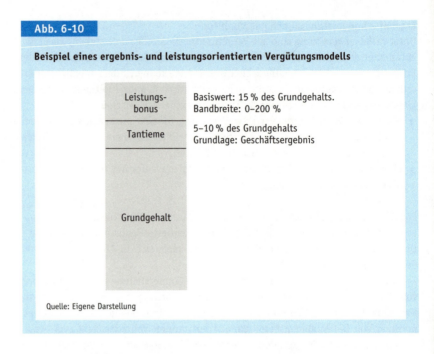

Abb. 6-10

Beispiel eines ergebnis- und leistungsorientierten Vergütungsmodells

Leistungs-bonus	Basiswert: 15 % des Grundgehalts. Bandbreite: 0–200 %
Tantieme	5–10 % des Grundgehalts Grundlage: Geschäftsergebnis
Grundgehalt	

Quelle: Eigene Darstellung

Mitarbeiter-Kapitalbeteiligung

Wenig genutzte Möglichkeit

Neben der ergebnis- und leistungsorientierten Beteiligung von Mitarbeitern am Unternehmenserfolg stellt die Mitarbeiter-Kapitalbeteiligung eine personalpolitische Besonderheit mit wirtschafts- und gesellschaftspolitischen Implikationen dar. Theoretisch bietet dieser Ansatz die Möglichkeit, den viel beschworenen Gegensatz von Kapital und Arbeit aufzuheben bzw. zu verringern. Folgende Beteiligungsformen lassen sich unterscheiden.

Eigenkapitalbeteiligung Je nach Rechtsform erhalten die Mitarbeiter des Unternehmens Belegschaftsaktien, GmbH-Anteile, Genossenschaftsanteile oder Kommanditanteile. Dadurch werden sie gesellschaftsrechtlich am Unternehmen beteiligt und haben als Mitgesellschafter die gleichen Informations-, Kontroll- und Mitentscheidungsrechte wie die übrigen Gesellschafter. Gleichzeitig tragen sie auch dieselben Risiken wie die übrigen Anteilseigner, bis hin zum Totalverlust der Einlage im Insolvenzfall.

Die meisten großen Kapitalgesellschaften geben Belegschaftsaktien aus, deren Veräußerung mit einer Sperrfrist versehen ist. In mittelständischen Unternehmen wird eine Eigenkapitalbeteiligung, z. B. an einer GmbH, auch relevant, wenn im Rahmen eines Management-Buy-out, Mitarbeiter teilweise oder ganz ein Unternehmen im Rahmen einer Nachfolgeregelung übernehmen (vgl. Kapitel 10.2.2).

Stille Beteiligung

Mezzanine Beteiligungen Mezzanine Beteiligungen stellen eine Finanzierungsform für Unternehmen dar, die aufgrund ihres Charakters als Mischform zwischen Eigen- und Fremdkapital, dem Unternehmen steuerliche und bonitätsmäßige Vorteile bieten können (vgl. Kapitel 4.3.5). Auch Mitarbeiter können sich in dieser Form an ihrem Unternehmen beteiligen.

▸ Die »Stille Gesellschaft« bietet Mitarbeitern die Möglichkeit, eine Einlage zu tätigen, die in das Vermögen des Unternehmens übergeht. Sie treten dann nach außen hin nicht als Unternehmensbeteiligte in Erscheinung, haben aber Ansprüche auf Teilhabe am Gewinn und können am Verlust des Unternehmens beteiligt sein.

▸ Auch durch »Genussrechte« können Mitarbeiter beteiligt werden. Stimmrechte gewähren Genussrechte nicht. In der Regel wird den Inhabern der Genussrechte eine bestimmte Mindestverzinsung eingeräumt. Darüber hinaus sind sie am Gewinn und Liquidationserlös beteiligt. Typischerweise nehmen Inhaber von Genussrechten auch am Verlust des Unternehmens teil und werden im Insolvenzfall nur nachrangig, d. h. nach allen anderen Gläubigern, bedient.

Mitarbeiterdarlehen Die typische Form der Fremdkapitalbeteiligung ist das Mitarbeiterdarlehen. Hierbei stellen Mitarbeiterinnen und Mitarbeiter dem Unternehmen für einen vereinbarten Zeitraum eine festgelegte Geldsumme zur Verfügung, die nach Ablauf des Zeitraums mit einem vorab vereinbarten Zinssatz zurückgezahlt wird. Die Rückzahlung und Verzinsung des bereitgestellten Kapitals erfolgt grundsätzlich unabhängig von der wirtschaftlichen Lage des Unternehmens. Im Falle einer Insolvenz des Unternehmens kann die Forderung des Darlehensgebers aber wie die jedes anderen Gläubigers ganz oder teilweise ausfallen.

Politisch wird die Kapitalbeteiligung in Arbeitnehmerhand durch das »Mitarbeiterkapitalbeteiligungsgesetz« (MKBG) unterstützt. Die Gewerkschaften verhalten sich dagegen zu diesem Themenkomplex abwartend bis ablehnend.

Der materielle und immaterielle Nutzen der Mitarbeiter-Kapitalbeteiligung ist vielgestaltig:

▸ Steuerliche Vorteile für die Arbeitnehmer durch die Behandlung der Beteiligung von maximal 400 Euro pro Jahr als vermögenswirksame Leistung und die steuer- und sozialabgabenfreie Überlassung von Beteiligungen bis zu einer Höhe von 360 Euro pro Jahr durch den Arbeitgeber.

▸ Kontinuierlicher und kalkulierbarer Aufbau der unternehmerischen Kapitalstruktur, wobei bei Mezzaninen das Eigenkapital gestärkt wird, während die Ausschüttungen als Betriebsausgaben gewertet werden.

▸ Neue Form der Zusammenarbeit zwischen Arbeitgebern und Arbeitnehmern.

▸ Unternehmerische Mitverantwortung einschließlich der Beteiligung an Erfolg und Misserfolg.

Flexibilisierung der Arbeitszeit

Neben der Ressource Geld i. S. der Vergütung von Leistungen, stellt die Ressource Zeit ein weiteres personalwirtschaftliches Feld dar, das unter Kosten- und Motivationsaspekten bearbeitet werden muss. Starre Tages-, Wochen- und Jahresarbeitszeiten entsprechen in vielen Unternehmen nicht den saisonalen oder konjunkturell bedingten Nachfrage- und Absatzschwankungen in Produktion und Dienstleistung. Arbeitszeitkonten sind das am weitesten verbreitete flexible Arbeitszeitmodell. Sie ersetzen das traditionelle, starre Muster der gleichmäßig über die Arbeitswoche verteilten Arbeits-

Arbeitszeitkonten

zeit und eröffnen sowohl den Unternehmen als auch den Arbeitnehmern die Möglichkeit, die Arbeitszeit flexibel und individuell zu gestalten. Auf einem persönlichen Zeitkonto des Mitarbeiters werden tagesbezogene Abweichungen zwischen der vereinbarten und der tatsächlich geleisteten Arbeitszeit saldiert.

Arbeitszeitkonten bieten folgende Chancen:
▸ optimale Reaktion auf schwankende Auftragslagen,
▸ effektiverer Einsatz der Arbeitskräfte,
▸ Vermeidung von Überstundenzuschlägen und Kurzarbeit für die Unternehmen,
▸ kundengerechte Öffnungs-, Service- und Ansprechzeiten,
▸ Sicherung des Unternehmens in krisenhaften Zeiten,
▸ Steigerung der Zeitsouveränität der Arbeitnehmer und höhere Arbeitszufriedenheit.

Abb. 6-11

Modelle flexibler Arbeitszeitgestaltung

Arbeitszeitmodelle	Beschreibung
Gleitzeit	Bei der Gleitzeit wird eine tägliche oder wöchentliche Kernarbeitszeit festgelegt (z. B. 9:00–15:00 Uhr), in der die Beschäftigten anwesend sein müssen. Den Rest ihrer Arbeitszeit dürfen sie innerhalb der Rahmenarbeitszeit (z. B. 7:00–19:00 Uhr) verteilen. Überstunden werden gemäß eines vertraglichen Vergütungsmodus oder einer Freizeitregelung ausgeglichen.
Arbeitszeitkonten	Arbeitszeitkonten ersetzen das starre Wochen- oder Monatsschema durch ein Jahresarbeitskonto. Hierdurch wird eine flexiblere Gestaltung des Arbeitszeitvolumens, sowohl für das Unternehmen als auch für die Arbeitnehmer erreicht. Voraussetzung ist, dass der Arbeitszeitsaldo im Jahresdurchschnitt mit der vertraglich vereinbarten Arbeitszeit übereinstimmt. Das Jahresarbeitszeitkonto ist die Summe aller Stunden, die ein Mitarbeiter in einem Jahr arbeiten muss. Dieses Budget wird folgendermaßen berechnet: 1. Schritt: Wochenstunden mal 13 Wochen = Stunden pro Quartal 2. Schritt: Quartalsstunden geteilt durch drei Monate = Monatsstunden. 3. Schritt: Monatsstunden mal zwölf Monate = Jahresstunden.
Ampelkonto	Das Ampelkonto stellt eine Erweiterung der vorherigen Arbeitszeitkonten dar. Hier wird ein »Warnsystem« eingerichtet, bei dem der Stundensaldo des Beschäftigten überprüft wird. Droht das Konto »überzulaufen«, bzw. wird zu viel Freizeit konsumiert, springt die Ampel – für Arbeitnehmer und Arbeitgeber erkennbar –nach einer grünen bzw. gelben Phase auf rot. Zweck dieses Automatismus ist, dass keine Zeitguthaben angesammelt werden, die nicht mehr durch Freizeitausgleich abgebaut werden können.
Sabbatjahr	Das Sabbatjahr wurde lange Zeit als Luxus betrachtet, der nur im marktfernen öffentlichen Dienst angeboten und genutzt wurde. Mittlerweile können auch Mitarbeiter der Unternehmensberatung McKinsey, die für harte Personalauswahl und hohe Arbeitsbelastung bekannt ist, unter Anrechnung auf die Bezüge, im Jahr ein »Sabbatical« bis zu drei Monaten in Anspruch nehmen.

Allerdings muss auch beachtet werden, dass

▸ Kostenersparnissen durch flexible Kapazitätsanpassungen, Kapitalkosten für nicht genutzte Maschinen gegenüberstehen,

▸ der Entwicklungs- und Administrationsaufwand des Zeiterfassungssystems zusätzliche Kosten verursacht,

▸ die Gewährleistung der »Zeitsparguthaben« besondere Maßnahmen der Rückstellung und der Insolvenzabsicherung bedürfen.

Die in Abb. 6-11 dargestellten Modelle flexibler Arbeitszeitgestaltung haben sich in der Praxis bewährt und sind Grundlage einer zeitgemäßen personalwirtschaftlichen Infrastruktur.

6.3.6 Personalentwicklung

Der Aufgabenkern einer professionellen Personalentwicklung (PE) besteht darin, auf der Grundlage aktueller und zukünftiger (strategischer) Job-Profile, Kompetenz-updates zu realisieren,

▸ um den *funktionalen Anforderungen* des Unternehmens zu entsprechen, z. B. durch

   – Produktschulungen,
   – EDV-Anwendungstrainings,
   – die Einweisung in neue Bilanzierungsrichtlinien,
   – die Simulation neuer Produktionsverfahren,
   – Workshops zur Nutzung von Social Media im Marketing,
   – Lernwerkstätten zur Entwicklung digitaler Intrapreneurship-Kompetenzen;

▸ um *interaktive Verhaltensstandards* im Kundenkontakt und der betrieblichen Zusammenarbeit zu setzen und abzusichern, z. B. durch

   – Verkaufs- und Verhandlungstrainings,
   – Kommunikations- und Führungsseminare,
   – Projektleiter-Coachings,
   – Teamentwicklungs-Workshops,
   – Zukunftswerkstätten für den Führungsnachwuchs,
   – Interkulturelle Verhaltenstrainings.

Idealtypisch leiten die Verantwortlichen der Personalentwicklung Maßnahmen aus bestehenden und zukünftigen Job-Profilen und deren Qualifikations- und Kompetenzbedarf ab. Die Evaluation dient der Optimierung der Ziele, Inhalte und Methoden der Personalentwicklungs-Maßnahmen. Die direkte oder indirekte Messung der Performance der Mitarbeiter (z. B. durch Befragungen der Vorgesetzten und der Mitarbeiter selbst) dient dazu, den Erfolg der Kompetenz-up-Dates zu überprüfen.

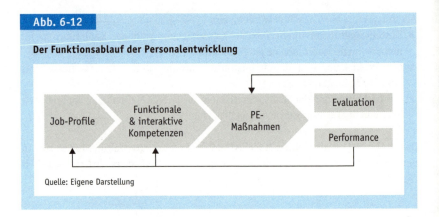

Abb. 6-12

Der Funktionsablauf der Personalentwicklung

Job-Profile → Funktionale & interaktive Kompetenzen → PE-Maßnahmen → Evaluation / Performance

Quelle: Eigene Darstellung

Formen der
Personalentwicklung

Geeignete Formen der Personalentwicklung sind u. a.

▶ ein Training »on the job«, beispielsweise beim Start eines neuen Fertigungsprozesses,

▶ ein Training »off the job«, z. B. bei dem Hersteller der Maschinen, die in dem neuen Fertigungsprozess bedient werden müssen,

▶ Seminare innerhalb oder außerhalb des Unternehmens,
– mit verhaltensorientierten Trainingsinhalten,
– zur Einarbeitung mit Mentoren-Betreuung,
– für Coaching- und Teamentwicklungsmaßnahmen,
– zur Durchführung thematischer Workshops.

Darüber hinaus gehören Trainee- und Führungsnachwuchs-Programme in das Aufgabenspektrum der Personalentwicklung. Eine individualisierte Karriere- und Nachfolgeplanung mit einem mittleren Zeithorizont lässt sich in großen Konzernstrukturen realisieren, birgt aber die Gefahr zentralistischer Planwirtschaft mit vielen Unbekannten in sich. In der Praxis reicht die Spannbreite der Aktivitäten in der Personalentwicklung, z. B. von der Entsendung einzelner Mitarbeiter zu Seminaren

Information

Personalentwicklung und Hochschulangebote

Im Rahmen der betrieblichen Aus- und Weiterbildung spielt die Zusammenarbeit mit Hochschulen eine immer größere Bedeutung. Traditionell bieten viele Hochschulen Zertifikatskurse im Rahmen der »Wissenschaftlichen Weiterbildung« an. Einen Bachelorabschluss können Studierende dualer Studiengänge additiv zu ihrer Berufsausbildung erwerben. Noch zaghaft entwickeln sich integrierte Angebote, nach dem Prinzip der Gleichwertigkeit, aber nicht der Gleichartigkeit, die Berufsausbildung und die Hochschulausbildung miteinander verzahnen (vgl. Merk, R./Krüger, W. 2012). Durch die Modellversuche »Offene Hochschule« soll Berufstätigen auch ohne Hochschulzugangsberechtigung ein berufsbegleitendes Studium ermöglicht werden.

des Branchenverbands, einem eigenen Weiterbildungsprogramm bis hin zu einem Unternehmenscampus mit akademischem Anspruch.

Der Nutzen gezielter Personalentwicklung, die nicht als »Reparaturwerkstatt«, sondern als »Zukunftswerkstatt« verstanden wird, besteht

▸ in einem hohen bedarfsgerechten Kompetenz- und Qualifikationsniveau der Mitarbeiter,

▸ der Förderung eines positiven Lernklimas und geistiger Flexibilität und erhöhter Motivation bei den Mitarbeitern sowie

▸ der Steigerung der Attraktivität des Arbeitgebers (Personalmarketing).

Personalentwicklung im »VHS-Format« nach dem Prinzip »Wünsch dir was« erzeugt dagegen

▸ einen hohen Aufwand ohne messbaren Nutzen,

▸ eine insgeheime Entwertung von Qualifizierungsmaßnahmen im Bewusstsein der Mitarbeiter, da auf eine Lerntransfersicherung verzichtet wird,

▸ einen »Seminartourismus«, der schnell zum Bestandteil des Anspruchsdenkens von Mitarbeitern wird.

Grenzbereiche der Personalentwicklung

Schlüsselbegriffe

▸ **Assessment Center**
▸ **Arbeitszeitkonten**
▸ **Diversity Management**
▸ **Employer Branding**
▸ **Entgeltfindung**
▸ **Fachkräftemangel**
▸ **Marke Mittelstand**
▸ **Mitarbeiter-Kapitalbeteiligung**
▸ **Personal**
   – auswahl
   – beschaffung
   – entwicklung
   – marketing
   – wirtschaft

7 Mitarbeiterführung

Leitfragen

Ist Mitarbeiterführung noch zeit-gemäß?

▸ Der Führungsauftrag

▸ Dilemmata der Führung

Welche Aufgaben hat eine Führungskraft?

▸ Demotivation vermeiden

▸ Aufgaben und Ziele kommunizieren

▸ Rückmeldung geben

▸ Gruppenprozesse fördern

7.1 Grundlagen der Führung

Unternehmen verfügen innerhalb ihres Organisationsgefüges über *Leitungs-* und *Ausführungsstellen* (vgl. Kapitel 5.2.1) deren Zweck es ist, die erwerbswirtschaftlichen Ziele des Unternehmens optimal zu erfüllen. Zu dem Auftrag der Mitarbeiter mit Leitungsfunktion gehört, neben der Erfüllung eigener Fachaufgaben, die Mitarbeiterführung. Die Organisationsentwicklung der letzten Jahrzehnte zu schlanken Strukturen, Teamarbeit und Projektmanagement und die Theorie und Praxis einer partnerschaftlichen Unternehmenskultur haben zwar das Verständnis von Führung verändert, nicht aber die Funktion überflüssig gemacht. Aus den Aufgaben, die einer Organisationseinheit und deren Mitarbeitern zugeordnet werden, erwächst auch der Führungsauftrag.

> Führung heißt, dazu beizutragen, dass die Aufgaben der Mitarbeiter und einer Organisationseinheit in der richtigen Zeit und Qualität und im richtigen Umfang erfüllt werden.

Die Erfüllung des Führungsauftrags schließt Koordinations-, Informations- und Kontrollaufgaben ein. Neben diesem rein funktionalen Führungsverständnis haben Mitarbeiter aber auch einen Anspruch auf individuelle Orientierung und Feedback. Der Ausgestaltungsspielraum von »Führung« variiert allerdings erheblich in Abhängigkeit von dem tätigkeits- und persönlichkeitsbedingten Selbststeuerungsgrad der Mitarbeiter, der Führungsphilosophie des Unternehmens und der Persönlichkeit der Führungskraft.

Mitarbeiter haben einen Anspruch auf Führung

▶▶▶ Das eigenständige Handeln und Entscheiden von Mitarbeitern in einem definierten Rahmen gehört zum Selbstverständnis zeitgemäßer Unternehmensführung,

▶ Auch in der stark automatisierten und normierten Produktion ist das Mitdenken und eigenständige Handeln im Rahmen teilautonomer Fertigungsprozesse erwünscht. Grundsätzlich gilt aber, dass bei notwendigen Entscheidungen und in Konfliktsituationen Führung wieder gefragt ist.

▶ Softwareentwickler, Marketing- und Eventagenturen, F&E-Abteilungen »leben« von der »Grenzüberschreitung« abgesteckter Pfade und Areale. Der Mitarbeiter-Freiraum wird zum Kreativinstrument.

▶ In der z. T. virtuell organisierten Arbeitswelt webbasierter Entwickler ist zwar Koordination noch erforderlich, aber die »Berichterstattung« an einen »Vorgesetzten« wird durch prozessuale Abstimmung in Teams nahezu ersetzt. ◀◀◀

Grundsätzlich ist die Wahrnehmung einer Führungsaufgabe anspruchsvoll,

▶ weil Führungskräfte nicht nur Mitarbeiter, sondern meist auch selbst Vorgesetzte haben und sich in einer »Sandwichposition« befinden,

▶ die Zusammenarbeit zwischen Führungskräften und Mitarbeitern nicht nur durch Sachthemen bestimmt wird, sondern auf der Beziehungsebene (unausgesprochene) Emotionen, wie Sympathie, Antipathie und Rivalität eine Rolle spielen können,

▶ Führungskräfte Vorbildfunktion haben sollen, aber naturgemäß auch eigene Schwächen besitzen,

▶ Spezialisten und Wissensarbeiter ihren Führungskräften in der Sache meist weit voraus sind,

▶ die Gruppe der Mitarbeiter nicht homogen ist, sondern aus Individuen mit unterschiedlicher intellektueller Kapazität, Motivation und Persönlichkeit besteht,

▶ der hierarchische Aufstieg in eine Position mit Mitarbeiterverantwortung nicht zwingend mit der Neigung und Eignung für Führungsaufgaben begründet ist,

▶ das Zeitbudget für Führungsaufgaben häufig, objektiv oder aufgrund falscher Prioritätensetzung und schlechtem Zeitmanagement, begrenzt ist.

Dilemmata der Führung

O. Neuberger hat bereits 1995 axiomatisch die Dilemmata der Führung beschrieben, d. h. die Zwickmühle oder die (scheinbare) Ausweglosigkeit in den Situationen, in denen sich Führungskräfte befinden. Führungskräfte haben die Alternativen:

▶ Mitarbeiter als Objekte der Zielerreichung oder als Subjekte der Selbstentfaltung zu betrachten,

▶ alle Mitarbeiter gleich zu behandeln oder auf ihre Einzigartigkeit einzugehen,

▶ Distanz zu wahren oder die Nähe zu suchen,

▶ direktiv oder nicht-direktiv zu handeln,

▶ Fachmann oder Generalist zu sein,

▶ die Gesamtverantwortung auch für die Fehler der Mitarbeiter zu übernehmen oder den Fehlern bei den Mitarbeitern nachzugehen,

▶ zu bewahren oder zu verändern,

▶ Konkurrenz oder Kooperation zu fördern,

- zu treiben oder abzuwarten,
- sich auf die Gruppe der Mitarbeiter zu konzentrieren oder sie nach außen zu orientieren,
- nur am Ergebnis orientiert zu führen oder die Mitarbeiter auf dem Weg der Zielverfolgung zu begleiten,
- besondere materielle Anreize zu schaffen oder das gemeinsame wert- und werteorientierte Handeln zu betonen,
- primär die eigene Karriere zu verfolgen oder die Entwicklung des Teams zu fördern (vgl. Neuberger, O. 1995).

Um trotz dieser Dilemmata handlungsfähig zu bleiben, müssen Führungskräfte nach dem jeweiligen situativen Kontext und dem Reifegrad der Mitarbeiter handeln (vgl. Hersey, P./Blanchard, K. H. 1988) und sich zugleich von dem Zwang befreien, es allen recht machen zu wollen. Das allerdings erfordert ein hohes Maß an Fähigkeiten, die unterschiedlichen Rollenerwartungen »auszuhalten« (Ambiguitätstoleranz) und auch Ablehnung erfahren zu können (Frustrationstoleranz). Erfolgreiches Führen kann man nur sehr begrenzt in Seminaren lernen und ist weniger an Führungstechniken als an die Persönlichkeit gebunden (vgl. Kapitel 1.3.1).

Authentisches und kongruentes Verhalten

F. Malik weist in diesem Zusammenhang auf die Bedeutung der Dimension »Vertrauen« im Kontext von Führung und Zusammenarbeit hin. Demnach bewirken Führungskräfte, denen es gelingt, durch ein *authentisches und kongruentes Verhalten* – trotz aller sonstigen Fehler – Vertrauen bei den Mitarbeitern zu wecken, eine höhere Leistungsbereitschaft als Führungskräfte, die mit unterschiedlichen Mitteln versuchen, Motivation zu wecken. Diese sitzen möglicherweise dem »Mythos Motivation« (vgl. Sprenger, K.1996) auf, indem sie auf manipulative Motivationspraktiken und nicht auf die Selbstverantwortung und Autonomie der Mitarbeiter setzen. Statt motivieren zu wollen, sollte es für Führungskräfte vor allem um die Frage gehen, wie vermeide ich Demotivation.

7.2 Aufgaben von Führungskräften

7.2.1 Demotivation vermeiden

Das Thema Motivation, insbesondere Arbeits- und Leistungsmotivation, ist ein breit und tief behandeltes Fachgebiet innerhalb der Psychologie und der Managementlehre. Klassische Ansätze stammen von A. H. Maslow (1977), F. Herzberg (1959), D. McCellan (1961), auf die hier aber nicht weiter eingegangen wird. Als Motivation werden die *Beweggründe* bezeichnet, die Menschen dazu veranlassen, etwas zu tun oder bei fehlender Motivation, zu unterlassen. Die Gründe »sich zu bewegen« um etwas zu tun, sind naturgemäß vielfältig. Die hier gewählte Perspektive auf das Phänomen Motivation für berufliches Handeln ergibt sich aus einer explorativen Befragung des Autors von ca. 500 Berufspraktikern aus unterschiedlichen Tätigkeitsfeldern. Daraus ergibt sich ein geordnetes Bündel von Motiven, das nach Häufigkeit der Nennung

Abb. 7-1

Motivation als Bündel von Motiven

Geld

Anerkennung

Tätigkeit

Sozialer
Kontakt

Einfluss

Motivation

Erfolg

Anforderung

Prestige

Struktur

Quelle: Eigene Darstellung

und der inhaltlichen Beschreibung als Grundmuster der Mitarbeitermotivation angenommen werden kann (vgl. Krüger, W. 2015 und Abbildung 7-1).

Auch wenn hier nicht der Anspruch erhoben wird, dass die in explorativen Interviews ermittelten Ergebnisse den empirischen Gütekriterien der Objektivität, Reliabilität und Validität voll entsprechen, geben die genannten Dimensionen der Motivation doch praktische Hinweise darauf, wie Führungskräfte Demotivation vermeiden können.

Mitarbeitermotivation –
Grundmuster

Motiv: Geld

Geld ist ein wichtiger Motivator. Allerdings löst die Gehaltszahlung auf das Girokonto keine sinnliche Freude aus (wie das Dollarbad von Onkel Dagobert im Geldbunker von Entenhausen), sondern mittelbar durch den Erwerb lebensnotwendiger Güter und – wenn möglich – von Luxusgegenständen. Bewegen sich bei einem Arbeitnehmer die Einkünfte durch die eigene Arbeit im Rahmen dessen, was auch andere Personen seiner Stellung und Tätigkeit verdienen, kann der Wunsch, mehr zu verdienen zwar latent sein, wirkt sich aber nicht unmittelbar als Motivator oder Demotivator aus.

Je mehr Führungskräfte unmittelbar Einfluss auf die Höhe der Bezüge bzw. Boni haben, desto sensibler wird das Thema Motivation. Im Tarifbereich ist der Vorgesetzte bei der Entgeltfindung außen vor. Günstig ist, wenn Bonuszahlungen als allgemeine Erfolgsbeteiligung ausgewiesen werden. Das signalisiert Anerkennung gegenüber allen Mitarbeitern. Ritualisierte, alljährliche Runden individualisierter Bonuszahlungen, auf die Vorgesetzte unmittelbar Einfluss haben, sind Ausgangspunkt von Querelen und Demotivation: Erfolgt in einem Jahr eine Bonuszahlung wird sie auch für das kommende Jahr erwartet. Bleibt sie aus oder fällt sie geringer aus, gerät die Führungskraft in Argumentationsnöte (vgl. Kapitel 7.2.2).

Motiv: Sinn/Arbeit

Für Mitarbeiter ist es wichtig und motivierend, in den Aufgaben und den Zielen der Arbeit einen Sinn zu sehen: Die Wahrnehmung der Besonderheit der Produkte und Dienstleistungen und deren Qualität, mit denen man sich identifizieren kann und die eigene Leistung, die zum Gelingen des Großen und Ganzen beiträgt, kann Grundlage einer positiven Arbeitseinstellung sein. Untersuchungen und Befragungen kommen immer wieder zu dem Ergebnis, dass eine »sinnvolle Tätigkeit« von Mitarbeitern als befriedigend und motivierend empfunden wird und einen höheren Stellenwert einnimmt als die Bezahlung.

Je anspruchsvoller eine Tätigkeit, desto höher die Chance auf erfüllenden Sinngehalt. Motivation ist dann ein Selbstläufer. In Phasen grundlegender individueller beruflicher »Sinnkrisen« von Mitarbeitern ist das Handlungsrepertoire von Führungskräften beschränkt. Häufig gerät bei Mitarbeitern das selbst geschaffene Sinn- und Motivationskonstrukt durch äußere Veränderungen, wie betriebliche Umstrukturierungen oder eine Fusion ins Wanken. Hier sind Führungskräfte als Gesprächspartner gefragt, die Verständnis für die Verunsicherung zeigen, aber auch unmissverständlich in die neue Richtung weisen.

Sinnverlust führt in die Krise

Motiv: Anerkennung

Zahlreiche Untersuchungen weisen darauf hin, dass eine persönliche Anerkennung von Leistungen durch einen Vorgesetzten positive Empfindungen mit Langzeitwirkung auslöst. Eltern verstärken mit pädagogischem Eifer erwünschte Verhaltensweisen und Lernfortschritte ihrer Kinder. Dieses asymmetrische Interaktionsmodell ist für den Berufsalltag nicht geeignet. Umso mehr kommt es bei der persönlichen Anerkennung auf Echtheit und kongruentes Verhalten der Führungskraft an, was nicht nur verbal zum Ausdruck gebracht wird.

Die Führungskraft ist für viele Mitarbeiter (bewusst oder unbewusst) eine Symbolfigur (ein »signifikant Anderer«), deren Verhaltensmuster gegenüber Mitarbeitern in der Art und Häufigkeit der Ansprache, in Gestik und Mimik gedeutet werden. Damit werden unterschwellig Signale der Anerkennung oder des Verweigerns von Anerkennung gedeutet. Führungskräfte müssen sich dieser symbolischen Rolle bewusst sein.

Non-verbale Kommunikation

Berufliche Gratifikationskrisen

J. Sigrist sieht aus medizinsoziologischer Sicht in der Berufswelt Anzeichen zunehmender »Gratifikationskrisen« bei Mitarbeitern. Erleben Mitarbeiter aufgrund ihrer subjektiven hohen »beruflichen Verausgabungsneigung« dauerhaft keine adäquate »Belohnung« durch Wertschätzung, Arbeitsplatzsicherheit, Gehalt und beruflichen Aufstieg, können Sie in eine Gratifikationskrise geraten. Die Folgen können Erscheinungsformen des »Präsentismus« (gestresst-ängstliche und leistungsschwache Anwesenheit am Arbeitsplatz), ein *Burn-out-Syndrom* (Depression), die Flucht in eine zynische Grundhaltung und schließlich psychosomatisch bedingte Krankheiten sein. Sigrist misst die berufliche Gratifikationskrise auf einer »Verausgabungsskala«, (wahrgenommene Anforderungen), einer »Belohnungsskala« (erfahrene oder zugesicherte Gratifikationen, Wertschätzung, Arbeitsplatzsicherheit) und bildet daraus einen »Verausgabungs-Belohnungs-Quotienten«.

Motiv: Soziale Kontakte

Der soziale Kontakt mit anderen Menschen ist ein besonders wichtiger Motivator im Berufsleben. Dabei ist eine durch wechselseitige Anerkennung gekennzeichnete Arbeitsbeziehung unter den Mitarbeitern eine gute Voraussetzung für ein produktives Leistungsklima. Neben der kollegialen Gemeinschaft mit ihren Ritualen und Späßen lässt auch die harte sachliche Auseinandersetzung mit anderen den Berufsmenschen spüren, dass er lebendig ist. Wer von zu Hause aus arbeitet oder wer aus dem Berufsleben herausfällt, vermisst dieses soziale Netzwerk schmerzlich, denn die Interaktion mit anderen Menschen ist konstitutiv für die eigene Identität.

Mitarbeiter sind für die Gestaltung ihrer Arbeitsbeziehungen selbst verantwortlich. Auch Spannungen in der Gruppe oder zwischen einzelnen Gruppenmitgliedern sollten der Selbstregulation unterliegen. Leidet allerdings die Leistungsfähigkeit der gesamten Gruppe durch angewachsene Spannungen, muss eine Führungskraft eingreifen. Für Führungskräfte ist es wichtig zu erkennen, ob einzelne Mitarbeiter ausgegrenzt werden. Mobbing erfordert den Einsatz der Führungskraft!

Motiv: Herausforderung

Burn-out- und
Bore-out-Syndrom

Die Verhaltensbiologie lehrt, dass der Mensch nicht für das »Schlaraffenland« geschaffen wurde, sondern auf Anstrengung programmiert ist. Der Appell, »Fordern statt verwöhnen« (vgl. von Cube, F./Alshuth, D. 1996) gilt nicht nur in der Erziehung, sondern auch im Berufsalltag. Im Extremfall kann dauerhafte Unterforderung zum Gegenteil des Burn-out-Syndroms, nämlich zum Bore-out-Syndrom führen. Mangelnde Herausforderungen und als sinnlos erlebte Routinen können besonders leistungs- und wettbewerbsorientierte Menschen zu destruktiven Schlechtleistern machen. Sie brauchen herausfordernde Ziele, die ihnen auch besondere Anstrengungen abverlangen. Sie sind »aufgeschlossen für neue Erfahrungen« (vgl. Kapitel 1.3). Anstrengung und Ehrgeiz sollen auch der Karriere dienen.

Führungskräfte müssen erkennen, wie sie leistungsfähige und leistungsbereite Mitarbeiter durch besondere Aufträge und Projekte vor Unterforderung »schützen«. In den Unternehmen, in denen Entwicklung und Innovation auf der Tagesordnung stehen, stellen sich die Herausforderungen für die Mitarbeiter von selbst. Allerdings muss auch gesehen werden, dass ein nicht zu unterschätzender Teil von Mitarbeitern im Bereich routinierter Sachbearbeitung Veränderungen scheut. Neugierde und Herausforderungen werden in die Freizeit verlegt. Soweit sie dabei die von ihnen geforderte Leistung nicht vernachlässigen, besteht kein Handlungsbedarf. Da aber Veränderungen und neue Herausforderungen vor keinem Arbeitsbereich halt machen, müssen Führungskräfte auch mit direktiven Arbeitsanweisungen aktiv werden.

Motiv: Struktur/Routine

Routine ist ein janusköpfiges Phänomen. Sie kann Menschen zu Maschinen machen, die nicht mehr aus ihrem Takt heraus wollen oder können. Andererseits können Routine und Rituale Strukturen und Abläufe schaffen, die nicht ständig hinterfragt werden müssen und damit frei für schöpferische Arbeit machen. Mitarbeiter, die aufgrund von Krankheit oder Arbeitslosigkeit aus dem Ordnungsrahmen der Arbeitswelt herausfallen, wissen, was ihnen fehlt. Routinen können die Persönlichkeit stabilisieren und Ungewissheit und Ängste abwehren helfen.

Führungskräfte werden bei der Beobachtung von Mitarbeitern schnell erkennen, ob Routinen produktiven Charakter haben, oder als »mentale Abschaltprogramme« dienen. Im zweiten Fall ist es eine Frage, in welchem Verhältnis Aufwand und Nutzen zueinander stehen, einen Mitarbeiter, der seine Arbeit macht, der Routine zu entreißen.

Thank god it's Monday

Motiv: Status/Prestige

Das unterschiedliche gesellschaftliche Prestige von Berufen, Funktionen und Tätigkeiten (und das Image einer Branche und eines Unternehmens) können im positiven wie im negativen Sinne die Motivation von Mitarbeitern beeinflussen. Betriebsintern hat neben dem individuellen Status im Netzwerk eines Unternehmens auch der formelle Status für Mitarbeiter eine motivationsfördernde Bedeutung.

Auch wenn heute in den meisten Unternehmen tief gestaffelte Hierarchien mit entsprechenden Titeln und Bezeichnungen out sind, kommt einer wohldosierten Positionsdifferenzierung ein hoher Stellenwert für die Leistungsbereitschaft und das Selbstwertgefühl der Mitarbeiter zu.

Motiv: Erfolg

»Erfolg macht erfolgreich«. Erfolg ist ein ganz starker Motivator, Misserfolg lähmt.

Unterschieden werden kann zwischen einem erfolgsmotivierten beruflichen Handeln und einem Misserfolgs-Vermeidungs-Verhalten.

Einzelnen Mitarbeitern und Teams Erfolgschancen zu bieten und Erfolge zu »feiern« und bei Misserfolgen und Fehlern, Mitarbeiter nicht vorzuführen, gehört zu den Aufgaben von Führungskräften.

Motiv: Einfluss/Macht

Der Begriff »Macht« ist in der Berufswelt unüblich. Gemeint ist aber das bewusste Streben nach und die Befriedigung durch die aktive Einflussnahme auf Menschen und Prozesse und die Messbarkeit dieses Einflusses durch Ergebnisse.

Führungskräfte helfen aufstiegswilligen Mitarbeitern, die nach Verantwortung streben bei der Suche nach betrieblichen Karriereleitern, auch wenn sie diese Mitarbeiter in ihrer Organisationseinheit verlieren.

7.2.2 Aufgaben und Ziele kommunizieren

Führen braucht Ziele

Mitarbeiter eines Unternehmens mit ausführenden Tätigkeiten verlangen nach Orientierung. Klar formulierte Aufgaben mit definierten Leistungsstandards und Terminen sowie festgelegte Zuständigkeiten sind die Rahmenbedingungen, nach denen die meisten Mitarbeiter im Unternehmen verlangen. Das Bild vom sachbearbeitenden »Unternehmer im Unternehmen« stimmt weder aus Mitarbeiter- noch aus Unternehmenssicht. Arbeit muss sachgerecht, effektiv und effizient ausgeführt werden. Dabei ist selbstständiges Denken im klar definierten Handlungsrahmen durchaus auch erwünscht. Dem muss auch von Führungskräften entsprochen werden.

Zentrale Aufgabe

Zentrale Aufgabe einer Führungskraft ist demzufolge, die prozessbegleitende Unterstützung von Mitarbeitern bei der Erfüllung ihrer Tätigkeiten, wie sie sich aus der Zuordnung von Hauptaufgaben (Stellenbeschreibung), bzw. deren dynamischer Weiterentwicklung ergeben. Dabei geht es um einen gemeinsamen Aufgabencheck: Welche Aufgaben werden gerade erledigt, welche Aufgaben stehen an? Gibt es neue Aufgaben, die übernommen werden müssen, oder gibt es »vagabundierende Aufgaben«, für die sich keiner zuständig fühlt? Diese »Führungsalltagsarbeit« kann erweitert werden durch Zielvereinbarungen mit einzelnen Mitarbeitern oder dem Mitarbeiterteam, wenn es besondere strategische oder operative Prioritäten erfordern. Das können zeitlich begrenzte Aktionen und Projekte oder das Erreichen bestimmter Qualitätsstandards sein. Die prozessbegleitende Aufgabenbegleitung von Mitarbeitern und die Vereinbarung von besonderen Zielen ermöglicht es Mitarbeitern, Teams und Führungskräften, den roten Faden der Zusammenarbeit aufzunehmen und zu verfolgen. Daraus ergibt sich ein kommunikativer Regelkreis mit zentralen Knotenpunkten.

Abb. 7-2

Regelkreis der Aufgaben- und Zielkommunikation

Information

Controlling & Coaching

Kommunikation

Delegation

Planung & Organisation

Quelle: Eigene Darstellung

Information

Kontinuierlicher Bestandteil des Führungsprozesses ist die Information der Mitarbeiter durch die Führungskraft über

▸ die Unternehmensstrategie und die Jahresplanung,
▸ eigene Zielvorstellungen und die Erwartungen an die Organisationseinheit,
▸ eigene Erwartungen an die Mitarbeiter.

Information erfolgt aber nicht nur einseitig. Die Mitarbeiter informieren die Führungskraft

▸ über den Stand gegenwärtiger Arbeiten,
▸ Probleme und Engpässe bei der Aufgabenerfüllung,
▸ eigene Zielvorstellungen, Ideen und Pläne.

Delegation

Die Übertragung von Verantwortung für neue Aufgaben und das Erreichen messbarer individueller oder gruppenbezogener Resultate in einer bestimmten Zeit eröffnet für Mitarbeiter Spielräume für Eigeninitiative und eigenverantwortliches Handeln. Dabei verantworten

▸ die Führungskräfte den Handlungsrahmen und die Sicherstellung der Ressourcen,
▸ die Mitarbeiter die Wahl der Maßnahmen und Mittel zur Aufgabenerfüllung und der Erreichung vereinbarter Ziele.

Planung und Organisation

Vereinbarte Ziele beschreiben messbare Ergebnisse zu bestimmten Zeitpunkten. Das erfordert ein gemeinsames »Rückwärtsplanen«

▸ von Maßnahmen zur Zielerreichung,
▸ gangbarer Wege und die Vorwegnahme möglicher Hindernisse,
▸ die Festlegung von Meilensteinen, an denen die Zwischenergebnisse gemessen und über das weitere Vorgehen beraten wird.

Vereinbarte Aufträge und geschlossene Zielvereinbarungen schaffen wechselseitig Verbindlichkeit: Zur Zielerreichung benötigte Ressourcen, zum Beispiel Sachmittel, Marketingunterstützung oder DV-Kapazitäten, müssen gemeinsam geplant, von der Führungskraft aber organisatorisch sichergestellt werden.

Controlling und Coaching

Aufgabendelegation und Zielvereinbarungen mit wechselseitiger Verbindlichkeit für Führungskräfte und Mitarbeiter erfordern regelmäßige gemeinsame

▸ Soll-Ist-Vergleiche,
▸ Analysen der Ursachen von Problemen,
▸ neue Steuerungsimpulse und gegebenenfalls Zielkorrekturen.

Dieser Prozess erfordert Führungskräfte,

▸ die einzelnen Mitarbeitern und Teams ein Feedback zum Stand des Erreichten geben; das schließt Anerkennung und Kritik ein,
▸ die Rückmeldungen aus der Sicht des Mitarbeiters aufzunehmen.

Ritualisierte Zielvereinbarungen

Diese Form der prozessbegleitenden Führung und anlassbezogenen »sanften« Zielvereinbarung unterscheidet sich von dem Prinzip des »Führens mit Zielen« (Management by Objectives), wie es bereits 1956 von P. Drucker entwickelt wurde, (von dem er sich selbst später vorsichtig distanzierte) und das in vielen Unternehmen mit wenig Erfolg praktiziert wird. »Führen mit Zielen« erfordert von Führungskräften und einzelnen Mitarbeitern strikt operationalisierte, d. h. eindeutig messbare und terminierte Ziele, die schriftlich vereinbart werden. Was sich aus betriebswirtschaftlicher Sicht als plausibel darstellt und dem Grundsatz, »was du nicht messen kannst, kannst du nicht managen« zu entsprechen scheint, erweist sich in der Praxis als frustrierende bürokratische Übung. Im Jahresturnus wird von Mitarbeitern und Vorgesetzten mühselig versucht, Mitarbeiterziele zu formulieren, die hohe formale Ansprüche erfüllen: Sie sollen

▸ aus übergeordneten Zielzusammenhängen »heruntergebrochen« werden,

▸ nach Hauptzielen, Nebenzielen und Maßnahmen geordnet werden,

▸ für Person und Unternehmen gleichermaßen relevant sein,

▸ in einem begründeten Zusammenhang mit den Hauptaufgaben des Stelleninhabers und den übrigen Team- und Abteilungszielen stehen,

▸ anspruchsvoll und motivierend sein, aber nicht zu hoch und nicht zu niedrig angesetzt werden,

▸ durch den Stelleninhaber wirklich beeinflussbar sein,

▸ so abgegrenzt sein, dass die Zielerreichung nicht von den Leistungen anderer abhängig ist.

Führungskräfte und Mitarbeiter, die den Auftrag ernst nehmen, verheddern sich meist in langen Sitzungen in fruchtlosen Deduktions- und Abgrenzungsdebatten. Andere kürzen den Prozess ab und formulieren die Stellenbeschreibung in Ziele um. Wiederum andere formulieren unverbindliche Absichtserklärungen oder »Peanuts-Ziele«. Auf diese Weise wird die Zielvereinbarung zur ungeliebten betrieblichen Praxis, an der man nicht vorbeikommt, die aber als zahnloser Papiertiger nicht wirklich ernst genommen wird.

Bonuszahlungen

Ernst werden die Zielvereinbarungen dann genommen, wenn mit ihnen Bonuszahlungen verbunden sind. Dieser Ansatz wird immer wieder damit begründet, dass Leistung sich lohnen muss und das Prinzip »Gießkanne« nicht individuelle Leistungsunterschiede berücksichtigt. Grundsätzlich ist aber mit dem Ansatz leistungsorientierter Bezahlung auf der Basis von Zielvereinbarungen eine fatale Grundannahme verbunden: Mitarbeiter halten Leistungsreserven zurück und aktivieren diese erst, wenn mit zusätzlicher Bezahlung gewunken wird.

Damit wird zwischen Führungskräften und Mitarbeitern ein Spiel eröffnet, das viel Energie von den Akteuren fordert, die dem Unternehmen aber keinen Nutzen bringt, weil

▸ die Mitarbeiter möglichst niedrige Erwartungen hinsichtlich der Ziele bei ihren Führungskräften wecken wollen, damit sie in den vollen Genuss eines Bonus kommen,

▸ Führungskräfte an »schlichten Zielen« der Mitarbeiter, die sich leicht messen lassen, mehr Interesse haben als an komplexen Aufgaben und Projekten, bei denen sie kaum Einblick nehmen können,

▸ es aus Führungskräften »Pfennigfuchser« macht, die mit scheingenauen Instrumenten Zielerreichungsgrade errechnen und in Bonusbeträge umrechnen,

▸ quantitative, messbare Ziele, die sich in einen Bonus umrechnen lassen im Vorder-
grund stehen, während qualitative Ziele vernachlässigt werden,

▸ das Verfolgen der Jahresziele Mitarbeiter mit Scheuklappen agieren lässt, wodurch
Veränderungen am Markt gar nicht wahrgenommen werden.

Führung muss sich an den definierten Aufgaben und den aktuellen Anforderungen
an die Organisation, die Abteilung und die Mitarbeiter orientieren. Das schließt auch
kurz- bis mittelfristige Ziele ein. Das ist aber keine Routineübung, sondern eine Orientierung an besonderen Herausforderungen mit hohem Sinngehalt.

7.2.3 Potenziale erkennen – Rückmeldungen geben

7.2.3.1 Das Mitarbeiterportfolio

Ein Instrument zur Einschätzung der eigenen Mitarbeiter aus der Perspektive einer
Führungskraft stellt ein Mitarbeiterportfolio dar. Daraus lassen sich Verhaltensstra-
tegien für die Führungsarbeit ableiten. Angelehnt ist diese Darstellungsweise an das
absatzwirtschaftliche Produktportfolio der Boston-Consulting-Group. Die mit dem
Portfolio verbundene Modellvorstellung besagt, dass Produkte idealtypisch von ihrer
Einführung bis zur Herausnahme aus dem Sortiment einen »Lebenszyklus« durchlaufen, vom »Hoffnungsträger« bis hin zum »Problemfall«. Dem Einwand, Menschen
seien keine Produkte und eine Vierfelder-Matrix werde nicht der Vielschichtigkeit
und Differenziertheit von Mitarbeitern gerecht, halten wir entgegen: Einfach anfan-

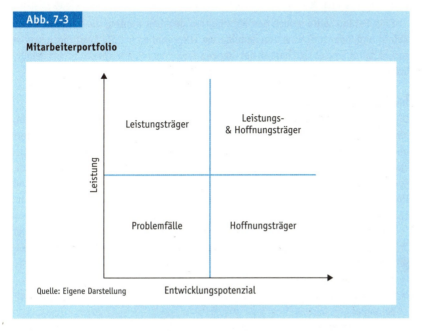

Abb. 7-3

Mitarbeiterportfolio

Leistungsträger

Leistungs-
& Hoffnungsträger

Leistung

Problemfälle

Hoffnungsträger

Quelle: Eigene Darstellung

Entwicklungspotenzial

gen ist besser als gar nicht anzufangen – kompliziert wird es ohnehin in jedem einzelnen Fall von alleine.

Mit dem Mitarbeiterportfolio werden die gegenwärtige Leistung und das Entwicklungspotenzial von Mitarbeitern ins Verhältnis zueinander gesetzt. Mit dem Entwicklungspotenzial sind die Bereitschaft und die Fähigkeit gemeint, neue, komplexere
Aufgaben und Funktionen zu übernehmen, Neues zu lernen und mehr Verantwortung
zu übernehmen.

Die »Problemfälle«

Schwachen Mitarbeitern
gerecht werden

Nahezu in jedem Unternehmen gibt es Mitarbeiterinnen und Mitarbeiter, die dauerhaft eher schwache Leistung zeigen. Erkennbar wird das an

▸ Mängeln in der Quantität und Qualität der Leistung,
▸ mangelnder Flexibilität und Belastbarkeit,
▸ Verhaltensmängeln gegenüber Kunden und Kollegen mit nachweislichen Folgen,
▸ hohen Fehlzeiten.

Drei Teilmengen dieser Gruppe bedürfen der besonderen Betrachtung. Das sind:

▸ Mitarbeiter, die aufgrund von Alter und Krankheit einen Teil ihrer Leistungsfähigkeit eingebüßt haben, sich aber im Rahmen ihrer Möglichkeit engagieren,
▸ Mitarbeiter mit angeborenen oder erworbenen Behinderungen,
▸ Mitarbeiter, die sich aufgrund persönlicher Krisen, z. B. der Tod eines engen Angehörigen oder einer anderen familiären Krise, vorübergehend in einem Leistungs-
  tief befinden.

Mit diesen Mitarbeitern ist ein umsichtiger und unterstützender Stil angebracht.
Schließlich handelt es sich bei den objektiven Leistungsmängeln nicht um böse Absicht.

Kein Pardon sollte jedoch den Mitarbeitern gegeben werden, die mit bewusstem
Kalkül und/oder aufgrund von geduldetem »Gewohnheitsrecht« Leistungsreserven
zurückhalten und es sich hart an der Grenze zur »Schlechtleistung« dauerhaft gemüt-
lich eingerichtet haben.

Die »Leistungsträger«

Die Leistungsträger in einem Unternehmen lassen sich dadurch charakterisieren,
dass sie eine gute, zuverlässige Leistung erbringen. Weder aus Sicht des Mitarbeiters
noch des Unternehmens sind besondere Karrieresprünge zu erwarten. Die persönliche Personalentwicklung ist weitgehend abgeschlossen. Die heutigen Leistungsträger waren zumeist auch die »Stars« in vergangenen Tagen, also die »Leistungs- und
Hoffnungsträger« zugleich. In der Regel handelt es sich also um ältere Mitarbeiter im
Leistungszenit.

Gerade in schwierigen Phasen sind diese Mitarbeiter mit ihrem Wissen und ihrer
Erfahrung eine große Stütze für das Unternehmen. Zudem sind keine großen Überra-
schungen zu erwarten:

▸ Die Wechselbereitschaft ist eher gering,
▸ die Erwartungen der Mitarbeiter bezüglich Einkommen und Förderung sind überschaubar,
▸ der weitere berufliche und persönliche Entwicklungsweg lässt sich kalkulieren.

Die »Hoffnungs- und Leistungsträger«

»Hoffnungs- und Leistungsträger« sind die »Stars« im Unternehmen, leistungsstark und mit hohem Entwicklungspotenzial. Meist haben sie sich ihre Position recht schnell und zielgerichtet erarbeitet. Diese Schlagzahl wollen sie beibehalten und drängen auf »Karriere«. Wenn das Unternehmen diesem nicht entsprechen kann oder will, werden »Stars« ungeduldig und suchen nach Alternativen. Erfolgt dieses überstürzt, geschieht es immer wieder, dass umworbene »Stars« von einem Unternehmen in das andere wechseln, dort für kurze Zeit am neuen, unbekannten Firmenfirmament erstrahlen, um dann wie eine Sternschnuppe zu verglühen. Mitarbeiter in der »Starphase«, die ihr Glück zu heftig forcieren wollen, leben also gefährlich und machen es den Unternehmen nicht immer leicht.

Geht es einem Unternehmen schlecht, sind diese Arbeitskräfte schwer zu halten. Ihr Abgang kann den Untergang des Unternehmens beschleunigen. Ist aber die allgemeine wirtschaftliche Situation schwierig, scheuen auch diese Mitarbeiter das Risiko des Wechsels. Das ist die besondere Chance, sie langfristig an das Unternehmen zu binden.

Stars erfordern Aufmerksamkeit

Die »Hoffnungsträger«

»Hoffnungsträger« werden im absatzwirtschaftlichen Portfolio auch »Fragezeichen« genannt: Ein Produkt wird am Markt neu eingeführt, erwirtschaftet (noch) einen negativen Deckungsbeitrag, gilt aber als Hoffnungsträger und soll zum Star avancieren.

Diese Betrachtungsweise lässt sich durchaus auch auf Mitarbeiter übertragen. Berufsstarter nach der Ausbildung oder dem Studium befinden sich am Anfang ihrer Karriere und müssen erst einmal das Unternehmen kennen lernen und können sich prächtig entwickeln oder aber straucheln. Die Hoffnungsträger, also die »Fragezeichen« im Personalportfolio, bedürfen der besonderen Beachtung und Förderung.

Fragezeichen zwischen Top und Flop

7.2.3.2 Leistungsbeurteilung

Neben der Betrachtung des Leistungs- und Entwicklungspotenzials von Mitarbeitern gehört es zu den Aufgaben von Führungskräften, Mitarbeitern ein Feedback über ihren Leistungsstand zu geben. Das kann im Rahmen einer formalisierten Beurteilung, in einem Fördergespräch oder aufgrund eines kritischen Vorfalls, z. B. einer

Auf beobachtbares Verhalten konzentrieren

Abb. 7-4

Inhalte der Leistungsbeurteilung

Feedbackbereiche	Beobachtbares Verhalten/Messgrößen
Leistung	▸ Menge (Output)/Zeit ▸ Qualität
Initiative	▸ Ideen ▸ Ideenumsetzung (Persistenz)
Verhalten	▸ Gegenüber Kunden ▸ Kollegen ▸ Führungskräften

Kundenbeschwerde, erfolgen. Grundsätzlich gilt in diesem Zusammenhang, dass sich Führungskräfte bei dem ohnehin schwierigen Unterfangen, Mitarbeitern ein Leistungsfeedback zu geben, an beobachtbares Verhalten und messbare Ergebnisgrößen halten müssen. Spekulationen über die Persönlichkeit des Mitarbeiters und Bewertungen von vermuteten Eigenschaften, die für den Arbeitsprozess irrelevant sind, gehören nicht in eine Leistungsbeurteilung.

Im Kernbereich der Beurteilung geht es »nur« um das messbare produktive Verhalten, das heißt um die Menge und Qualität der erbrachten Leistung. Diese output-orientierte Betrachtungsweise scheint auf den ersten Blick nur für die Produktion und den Vertriebsbereich relevant zu sein, wo sich »Stückzahlen« messen lassen. Auf den zweiten Blick wird offensichtlich, dass gerade auch Tätigkeiten im Back-Office, mit einem hohen sachbearbeitenden Anteil, ebenfalls diesen Kriterien unterworfen werden können und müssen, um eine Vergleichbarkeit der Leistung zu ermöglichen.

7.2.4 Gruppenprozesse fördern

»Wir sind ein gutes Team« wird in der Praxis häufig gesagt, wenn zum Ausdruck gebracht werden soll, dass die Mitarbeiter gut miteinander harmonieren. Damit ist der Begriff alltagssprachlich besetzt und für die intentionale Gestaltung von Führung und Zusammenarbeit entwertet. Dabei gibt es Regeln der Teamentwicklung, die aus einer Gruppe ein Team mit messbarer Leistungssteigerung machen können (vgl.

Abb. 7-5

Sieben Ansätze der Teamentwicklung

Ansätze der Teamentwicklung	Bedeutung
Größe	Das Idealteam umfasst sieben Mitglieder. Kleinere Gruppen haben ein geringeres Potenzial, größere Gruppen fallen auseinander.
Zieldefinition	Eindeutige Zieldefinition und Meilensteinfestlegung i. S. des Projektmanagements.
Spielraum	Welche Wege zur Zielerreichung beschritten werden und welche Methoden angewandt werden, bleibt dem Team überlassen.
Verbindlichkeit	Die Arbeit im Team hat absolute Priorität gegenüber anderen Aufgaben.
Vergleichbare Voraussetzung	Die Mitglieder verfügen über ein vergleichbares Leistungsniveau, können aber unterschiedliche Qualifikationen einbringen.
Team-Mix	Eine Mischung aus Personen mit jeweils ausgeprägten analytischen, planerischen, strategischen und kommunikativen Fähigkeiten wirkt sich günstig auf die Produktivität aus.
Vertrauen	Wechselseitiges Vertrauen kann man nicht per »Stellschraube« herstellen; Vertrauen wächst (oder wächst nicht); es ist aber Voraussetzung für den Erfolg.

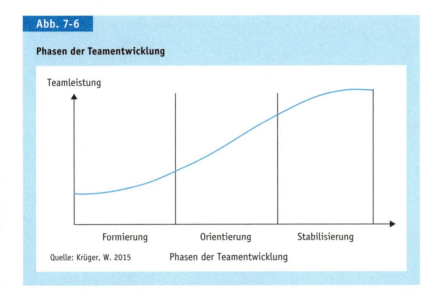

Abb. 7-6

Phasen der Teamentwicklung

Teamleistung

Formierung   Orientierung   Stabilisierung

Quelle: Krüger, W. 2015   Phasen der Teamentwicklung

Krüger, W. 2015). Dieser Ansatz ist insbesondere hilfreich, wenn es darum geht, ein Projektteam für einen begrenzten Auftrag und eine zeitlich befristete Aufgabe zu formieren. Dabei handelt es sich um sieben Ansätze der Teamentwicklung (vgl. Abbildung 7-5).

Wenn diese Ansätze der Teamentwicklung durch Führungskräfte, Projektleiter oder externe Coaches beachtet werden, lässt sich ein Leistungssteigerungsprozess in den Gruppen in den Entwicklungsphasen Formierung, Orientierung und Stabilisierung empirisch nachweisen.

Der zeitliche Phasenverlauf kann, je nach Häufigkeit der Zusammenkünfte und unterstützender Team-Entwicklungsmaßnahmen, Tage oder Wochen dauern.

Schlüsselbegriffe

▸ Bore-out-Syndrom
▸ Burn-out-Syndrom
▸ Demotivation
▸ Dilemmata der Führung
▸ Führen mit Zielen
▸ Gratifikationskrisen
▸ Mitarbeiterportfolio
▸ Motivation
▸ Präsentismus
▸ Teamentwicklung

8 Phasen der Unternehmensführung

Leitfragen

Wie alt können Unternehmen werden?

▶ Die durchschnittliche Lebens-erwartung

▶ Die 100-jährigen und älteren Unter-nehmen

Wie sieht der idealtypische Lebens-zyklus eines Unternehmens aus?

▶ Die Gründungsphase

▶ Die Wachstumsphase

▶ Die Reife- und Sättigungsphase

▶ Die Wende-, Krisen- und Nieder-gangsphase

Was sind typische Krisen in der Geschichte eines Unternehmens?

▶ Temporäre und konjunkturelle Krisen

▶ Strategische Krise, Ertragskrise, Liquiditätskrise

▶ Die Insolvenz

8.1 Der Lebenszyklus von Unternehmen

Jedes Unternehmen hat seine Wurzeln und seine Anfänge. Manche Unternehmen kommen über die Anfänge kaum hinaus und verschwinden wieder vom Markt. Andere entwickeln sich weiter, gewinnen an Größe, überstehen Krisen und gewinnen Markt-anteile und Bedeutung. Wiederum andere gehen durch Aufkauf, Fusionen oder »Zell-teilung« in anderen oder neuen Gesellschaften auf und entfernen sich von ihren Anfängen. Schließlich gehen aber auch über Jahre und Jahrzehnte hinweg erfolgrei-che Firmen und Marken unter, weil die Anpassung an das Marktgeschehen nicht mehr erfolgreich gemanagt wurde.

Bei der Analyse von Entwicklungsverläufen von Unternehmen lassen sich typische Phasen identifizieren:

▶ Die *Gründungsphase*, in der es um die Entwicklung einer Produkt- oder Dienstleis-tungsidee und deren Markteinführung geht,

▶ die Phase des *Wachstums*, die durch Investitionen und die Gewinnung von Kunden und steigende Umsatzzahlen gekennzeichnet ist,

▶ die *Reife- und Sättigungsphase* mit einem konsolidierten Kundenstamm, stabilen Umsatz-und Gewinnzahlen und einem hohen Cashflow mit der Gefahr der Einlei-tung der *Wende,*

▶ die Phase der *Wende*, *Krise* und des *Niedergangs*, mit starkem Umsatz- und Ertrags-rückgang und zunehmenden Liquiditätsproblemen (vgl. Pümpin, C./Prange, J. 1991).

Entwicklungsphasen

Unternehmen altern nicht biologisch

Es besteht allerdings weder eine Gesetzmäßigkeit, dass diese Phasen notwendigerweise aufeinander folgen, noch dass zwingend das Ende eines Unternehmens determiniert ist. Vielmehr können

▸ Startups schon innerhalb der ersten fünf Jahre ihres Bestehens scheitern,

▸ dynamische Wachstumsunternehmen in ihrer Entwicklung abrupt abstürzen,

▸ Unternehmen in der Reife- und Sättigungsphase durchstarten und durch Investitionen einen neuen Wachstumsschub erleben,

▸ Krisenunternehmen durch geeignete Maßnahmen den Turnaround schaffen.

Gescheiterte Startups schmälern den Durchschnitt

Nach vorsichtigen Schätzungen beträgt die durchschnittliche Lebenserwartung von Unternehmen in Deutschland 21 Jahre. Darin enthalten ist allerdings die große Anzahl von Ein-Personen-Unternehmen und Team-Startups von denen ca. 50 Prozent vor Ablauf von fünf Jahren aus dem Markt ausscheiden. Allerdings gibt es national und international viele Beispiele für Unternehmen, die 50, 100, 200 und mehr Jahre alt sind und weiterhin Chancen auf Fortbestand haben. Eine Auswahl der ältesten deutschen Mittelstandsunternehmen, die seit ihrer Gründung zum Teil noch im Familienbesitz sind, zeigt die Abbildung 8-1.

Trotz der Einschränkung, dass Unternehmen keinen biologisch bedingten Lebenszyklus durchleben, wie die Organismen in der Natur, lässt sich idealtypisch der Lebenszyklus eines Unternehmens im Zusammenhang mit der Umsatz- und Gewinnentwicklung darstellen, wie Abbildung 8-2 zeigt.

Bei diesem schematisch-modellartigen Konstrukt wird unterstellt, dass die Herausforderungen an das Management in den einzelnen Entwicklungsphasen, Verände-

---

Abb. 8-1

Älteste Mittelstandsunternehmen Deutschlands (Auswahl 2014)

Familienunternehmen	Ort/Bundesland	Gründung	Branche	Mitarbeiter	Umsatz in Mio.
Auto Eder GmbH	Tuntenhausen (BAY)	1491	Agrar/Auto	1.760	559
Heinz-Gruppe	Tettau (BAY)	1622	Verpackung	3.000	340
WIV Wein Int. AG	Rümmelsheim	1675	Weinhandel	5.100	540,6
Harry Brot GmbH	Schenefeld (SH)	1688	Backwaren	4.000	809
Alois Dallmayer KG	München (BAY)	1700	Kaffee	3.073	930
Zollern GmbH &Co. KG	Sigmaringen (BW)	1708	Metall	2.987	557
Oettinger Brau GmbH	Oettingen (BAY)	1731	Getränke	1.150	440
Villeroy & Boch GmbH	Mettlach (SL)	1748	Porzellan	7.400	744
Faber-Castell AG	Stein (BAY)	1761	Schreibwaren	7.500	590,4
MHM-Holding GmbH	Kirchheim (BAY)	1765	Druckfarmen	3.600	840
Lemken	Alpen (NRW)	1780	Agrartechnik	1.070	34
Meyer Werft GmbH	Papenburg (NI)	1795	Schiffsbau	3.100	1.500

Quelle: netz.trends.de auf Basis des Wirtschaftsblatt 1/2014

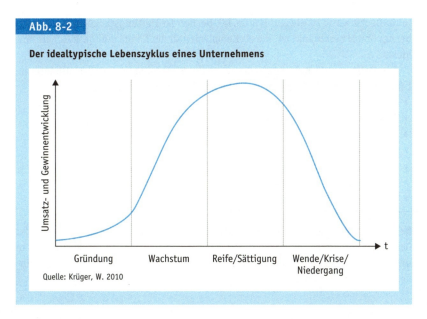

Abb. 8-2

Der idealtypische Lebenszyklus eines Unternehmens

Gründung Wachstum Reife/Sättigung Wende/Krise/ Niedergang

Umsatz- und Gewinnentwicklung

t

Quelle: Krüger, W. 2010

rungen im Branchen-, Produkt- und Technologielebenszyklus mit einschließen. Auch exogene Einflüsse wie Konjunkturschwankungen und Wirtschaftskrisen sowie endogene Krisen, wie zum Beispiel der Tod des Unternehmers in einem Familienunternehmen ohne geregelte Unternehmensnachfolge, sind Herausforderungen im Lebenszyklus eines Unternehmens.

Unabhängig von diesen Einflussfaktoren stellen sich in einer Unternehmensgeschichte typisierbare Konstellationen der Markt- und Finanzsituation und der Personal- und Organisationsentwicklung, die wiederum spezifische Anforderungen an das Management stellen. Ist das in der Gründungsphase und einer Phase drohenden Niedergangs evident, ist die zeitliche und inhaltliche Bestimmung von Wachstums- und Reife-/Sättigungsperioden schwieriger. Trotz dieser Unschärfe ist das Lebensphasenmodell ein hilfreiches Analyseinstrument mit praktischem Nutzwert, um phasenbedingte Schlüsselanforderungen an das Management zu identifizieren.

Eine regelhafte Zuordnung von Rechtsformen zu einzelnen Lebenszyklusphasen ist nicht möglich und sinnvoll. Theoretisch sind fast alle Gesellschaftsformen in allen unternehmerischen Entwicklungsphasen realisierbar. Allerdings stellt sich in der Gründungsphase eines Unternehmens die Grundsatzfrage, ob eine Personengesellschaft oder eine Kapitalgesellschaft die geeignete Rechtsform darstellt. Die Entscheidung hängt von der Anzahl der Gründer und ihrer Kapitalkraft und der Wachstumsphantasie des Geschäftsmodells und seiner Betreiber ab. Sind mehrere Gründer am Start, die ausreichend Eigenkapital einbringen können und das Risiko der Haftung mit dem Privatvermögen nicht scheuen, dann ist eine Personengesellschaft (Offene Handelsgesellschaft – OHG – oder Kommanditgesellschaft – KG) denkbar. Wollen mehrere Gründer das Haftungsrisiko auf das Firmenvermögen beschränken und bringen dafür das erforderliche Mindeststartkapital ein, dann bietet sich als Rechtsform eine Kapitalgesellschaft in Form einer GmbH an. Verbrei-

Rechtsformen

tet in Deutschland ist die GmbH & Co. KG, bei der das Haftungsrisiko auf die Einlage bei der GmbH beschränkt ist, die als Komplementär der Kommanditgesellschaft fungiert.

Die Prüfung und Wahl sowie der mögliche Wechsel einer Gesellschaftsform im Lebenszyklus eines Unternehmens hängt von folgenden Faktoren ab:

- ▸ Anzahl der Gesellschafter,
- ▸ Eigenkaptalausstattung bzw. Fremdkapitalbedarf,
- ▸ Mindesteinlage,
- ▸ Haftungsrisiko,
- ▸ Gewinnverfügbarkeit,
- ▸ steuerliche Vor- und Nachteile sowie
- ▸ Verfügbarkeit (Fungibilität) der Gesellschaftsanteile.

Neben den gesetzlichen Vorgaben für einzelne Gesellschaftsformen entscheidet der Gesellschaftervertrag mit darüber, wie auf der Basis der gewählten Rechtsform in unterschiedlichen Lebenszyklusphasen die Entwicklung des Unternehmens gefördert und Krisen bewältigt werden können.

8.2 Phasen der Unternehmensentwicklung

8.2.1 Die Gründungsphase

Die Gründungsphase eines Unternehmens lässt sich chronologisch folgendermaßen unterteilen:
- ▸ Die Ideenfindung: Einzelpersonen oder eine Gruppe prüfen auf der Basis eines bestehenden Geschäftsmodells mit möglichen Varianten (Follower), oder einer eigenen Innovation (Pionier) eine Existenzgründung mit den persönlichen und finanziellen Konsequenzen (Seed-Phase).
- ▸ Die Planung: Marktsondierung, Geschäftsmodell-Konkretisierung und Erstellung eines Businessplans.
- ▸ Die Finanzierung: In der Regel mit einer Bank werden die Eigenkapitalbasis, die Möglichkeiten von Bürgschaften und die Voraussetzungen für ein Existenzgründungsdarlehen geprüft.
- ▸ Startup: Aufnahme des Geschäftsbetriebs und ggf. Anmeldung der gewerblichen Tätigkeit.

Die Gründungsphase endet spätestens mit dem Erreichen der Gewinnschwelle. Nach Beobachtungen der KfW-Bank scheitern 50 Prozent der Neugründungen in Deutschland innerhalb der ersten fünf Jahre ihres Bestehens. Hat ein Unternehmen diese Phase überlebt und alle Kinderkrankheiten überstanden, kann eine Konsolidierung auf dem erreichten Niveau oder der Eintritt in die Wachstumsphase erfolgen. Die Bemühungen zum Markteintritt und zur Produktpositionierung sowie die sonstigen Anlaufkosten erzeugen in der Regel einen hohen Finanzbedarf. Da Umsätze und

Der Businessplan

Ein Businessplan muss folgende Elemente
enthalten:
- Profil des Gründers
- Das Geschäftsmodell: Produkt und
  Dienstleistung
- Marktbeschreibung und Marktprognose
- Wettbewerbsanalyse
- Standort
- Marketing und Vertrieb

- Organisation
- Drei-Jahresplan mit Entwicklungsszena-
  rien
- Kapitalbedarf und Finanzierung
- Angestrebte Gesellschaftsform
- Betriebswirtschaftliche Planrechnung
  – Investitionsplan,
  – Liquiditätsplan,
  – Rentabilitätsvorschau.

Gewinne noch nicht generiert werden, sind der Eigenkapitalverzehr und die Abhängigkeit von den Fremdkapitalgebern sehr hoch.

Wichtigstes Instrument zur Steuerung des Existenzgründungsprozesses und zur
Einwerbung von Bankdarlehen oder einer Eigenkapitalbeteiligung (Venture Capital,
vgl. Kapitel 10.1.2) ist der Businessplan. Ein Businessplan ist eine komprimierte Strategie mit Basisanalysen und Zukunftsszenarien.

Die Unterstützung von Existenzgründungen hat in Deutschland hohe politische
Priorität. Die bundeseigene KFW-Bank vergibt Existenzgründungsdarlehen bei einer
- Unternehmensneugründung,
- Unternehmensübernahme/Unternehmensnachfolge,
- Unternehmensbeteiligung mit geschäftsführender Tätigkeit.

Das Beratungsnetzwerk für Existenzgründungen in Deutschland ist sehr dicht. Lokale
und regionale Wirtschaftsförderungsgesellschaften, Handwerkskammern, Indust-
rie- und Handelskammern, die KfW-Bank, Banken und Sparkassen verfügen über
einen Beratungsservice, der auch bei der Erstellung des Businessplans und der Finanzierung berät. Auf Wunsch begleiten Business-Coaches Startups in allen Gründungs-
phasen.

Gründungspartner

Gründungsgeschehen 2013 in Deutschland

Der KfW-Gründungsmonitor 2014 für das
Jahr 2013 nennt folgende Fakten:
- Gründungen: 868.000, davon Voll-
  erwerbsgründer 306.000 und Neben-
  erwerbsgründer 562.000.
- Von Neugründern wurden 419.000 voll-
  zeitäquivalente Stellen geschaffen

(eigene Stelle: 216.000, Fremdstellen
203.000.
- Marktneuheit der Gründungen:
  –   5,2 % Weltneuheit
  –   5,3 % Deutschlandweite Neuheit
  – 12,6 % Regionale Marktneuheit
  – 77,0 % Keine Marktneuheit.

Bei dem Gründungsgeschehen ergibt sich folgende Branchenverteilung:

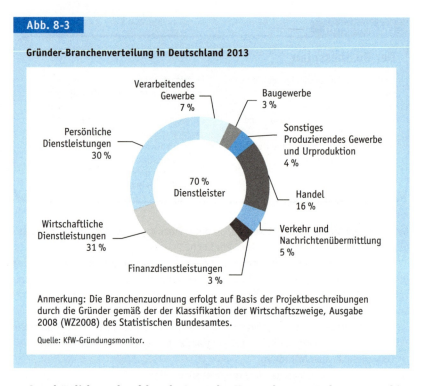

Abb. 8-3

Gründer-Branchenverteilung in Deutschland 2013

Verarbeitendes Gewerbe
7 %

Baugewerbe
3 %

Persönliche Dienstleistungen
30 %

Sonstiges Produzierendes Gewerbe und Urproduktion
4 %

70 % Dienstleister

Handel
16 %

Wirtschaftliche Dienstleistungen
31 %

Verkehr und Nachrichtenübermittlung
5 %

Finanzdienstleistungen
3 %

Anmerkung: Die Branchenzuordnung erfolgt auf Basis der Projektbeschreibungen durch die Gründer gemäß der der Klassifikation der Wirtschaftszweige, Ausgabe 2008 (WZ2008) des Statistischen Bundesamtes.

Quelle: KfW-Gründungsmonitor.

Arten von Unternehmensgründung

Grundsätzlich werden folgende Arten der Unternehmensgründung unterschieden:

▸ *Solopreneure*, vgl. Timmons, J, A. 1995, S. 5, die als Dienstleister beratend tätig sind. Das Geschäftsmodell ist gründerzentriert, wobei eine Expansion nicht ausgeschlossen ist. Makler, IT-Berater und Beratungsingenieure finden sich in dieser Gruppe. Der Ressourcenbedarf ist anfänglich begrenzt.

▸ *Kleinunternehmer,* wie Handwerker und Händler, deren Geschäftsmodell eine begrenzte Anzahl von Mitarbeitern, Arbeitsmittel und eine überschaubare Infrastruktur erfordert.

▸ *Pioniere*, deren Geschäftsmodell auf eine Marktinnovation von Produkten und Dienstleistungen zielt. Um das Produkt bzw. die Dienstleistung schnell am Markt zu platzieren und einen Vorsprung gegenüber Followern herauszuarbeiten, ist zumeist ein hoher Einsatz von Kapital und Mitarbeitern erforderlich.

▸ *Pioniere und Follower* in der Internet-Ökonomie, in der die Übergänge zwischen Pionieren und Followern im virtuellen Netz und »digitalem Zeitgeist« fließend sind. Vorhandene Prinzipien und teilweise meist in den USA bereits realisierte Ideen werden aufgegriffen und zu einem eigenständigen Geschäftsmodell mit einer spezialisierten regionalen, nationalen oder internationalen Plattform weiterentwickelt (vgl. Kapitel 3.3.2).

Chancenmotiviert oder notmotiviert

In der Entrepreneurship-Forschung wird zwischen *chancenmotivierten* und *notmotivierten* Existenzgründungen unterschieden (vgl. International Entrepreneurship

Monitor 2010 ff.): Chancenorientierte Gründungen erfolgen häufig im Anschluss an eine qualifizierte (Hochschul-) Ausbildung, oder aus einer relativ gesicherten Anstellungsposition auf der Basis einer innovativen Geschäftsidee mit der Perspektive zunehmenden Markterfolges heraus. Notmotivierte Existenzgründungen erfolgen häufig aus der Position der Beschäftigungslosigkeit heraus in der Erwartung, die eigene existenzielle Grundlage zu verbessern.

Schlüsselanforderungen an die Akteure in der Gründungsphase

Gründe des Scheiterns

Jede zweite Existenzgründung in Deutschland scheitert innerhalb der ersten fünf Jahre, wie der KFW-Gründungsmonitor (2014) in den letzten Jahren wiederholt belegt hat. Blendet man schwer vorhersehbare Marktveränderungen und Konjunkturschwankungen aus, sind es im Kern vier Probleme, die zum Scheitern von Neugründungen führen:

▸ Falsche Markteinschätzung und unzureichende Produktidee.
▸ Zähe bzw. erfolglose Markteinführung.
▸ Mangelnde Komplexitätsbewältigung.
▸ Probleme der Mitarbeiterführung.

Während die ersten beiden Probleme auf einer falschen Markteinschätzung basieren, erwachsen die beiden letztgenannten Probleme aus schnellem Wachstum und Managementfehlern. Letztendlich führen alle Probleme zu Finanzierungs- und Liquiditätsengpässen, die aufgrund fehlender zeitlicher Perspektiven zum »Aus« der Gründung führen können. Da das gesamte Gründungsgeschehen in der Regel in den ersten Jahren »gründerzentriert« ist, kommt es entscheidend auf die Persönlichkeit des Gründers und seine fachliche und soziale Kompetenz an, um den folgenden Anforderungen gerecht zu werden.

Von der Idee zum Produkt

Am Anfang einer jeden Existenzgründung steht die Idee für ein Produkt bzw. für eine Dienstleistung. 77 % aller 2013 in Deutschland durch Existenzgründer angebotenen Produkte und Dienstleistungen stellten keine Marktneuheit dar (vgl. KfW-Gründungsmonitor 2014). Erforderlich ist eine Produkt- und Dienstleistungsinnovation, die einen spürbaren neuen Nutzen in dem vorhandenen Marktumfeld bietet, das gründlich auf die Vermarktungschancen überprüft werden muss.

Vom Produkt zum Absatz

Die schnelle Markteinführung eines Produktes bzw. einer Dienstleistung und der Nachweis von »Quick wins« gegenüber materiellen und ideellen Gläubigern hat absolute Priorität. Damit sind aktive Kundengewinnung, Kundenbindung und Netzwerkbildung verbunden. Existenzgründer mit einer guten Geschäftsidee scheitern, wenn sie die Hürde zum Kunden nicht überspringen können. Eher außenorientierte Persönlichkeiten haben es da leichter.

Von einfachen Strukturen zu Dynamik und Komplexität

In einer erfolgreichen Gründungsphase nimmt mit der Zeit die Dynamik und Komplexität des Geschehens zu. Gewissenhafte, risikoscheue Tüftler, die bisher in relativ überschaubaren und statischen Organisationen gearbeitet haben, tauchen häufig angesichts zunehmender Komplexität und Dynamik ab. Organisationsstarke Existenzgründer bewältigen diese Situation leichter. Ideal ist ein »Matching« beider Talente in Gründerteams.

Vom Einzelkämpfer zur Führungskraft

Für Startups ist ein positiver Teamgeist eine wichtige Produktivkraft. Gründer und Mitarbeiter arbeiten ohne nennenswerte Regularien ergebnisorientiert zusammen. Mit zunehmender organisatorischer Differenzierung und wachsender Mitarbeiterzahl muss der Gründer mit den Mitarbeitern Aufgaben und Ziele regelmäßig abstimmen, Potenziale erkennen, Rückmeldungen geben und den Teamentwicklungsprozess unterstützen – also zur Führungskraft werden (vgl. Kapitel 7.2).

8.2.2 Die Wachstumsphase

Hoher
Finanzierungsbedarf

In der Wachstumsphase eines Unternehmens mittlerer Größe, das es geschafft hat, seine Produkte oder Dienstleistungen erfolgreich am Markt einzuführen (Push-Effekt), einen Kundenstamm aufzubauen und weiterzuentwickeln und eine konstante Nachfrage nach den eigenen Leistungen zu erzeugen (Pull-Effekt), stellt die Wachstumsfinanzierung die entscheidende Herausforderung dar (vgl. zu den Grundlagen der Unternehmensfinanzierung Kapitel 4.3.1):

▸ Die Gewinnschwelle ist erreicht und der Auftragseingang und die Auftragsplanung lassen konstante Gewinne erwarten.

▸ Allerdings reicht der Cashflow im Unternehmen üblicherweise nicht aus, um damit größere Investitionen zu tätigen. Diese sind jedoch nötig, um den gelungenen Markteintritt zu sichern, neue Kunden zu gewinnen und den Markt auch mit neuen Produkten zu erweitern. Dazu sind Investitionen in das Vertriebsnetz und die Produktpalette erforderlich, die aus eigener Finanzkraft nicht getätigt werden können.

▸ Im Zuge einer Expansion wächst aber nicht nur der Bedarf an langfristiger Finanzierung für Investitionen, sondern auch an *Betriebsmittelkrediten*. Die Forderungen an die steigende Zahl von Kunden sowie die Bestände an Rohstoffen, Halbfertigwaren und Fertigerzeugnissen nehmen zu. Das wachsende Umlaufvermögen bindet in erheblichem Maße Liquidität.

▸ Der sehr hohe Anteil an Fremdfinanzierung für Investitionen belastet die Bilanz und kann die Kreditwürdigkeit des Unternehmens gefährden. Fremd- und Eigenkapital müssen in einem ausgewogenen Verhältnis zueinander bleiben. Der Anteil des Eigenkapitals sollte 25 Prozent des Gesamtkapitals nicht unterschreiten.

Rating nach Basel II/III

Die Banken als wichtigste Fremdkapitalgeber nicht-börsennotierter Unternehmen in Deutschland nehmen vor einer Kreditvergabe ein Rating vor, mit dem die Chancen und Risiken des Unternehmens bewertet werden (vgl. hierzu Kapitel 10.3.1). Danach erfolgt eine Einteilung in Risikoklassen, durch die die Bonität des Unternehmens definiert wird. Je höher die Kreditausfallwahrscheinlichkeit angenommen wird, desto höher ist der Darlehenszins, den das Unternehmen zahlen muss.

Um die Eigenkapitalbasis von Wachstumsunternehmen zu stärken, bieten Banken auch die *Mezzanine-Finanzierung* in Form von Genussrechten und stillen Beteiligungen an. In beiden Fällen handelt es sich um eine Mischform von Eigen- und Fremdkapital: Das Mezzanine-Kapital wird dem Eigenkapital zugerechnet, die Schuldzinsen können aber wie bei Fremddarlehen von der Steuer abgesetzt werden. Unter bestimmten Rahmenbedingungen können auch Mittel der regionalen oder überregionalen Wirtschaftsförderung in Anspruch genommen werden. Wachsende Bedeutung für Startups gewinnt auch das sogenannte Crowdfunding, d.h. die Gewinnung privaten Kapitals im Internet (vgl. Kapitel 4.3.6 und 10.1.1). Gewiefte Gründer verstehen es, privates Investment und öffentliche Förderung auf sich zu vereinen.

Mezzanine-Finanzierung und Crowdinvesting

Beispiel ZALANDO auf großem Fuß

▶▶▶ Ein in mehrfacher Hinsicht schillerndes Beispiel für ein Wachstumsunternehmen stellt die Internet-Handelsplattform Zalando dar. 2008 nach einem Beispiel aus den USA gegründet, von einer Investorengruppe finanziert, avancierte das Unternehmen zu einer umsatzstarken Gruppe und überschritt 2014 nach verlustreichen Jahren die Gewinnschwelle und wurde zur Aktiengesellschaft. Mit auffälligen Werbespots und einer kostenlosen Rücksendegarantie (50 Prozent Retouren) hat Zalando eine unkonventionelle Marketing- und Vertriebsstrategie realisiert. Kritiker nehmen Anstoß am übergroßen »ökologischen Fußabdruck« aufgrund des Logistikaufwands und der undurchsichtigen Inanspruchnahme von steuerfinanzierten Wirtschaftsförderprogrammen. ◀◀◀

Da Wachstumsunternehmen häufig über vielversprechende Geschäftsmodelle verfügen, sind sie auch für die zahlreichen Anbieter von Risikokapital (Venture Capital) von Interesse. Das bedeutet aber, dass die Unternehmen einen Teil ihrer Autonomie aufgeben, denn durch die Beteiligung des Risikokapitals am Eigenkapital des Unternehmens nehmen die Geldgeber in Form einer Minderheits- oder Mehrheitsbeteiligung entscheidend Einfluss auf die zukünftige Geschäftspolitik. Zudem ist Venture Capital spekulatives Kapital, d.h. die Risikokapitalgesellschaften planen mit einer hohen Renditeerwartung den Exit meist nach einer Laufzeit von fünf bis sieben Jahren fest ein (vgl. Kapitel 10.1.2).

Venture Capital

Schlüsselanforderungen an die Akteure in der Wachstumsphase

In der Wachstumsphase sind die Kinderkrankheiten der Gründerzeit überwunden. Die interne Leistungserbringung erfolgt zunehmend professionell, die Stückkosten sinken und der Vertrieb und die Produkte bzw. Dienstleistungen werden vom Markt angenommen. In der Wachstumsphase überwiegen der unternehmerische Optimismus für Marktexpansion und neue Märkte mit folgenden Handlungsoptionen:

▶ Ausrichtung des Unternehmens an den Ratingkriterien nach Basel II/III (vgl. Kapitel 10.3.1).

▸ Sicherung kurzfristiger Liquidität durch Betriebsmittelkredite und langfristige Finanzierungen für Investitionen.
▸ Ob in der Nische, im Massenmarkt oder in Präferenzmärkten, solides aber beschleunigtes Wachstum ist neben der Finanzierung zentrale Aufgabe des Managements, um nach Eintritt in die Gewinnphase auch einen positiven Cashflow zu erwirtschaften. Je mehr Wettbewerber am Markt vertreten sind, desto mehr Investitionen sind erforderlich in das Vertriebssystem und eine schnelle Weiterentwicklung der vorhandenen Produkte oder Dienstleistungen.

Das mit dem Wachstum zunehmende Rückschlagrisiko erfordert neben einem vorsichtigen Finanzmanagement eine straffe Führung und Organisation und ein gemäßigtes Personalwachstum. Die Zeiten möglicher Gründeridyllen sind endgültig vorbei – dafür kann Wachstumsphantasie den Teamgeist inspirieren.

8.2.3 Zwischen Reife und Sättigung

Hoher Cashflow

Von der Reifephase kann gesprochen werden, wenn ein Unternehmen über
▸ eine gefestigte Marktposition,
▸ ein ausgewogenes Produktportfolio,
▸ eine solide Finanzsituation mit stabilen Erträgen, einem hohen Cashflow und einer überdurchschnittlichen Eigenkapitalausstattung (> 30 Prozent)

verfügt. Darüber hinaus haben Unternehmen in der Reifephase in der Regel ein gut funktionierendes Netzwerk an Kunden, Händlern und Lieferanten aufgebaut. Das Management verfügt über einen großen Erfahrungsschatz auch in der Bewältigung temporärer Absatzschwächen oder Krisen.

Unternehmen können in eine Sättigungsphase geraten, wenn
▸ die Nachfrage nach den Produkten und Dienstleistungen stagniert und keine innovativen Leistungen angeboten werden,
▸ sie, z.B. im Konsumgüterbereich, aufgrund des demografischen Wandels, an Nachfragegrenzen stoßen,
▸ sie, z.B. im Investitionsgüterbereich, durch die Beschränkung der Kunden auf Ersatzinvestitionen und ausbleibende Zusatzinvestitionen an Wachstumsgrenzen stoßen.

Beispiel MCDONALD'S bittet zu Tisch
▸▸▸ Ein Beispiel für die Grenzen des Wachstums und den Übergang in eine Sättigungs- und Stagnationsphase und neue, unerwartete Initiativen der Kundenbindung und Kundengewinnung ist die populäre Fastfood-Marke McDonald's. Seit Jahren stagnieren in den USA und in Deutschland die Umsätze in den Fast-Food-Filialen. Die Produktpalette und die Produktkombinationen wurden immer wieder erweitert und differenziert. Preispolitisch wurde experimentiert und die Werbung blieb konstant – der Erfolg blieb aus. Im Frühjahr 2015 kündigte McDonald's eine neue Serviceoffensive an: Coca-Cola und Hamburger sollen zukünftig am Tisch serviert werden! ◂◂◂

Die Reifephase kann allerdings wiederum in eine Wachstumsphase münden, wenn neue Märkte vor allem im Ausland erschlossen werden. Diese Strategie haben in den letzten Jahren nicht nur große Industrieunternehmen, sondern auch viele mittelständische Unternehmen vor allem im Anlagen- und Maschinenbau erfolgreich vollzogen.

Neue Geschäftsfelder

Wenn aber auch vorhandene Produkte nicht auf neuen Märkten platziert werden können, muss zum Fortbestand des Unternehmens und zur Erwirtschaftung einer Rendite oberhalb des Marktzinses (Opportunitätsaspekt) eine Diversifikation der Geschäftsfelder angestrebt werden. Dieses kann auch in engen Nischenmärkten im Luxussegment erfolgen.

Beispiel **Vom Silberbesteck zur Luxusyacht**

▶▶▶ ROBBE & BERKING ist der größte Tafelsilberhersteller der Welt. Doch der Markt schrumpft. In der fünften Generation beliefert das Familienunternehmen aus Flensburg Königshäuser und noble Adressen in der ganzen Welt. Doch der Ersatzbedarf ist gering und in privaten Haushalten werden edle Messer und Gabeln von Generation zu Generation weitergereicht. Ein Besteck-Sortiment für den Preis eines Kleinwagens lassen sich heute junge Brautleute nicht mehr schenken wie früher. Das Tafelsilber bleibt zwar Kerngeschäft von Robbe & Berking, aber der Verkauf von Münzen und Barren aus Gold und Silber trägt mittlerweile die Hälfte des Umsatzes. Zudem hat sich das Familienunternehmen auf die Komplettausstattung von Luxusyachten in der ganzen Welt spezialisiert. ◀◀◀

Das was am Beispiel eines mittelgroßen Familienunternehmens als Geschäftsfeld-Diversifikation verdeutlicht werden soll, ist in großen Konzerngesellschaften mit eigenen Beteiligungsabteilungen fester Bestandteil der Strategie (vgl. Kapitel 9.3.2). Gefahr droht in dieser Phase erfahrungsgemäß allerdings auch durch eine »mentale Sättigung« des Managements, eine Fehleinschätzung von Frühindikatoren einer möglichen Krise und eine abnehmende Risikobereitschaft.

Mentale Sättigung

8.2.4 Wende, Krise, Niedergang

Der inneren Logik des Lebenszyklusmodells von Unternehmen entspricht, dass mit einer Wende und Krise der Niedergang eines Unternehmens eingeleitet werden kann. Bei dieser Betrachtungsweise darf aber nicht übersehen werden, dass Unternehmen in ihrer zum Teil langen Geschichte häufiger in kritische Situationen geraten können. Es werden folgende Krisen unterschieden:
- temporäre,
- konjunkturelle sowie
- Unternehmenskrisen.

Temporäre Krisen

Temporäre Krisen können in allen Lebensphasen eines Unternehmens auftreten. Sie treffen aber ein Unternehmen in der Gründungs- und Wachstumsphase empfindlicher als in der Reifephase und können die Phase der Wende und des Niedergangs noch beschleunigen.

Ursachen temporärer ertragsmindernder Krisen, die nicht konjunkturell oder durch fehlerhafte strategische Entscheidungen ausgelöst werden, können sein:

▸ Ein Führungsvakuum, zum Beispiel durch die Krankheit oder den Tod des Firmeninhabers in Familienunternehmen ohne geregelte Nachfolge oder das unerwartete Ausscheiden von Vorstandsmitgliedern in Aktiengesellschaften.

▸ Die Abwanderung von Schlüsselpersonen und Know-how-Trägern zu Wettbewerbern in strategisch und operativ bedeutsamen Ertragsfeldern, zum Beispiel bei Banken.

▸ Imageschäden aufgrund hausgemachter Skandale.

▸ Umsatzeinbrüche, z. B. aufgrund von Produktionsmängeln in der Kfz-Industrie oder staatlich verordneter Verkaufsverbote aufgrund vermuteter gesundheitsschädlicher Wirkungen von Produkten der Lebensmittelindustrie. Der ehemalige Nudelhersteller BIRKEL geriet in den – niemals ganz aufgeklärten – offiziell verlautbarten Verdacht einer verunreinigten Produktion. Der Umsatzeinbruch war immens, wovon sich das Unternehmen nicht mehr erholte und seitdem mehrfach den Besitzer gewechselt hat.

▸ Auswirkungen von Umweltkatastrophen und sprunghaft steigende Rohstoffpreise.

Erfolgreiches Krisenmanagement besteht je nach Krisenursache u. a. darin,

▸ den möglichen finanziellen Schaden so gering wie möglich zu halten, die Liquidität zu sichern und – wenn möglich wie im Fall Birkel – Regressforderungen geltend zu machen,

▸ durch aktive Kommunikation den Imageschaden nach innen und außen so gering wie möglich zu halten und

▸ strukturell erforderliche Veränderungen vorzunehmen.

Krisen können somit auch als Chance für einen Neubeginn genutzt werden.

Konjunkturelle Krisen

Auch konjunkturelle Krisen können in allen Lebensphasen eines Unternehmens auftreten. Für ein Unternehmen in der Gründungs- und Wachstumsphase können sie das »Aus« bedeuten, da die Finanzsituation noch nicht stabil genug ist. Sie können in der Phase der Wende und des Niedergangs die strategischen und strukturellen Probleme überdecken und das Management von der Behebung der eigentlichen Problemursachen abhalten. Konjunkturelle Krisen treten in der Regel zyklisch auf. Wirtschaftszyklen sind immer wiederkehrende Phänomene einzelner Volkswirtschaften und der Weltwirtschaft. Jede Krise zeigt eigene Ausformungen und Schwerpunkte. Zu den zyklischen Bewegungen gehört regelhaft auch, dass nach der Rezession, die von einigen Monaten bis zu drei Jahren dauern kann, ein Aufschwung erfolgt. Dabei schwanken die Wirtschaftsindikatoren Produktion, Preise, Löhne, Arbeitslosigkeit relativ gleichförmig in Abhängigkeit von der jeweiligen Phase des Zyklus.

Auch wenn Art, Umfang und Ursachen solcher Zyklen unterschiedlich sind und makroökonomische Prognosen schwanken, bedeuten die Zyklen der Wirtschaft für

Abb. 8-4

Veränderung der Wirtschaftsindikatoren im Verlauf der Konjunkturzyklen

Indikatoren	Phase 1 Aufschwung	Phase 2 Boom	Phase 3 Abschwung	Phase 4 Krise/ Depression
Produktion	Steigend	Hoch	Sinkend	Tiefstand
Preise	Steigend	Hoch	Sinkend	Tiefstand
Löhne	Steigend	Hoch	Sinkend	Tiefstand
Arbeitslosigkeit	Sinkend	Niedrig	Steigend	Hoch

Quelle: Eigene Darstellung

die Unternehmensführung, sich permanent auch für diesen Ernstfall zu rüsten. Dazu trägt eine integrierte Zielplanung mit operativen Kostenzielen bei.

Unternehmenskrise

Bei einer Unternehmenskrise ist das Unternehmen fundamental gefährdet. Von einer solchen Gefährdung kann gesprochen werden, wenn nach Jahren relativen Erfolgs eine Wende eintritt, aufgrund derer die Finanz- und Erfolgsplanungen signalisieren, dass das Unternehmen bei unveränderter Fortführung der Tätigkeit in seinem Bestand gefährdet ist oder sogar eine Insolvenz droht.

Frühindikatoren einer grundlegenden Wende im Lebenszyklus eines Unternehmens und Vorboten einer strategischen Krise sind

Strategische Krise

▶ die im vorhergehenden Abschnitt beschriebenen Erscheinungsformen der Sättigung,
▶ eine nachlassende Nachfrage nach den eigenen Produkten mit entsprechendem Umsatzrückgang,
▶ die Substitution der eigenen Produkte durch Neuentwicklungen der Wettbewerber,
▶ der Markteintritt neuer Wettbewerber mit Neuentwicklungen und einer aggressiven Preis- und Vertriebspolitik.

In dieser Phase kommt es auf die Fähigkeit des Managements an, die Anzeichen der Wende als Symptome einer möglichen strategischen Krise zu interpretieren und kurzfristig entsprechende Gegenmaßnahmen einzuleiten.

Strategische Krisen entstehen, wenn ein Unternehmen über einen längeren Zeitraum eine Marktentwicklung nicht wahrnimmt oder nicht als bedeutsam einschätzt und auf diese Weise gegenüber den Wettbewerbern in einen Entwicklungsrückstand gerät.

Abb. 8-5

Integrierte Zielplanung mit operativen Kostenzielen

Bereiche	Unternehmensziele	Kostenziele
Marktforschung	Marktpositionierung durch Kunden-bedarfsanalyse und Wettbewerbervergleich.	Schlankes Untersuchungsdesign; Operativ schnell verwertbare Marktkennzahlen, Bedarfstrends und Benchmarks.
Geschäftsfeld-optimierung	Ausgewogenes Produktportfolio (Absatz, Deckungsbeiträge, Entwicklungspotenzial).	Reduktion der Produkt- und Kundenvielfalt.
Produkt-entwicklung	Marktposition durch Produktinnovation; Erneuerung des Portfolios.	Beschleunigung von der Entwicklung bis zur Markteinführung (Time to Market).
Vertriebssteuerung	Gewinnen und Halten lukrativer Kunden mit möglichst geringen Vertriebskosten.	Plan-Ist-Vergleich: Preis-/Mengeneffekte; Umsatzabweichung; kunden-, produkt- und vertriebswegebezogene Deckungsbeiträge.
Einkaufssteuerung	Bereitstellung von Materialien und Waren »just in time« zu möglichst geringen Einstandspreisen.	Senkung der Kapitalbindungs- und Betriebs-kosten.
Aufbau-organisation	Minimale Gliederungsbreite (horizontal) und minimale Gliederungstiefe (vertikal).	Wertschöpfungsbeitrag von Stellen prüfen; Kapazitäten über Mengen und Zeiten steuern; Schnittstellen bereinigen.
Ablauf-organisation	Effiziente Aufgabenerfüllung: schnell, störungsfrei und kundenorientiert.	Kernprozesse identifizieren; Durchlaufzeiten reduzieren.
Produktion	Maschineneffizienz bei niedrigen Beständen und niedrigem Flächenbedarf; schnelle Durchlaufzeiten mit geringem Ausschuss.	Überprüfung von Kapitalbindungskosten, Durchlaufzeiten und Fehlerkosten.
Qualitäts-management	Nutzung eines wirksamen, kunden- und wettbewerbsadäquaten QM-Systems.	Feinjustierung des Aufwands für Personal, Schulung und Auditierung.
Beschaffung und Förderung von Personal	Das richtige Personal zur richtigen Zeit; Potenziale fördern	Fluktuationskosten vermeiden; Return on Invest (ROI) von Entwicklungsmaßnahmen berechnen und realisieren.
Personalwirtschaft	Effektiver Einsatz der Ressourcen Arbeit, Geld und Zeit.	Vergütung und Arbeitszeiten flexibilisieren und variabilisieren.
Liquiditäts-steuerung	Sicherung der kurz- und mittelfristigen Zahlungsfähigkeit.	Vermeidung von Finanzierungskosten durch Planung und Überwachung der Finanzströme und aktives Forderungsmanagement.
Fremdfinanzierung	Sicherung der mittel- bis langfristigen Finanzierung zu günstigen Konditionen.	Optimierung unter Steuer- und Kostenas-pekten (z. B. Mezzanine-Finanzierungen); Kreditkosten senken durch Verbesserung des Ratings.

Quelle: nach Krüger, W. 2009

Beispiel **Ausgestorbene Fotosaurier**

▸▸▸ 2005 stellte die mit der Geschichte der Fotografie eng verbundene AGFA Photo GmbH überraschend den Antrag auf Eröffnung des Insolvenzverfahrens beim Amtsgericht Köln. Bis dahin war das Unternehmen von externen Beobachtern stets als solide eingeschätzt worden. Dem Film- und Fotopapierhersteller war der Boom der

Digitalfotografie und der damit verbundene Preisverfall im Filmbereich, sowie die unzureichende Liquiditätsausstattung des neuen digitalen Geschäftsbereichs zum Verhängnis geworden. Die 1892 gegründete Eastman KODAK Company of New York bestimmte über Jahrzehnte mit ihren technischen Neuerungen und vor allem mit den analogen Rollfilmen den Weltmarkt der Fotografie. Ab den 1980er-Jahren des 20 Jahrhunderts verzettelte sich Kodak mit Neuentwicklungen, die zumeist zum Flop am Markt wurden. Auch bei Kodak erfolgte die strategische Ausrichtung auf den digitalen Markt zu spät und halbherzig, sodass bis 2010 aus finanzieller Not alle traditionellen Geschäftsfelder veräußert oder aufgegeben wurden. ◀◀◀

Mit der Analyse der Ursachen einer existenzgefährdenden strategischen Krise und der Einleitung eines Strategiewechsels ist zumeist ein hoher zusätzlicher Kapitalbedarf verbunden. Optional können folgende Maßnahmen ergriffen werden:
▸ Nutzung aller noch von den Banken mitgetragenen Fremdfinanzierungsformen.
▸ Zufluss von Risikokapital durch Private Equity-Fonds.
▸ Veräußerung von Liegenschaften und Gebäuden (einschließlich der Veräußerung und dem Rück-Leasing von Anlagen (Sell and lease-back).
▸ drastische Reduzierung des Umlaufvermögens.
▸ Streckung der Zahlungsziele gegenüber den Lieferanten.
▸ Veräußerung von Beteiligungen und Patenten.
▸ Restrukturierungs- und Effizienzsteigerungsprogramme.

Wird der Turnaround durch die eingeleiteten Maßnahmen nicht zeitnah und ausreichend geschafft, droht in der Folge eine Ertragskrise mit
▸ einer stetigen Verschlechterung im operativen Geschäftsergebnis,
▸ wachsenden Bank- und Lieferantenverbindlichkeiten,
▸ höheren Aufwendungen für Skonti und Boni zur Absatzstimulation sowie
▸ einem zunehmenden Ressourcenmangel.

Ertragskrise

Wird auch in dieser Phase der Niedergang des Unternehmens nicht gestoppt, tritt im nächsten Schritt eine Liquiditätskrise ein mit
▸ dauerhaft überzogenen Kreditlinien,
▸ häufigem Zahlungsverzug,
▸ steigendem Informationsbedarf der Kreditgeber.

Liquiditätskrise

Die Abbildung 8-6 verdeutlicht die Zusammenhänge zwischen den Entstehungsursachen, Folgen und Symptomen der Krisenabfolge eines Unternehmens.
Eine nicht abgewendete Liquiditätskrise führt in ihrem Verlauf zur Insolvenz des Unternehmens.

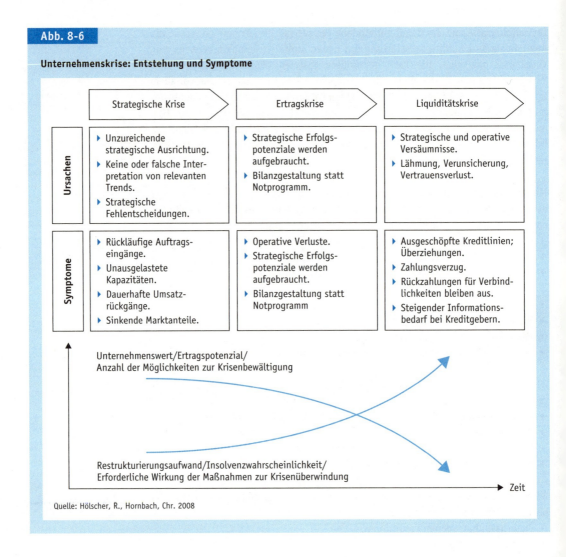

Abb. 8-6

Unternehmenskrise: Entstehung und Symptome

Strategische Krise	Ertragskrise	Liquiditätskrise
Ursachen		
‣ Unzureichende strategische Ausrichtung. ‣ Keine oder falsche Interpretation von relevanten Trends. ‣ Strategische Fehlentscheidungen.	‣ Strategische Erfolgspotenziale werden aufgebraucht. ‣ Bilanzgestaltung statt Notprogramm.	‣ Strategische und operative Versäumnisse. ‣ Lähmung, Verunsicherung, Vertrauensverlust.
Symptome		
‣ Rückläufige Auftragseingänge. ‣ Unausgelastete Kapazitäten. ‣ Dauerhafte Umsatzrückgänge. ‣ Sinkende Marktanteile.	‣ Operative Verluste. ‣ Strategische Erfolgspotenziale werden aufgebraucht. ‣ Bilanzgestaltung statt Notprogramm	‣ Ausgeschöpfte Kreditlinien; Überziehungen. ‣ Zahlungsverzug. ‣ Rückzahlungen für Verbindlichkeiten bleiben aus. ‣ Steigender Informationsbedarf bei Kreditgebern.

Unternehmenswert/Ertragspotenzial/
Anzahl der Möglichkeiten zur Krisenbewältigung

Restrukturierungsaufwand/Insolvenzwahrscheinlichkeit/
Erforderliche Wirkung der Maßnahmen zur Krisenüberwindung

Zeit

Quelle: Hölscher, R., Hornbach, Chr. 2008

8.2.5 Die Insolvenz

Die Gründe für eine Insolvenz eines Unternehmens können sein:

‣ die Zahlungsunfähigkeit,

‣ die drohende Zahlungsunfähigkeit und

‣ die Überschuldung.

Der schwere Gang zum Amtsgericht

Die Geschäftsführung eines insolvenzgefährdeten Unternehmens ist verpflichtet, beim Eintritt eines oder mehrerer der genannten Insolvenzgründe innerhalb enger Fristen beim Amtsgericht einen Insolvenzantrag zu stellen. Auch Gläubiger können einen Insolvenzantrag stellen. Das Gericht kann einen Antrag ablehnen, wenn die vorhandene »Masse« des Unternehmens die zu erwartenden Kosten nicht decken kann. Wird der Antrag zugelassen, kann das Gericht einen Insolvenzverwalter bestellen, der

▸ die Substanz des vorhandenen Unternehmens prüft,
▸ ein Gläubigerverzeichnis mit den Forderungen anlegt,
▸ Gläubigerversammlungen einberuft und durchführt.

Bei Aussicht auf einen Fortbestand des Unternehmens oder von Teilen des Unternehmens ist es Ziel des Insolvenzverwalters, eine Stundung der Gläubigerforderungen bzw. einen Teilforderungsverzicht bei den Gläubigern zu erwirken. Wird der Fortbestand des Unternehmens oder von Teilen des Unternehmens verfolgt, obliegt dem Insolvenzverwalter bis zur Herbeiführung einer anderen Lösung auch dessen operative Führung.

Schlüsselbegriffe

▸ **Businessplan**
▸ **Gründungsphase**
▸ **Krisen**
  – temporär
  – konjunkturell
  – strategisch
  – ertragsmäßig
  – liquiditätsmäßig
▸ **Lebenszyklus von Unternehmen**
▸ **Reife- und Sättigungsphase**
▸ **Solopreneure**
▸ **Wachstumsphase**
▸ **Wendephase**

9 Management kleiner, mittlerer und großer Unternehmen

Leitfragen

Was unterscheidet kleine, mittlere und große Unternehmen?

▸ Wie sind KMU definiert und was leisten sie?

▸ Welche Rolle spielen große Familienunternehmen?

▸ Welche Bedeutung haben Aktiengesellschaften und Konzerne?

Was sind die besonderen Herausforderungen an die Unternehmensführung?

▸ Strukturwandel im Handwerk.

▸ Zwischen dynamischer Balance und Krach in Familienunternehmen.

▸ Das Principal-Agent-Modell als Führungsproblem.

9.1 Der Mittelstand

In Deutschland sind im Unternehmensregister des statistischen Bundesamtes alle Unternehmen mit einem steuerbaren Umsatz und/oder mit sozialversicherungspflichtigen Beschäftigten erfasst. Damit zählt ein Handwerksbetrieb mit fünf Mitarbeitern und einem Jahresumsatz von 100 Tausend Euro ebenso als Unternehmen wie ein Konzern mit 20 Tausend Beschäftigten und einem Jahresumsatz in Milliardenhöhe. Der Hinweis auf die Größenklassen und die damit verbundene unterschiedliche Dimensionierung der Anforderungen an die Unternehmensführung reicht allerdings als Differenzierungsmerkmal nicht aus. Vielmehr bestehen strukturelle und qualitative Merkmale, die kleine und mittlere Unternehmen von großen Familienunternehmen und Publikumsgesellschaften unterscheiden.

9.1.1 Daten, Fakten, Besonderheiten

Der Mittelstand in Deutschland wird häufig als Rückgrat der Volkswirtschaft bezeichnet. Kleine und mittlere Unternehmen werden in Deutschland dem Mittelstand zugerechnet. Diese Unternehmen erweisen sich als produktiv, innovativ, krisenresistent und beschäftigungsintensiv.

Information

Volkswirtschaftliche Bedeutung der KMU

▶ Im Jahr 2012 gehörten rund 3,64 Millionen Unternehmen zum deutschen Mittelstand, das waren 99,6 Prozent aller Unternehmen.

▶ Erwirtschaftet wurden 35,3 Prozent des gesamten Umsatzes deutscher Unternehmen.

▶ Die Mitarbeiterzahl lag bei 59,4 Prozent aller sozialversicherungspflichtig beschäftigten Personen.

▶ 84,2 Prozent aller Auszubildenden fanden in KMU eine Lehrstelle.

▶ Der Exportumsatz von KMU lag bei 18,0 Prozent des Exportumsatzes aller Unternehmen.

▶ Der deutsche Mittelstand steuerte 56,5 Prozent zur gesamten Wirtschaftsleistung der deutschen Unternehmen bei.

▶ Die F&E-Aufwendungen lagen bei 14,5 Prozent der gesamten F&E-Aufwendungen des Wirtschaftssektors.

Quelle IfM Bonn 2015

Das Institut für Mittelstandsforschung (IfM) definiert kleine, mittlere (KMU) und große Unternehmen folgendermaßen:

Abb. 9-1

Unternehmensklassifizierung nach Größe

Unternehmensgröße	Zahl der Beschäftigten	Umsatz Euro/Jahr
Klein	bis 9	bis unter 1 Million
Mittel	10 bis 499	bis unter 50 Millionen
Groß	500 und mehr	50 Millionen und mehr

Quelle IFM Bonn 2015

Die IfM-Definition weicht von der seit 2005 gültigen Definition der Europäischen Union ab. Die EU definiert Kleinstunternehmen mit < 10 Mitarbeiter und einem Jahresumsatz bis 2 Millionen Euro, kleine Unternehmen mit < 50 Mitarbeiter und bis 10 Millionen Euro und mittlere Unternehmen mit < 250 Mitarbeiter und bis 50 Millionen Euro Jahresumsatz. Diese Definition ist insbesondere unter dem Gesichtspunkt der auf Vereinheitlichung zielenden Förderpolitik für kleine und mittlere Unternehmen (Small and Middle Enterprises (SME)) von Bedeutung. Aufgrund der Strukturen

Abb. 9-2

Kennziffern KMU und Großunternehmen im Vergleich – Basis 2012

	KMU	Großunternehmen
Anzahl der Unternehmen absolut	3.64 Mio.	14.652
Anzahl der Unternehmen in Prozent	99,6 %	0,4 %
Umsatzanteil am Gesamt in Prozent	35,3 %	64,7 %
Anzahl der Mitarbeiter in Prozent	59,4 %	40,6 %

und Besonderheiten des deutschen Mittelstands wird hier die IfM-Definition weiter verwandt. Dieser Definition entsprechend, ergeben sich die folgenden Vergleichskennziffern für KMU und Großunternehmen.

Dem Phänomen Mittelstand kommt man aber nicht mit mehr oder weniger willkürlichen Größendefinitionen bei. Auch eine funktionale Betrachtungsweise führt zu dem Ergebnis, dass zwischen Großunternehmen und KMU zwar graduelle, aber keine prinzipiellen Unterschiede bestehen. Beide verfolgen vergleichbare Gewinnerzielungsabsichten. Die Produktionsmittel funktionieren nicht anders, nur weil sie in einem Fertigungsbetrieb mittlerer Größe oder in einem Industriekonzern aufgestellt sind. Eine Deckungsbeitragsrechnung folgt ein und derselben Logik, ohne Abhängigkeit von Besitzverhältnissen und Größenordnungen. Im Vertrieb gelten Verkaufsabschlüsse und Umsatzzahlen als betriebsgrößenunabhängige Erfolgsindikatoren. Auch die häufig zu hörende Aussage, in kleinen und mittleren Unternehmen sei alles etwas kleiner und weniger professionell als in großen Konzernen und Publikumsgesellschaften, hilft nicht, die Unterschiede zwischen diesen beiden Unternehmenstypen deutlich zu markieren.

Beim Vergleich der Zahlen von KMU und börsennotierten Unternehmen wird aber deutlich, dass in Deutschland von einer Kultur der Selbstständigkeit gesprochen werden kann, denn die überwiegende Zahl der 3,64 Millionen Unternehmen ist in Familienbesitz. Diese Tatsache eröffnet das Verständnis für die Besonderheiten der Unternehmensführung in KMU und den familiären Großunternehmen (die statistisch nicht zu den KMU gerechnet werden) im Vergleich zu Publikumsgesellschaften.

Kultur der Selbstständigkeit

Das Wittener Institut für Familienunternehmen (WIFU) an der Privaten Universität Witten/Herdecke hat »10 Wittener Thesen« aufgestellt, die Auskunft über die Besonderheiten von Familienunternehmen geben:

Familienunternehmen sind anders

1. Der Einfluss auf die Unternehmensgeschicke wird nicht primär durch die Gesellschaftsform oder die Größe, sondern durch die Willensbildung von Unternehmerfamilien bestimmt.

2. Vertrauen, Bindung und Loyalität gegenüber dem Familienunternehmen können Wettbewerbsvorteile bieten: Das Unternehmen geht vor!

3. Die Kehrseite der Vorteile von Familienunternehmen ist, dass Emotionen und Familienstreitigkeiten dramatisch auf das Unternehmen durchschlagen können. Wenn das Unternehmen zum Opfer von Stammeskriegen wird, ist es in seinem Bestand gefährdet.

4. Der Druck wie bei börsennotierten Konzernen, quartalsweise Erfolgszahlen veröffentlichen zu müssen, ist bei Familienunternehmen nicht gegeben. Das ermöglicht, sich leichter frei machen zu können von einer – unternehmerisch oft schädlichen – Logik kurzfristiger Gewinnorientierung.

5. Um Abhängigkeiten möglichst gering zu halten, sind Familienunternehmen vorsichtiger in der Inanspruchnahme von Fremdkapital und stärker an finanzieller Eigenständigkeit interessiert.

6. Familienunternehmen können über die Kraft von Kontinuität und Tradition verfügen, weil sie an ihren Gründungsmythen, bewährten Geschäftsprinzipien, gewachsenen Kunden- und Lieferantenbeziehungen und an bewährten Mitarbeitern festhalten.

7. Unternehmerische Entscheidungen werden wie private Fragen im Familienkreis beraten. Deshalb gehen Familienunternehmen häufig auf Distanz zu professioneller externer Beratung – was allerdings in schwierigen Situationen auch zu ihrem Nachteil geraten kann.

8. Familiäre Beziehungsmuster werden auf Führungskräfte und Mitarbeiter übertragen. Damit kann die Identifikation mit dem Unternehmen gesteigert werden – man gehört dazu! Von diesen »emotionalen Zusatzausschüttungen« können das Unternehmen und die Mitarbeiter profitieren.

9. Ein besonderer Gestaltungswille, das Streben etwas Dauerhaftes zu schaffen, die Orientierung am Kunden und die Bereitschaft, Risiken einzugehen, prägen das Familienunternehmen. Je kleiner das Familienunternehmen ist, desto eher hängt dessen Entwicklung von der Führungsstärke, Innovationskraft und unternehmerischen Weitsicht einzelner Personen ab – mit allen Vor- und Nachteilen.

10. Erfolgreiche Familienunternehmen weisen eine zähe Langlebigkeit auf. Sie sind ein Erfolgsmodell, solange sie in der Lage sind, die Paradoxien zu managen, die sich aus der Kopplung von Familie und Unternehmen ergeben (vgl. WIFU 2006).

9.1.2 Perspektiven der Unternehmensführung in KMU

Digitalisierung

Die Chancen und Möglichkeiten der Digitalisierung zu erkennen und zu nutzen, ist vor allem für produzierende mittelständische Betriebe, aber auch für techniknahe Dienstleister und Handwerksbetriebe überlebenswichtig. Dort wo Mittelständler als Zulieferer für die Kfz-Industrie fungieren, werden die großen Produzenten – vergleichbar mit der Einführung des Qualitätsmanagements – ihre Lieferanten dazu veranlassen, mit ihnen »digital kompatibel« zu sein. Unternehmen, deren Geschäftsmodelle durch digitale Lösungen substituiert werden können, und die nicht selbst Pionier oder unmittelbarer Follower auf diesem Gebiet sind, werden im Sinne des »digitalen Darwinismus« untergehen. Die Digitalisierung eröffnet den Unternehmen aller Größenklassen Einsparpotenziale: Kooperationen oder Innovationsprozesse sind nicht mehr lokal gebunden – Wissen kann global genutzt werden. Zudem wird es für die KMU leichter, auf den weltweiten Märkten aktiv zu werden – auch wenn sie jenseits der großen Ballungsräume angesiedelt sind. Durch die bessere Vernetzung und den leichteren Marktzugang wird jedoch der Wettbewerb auf den lokalen Märkten steigen. Dies kann zu Beschäftigungsabbau in weniger gut vorbereiteten Unternehmen führen.

Management der Unternehmensnachfolge

Risikozone
Generationswechsel

Nach der Analyse der KfW-Bank planen bis zum Jahr 2017 die Besitzer von ca. 580.000 mittelständischen Unternehmen die Übergabe oder den Verkauf an einen Nachfolger (vgl. KfW-Fokus Volkswirtschaft 2015). Der Vollzug einer abgeschlossenen Unternehmensnachfolge erfolgt nach Erfahrungswerten zu

▸ 54 Prozent familienintern,
▸ 17 Prozent unternehmensintern (Management Buy-out),
▸ 29 Prozent unternehmensextern (Management Buy-in).

Die Regelung der Unternehmensnachfolge ist Teil der Unternehmensführung im Mittelstand. Die Unternehmensnachfolge stellt allerdings einen kritischen Prozess und eine durchaus risikoreiche Zäsur im Lebenszyklus eines Unternehmens, des Unternehmers und der gesamten Unternehmerfamilie dar:

▸ Ungeregelte oder hinausgezögerte Nachfolgeregelungen bringen Maluspunkte beim Rating durch die Banken bei der Vergabe von Krediten und verunsichern Mitarbeiter, Kunden und Lieferanten.

▸ Umsatz und Gewinn können sowohl vor als auch nach der Übergabe unter Druck geraten. Vor der Übergabe werden Entscheidungen und Investitionen zurückgestellt. Nach der Übergabe braucht der Nachfolger Zeit, um neue Impulse zu geben.

▸ Sozial-emotional ist die erbrechtliche Regelung der Unternehmensnachfolge ein Balanceakt zwischen familiärer Gerechtigkeit und der Überlebensfähigkeit des Unternehmens.

▸ Bei der Entscheidung zwischen familiärer Übergabe oder außerfamiliärer Übernahme muss auch das Verhältnis von möglicher erbschaftssteuerlicher Belastung und der Einkommensteuerbelastung bei der Veräußerung des Unternehmens abgewogen werden.

Die Risiken resultieren zum einen aus der Einmaligkeit der Planungs- und Entscheidungserfordernisse innerhalb einer Unternehmensbiografie. Anders als bei zyklisch wiederkehrenden Herausforderungen an das Management kann bei der Unternehmensnachfolge auf keine durch Routine begründete Erfahrung aufgebaut werden. Zum anderen ist die professionelle Wahrnehmung von Managementaufgaben im

Unternehmensnachfolge – Risiken

Abb. 9-3

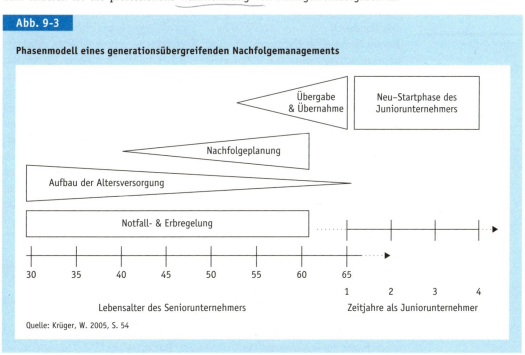

Phasenmodell eines generationsübergreifenden Nachfolgemanagements

Übergabe & Übernahme

Neu–Startphase des Juniorunternehmers

Nachfolgeplanung

Aufbau der Altersversorgung

Notfall- & Erbregelung

30 35 40 45 50 55 60 65

1 2 3 4

Lebensalter des Seniorunternehmers

Zeitjahre als Juniorunternehmer

Quelle: Krüger, W. 2005, S. 54

Sinne von Planung, Steuerung und Controlling im Mittelstand vielfach noch schwach entwickelt.

Nachfolgemanagement umfasst Aufgaben und Themen, die in ihrer Bedeutung und zeitlichen Abfolge variieren, wie das Phasenmodell der Abbildung 9-3 zeigt.

Nachfolgemanagement im Mittelstand ist eine komplexe Aufgabe und beinhaltet betriebswirtschaftliche, psychologische sowie erb- und steuerrechtliche Aufgaben, an denen schon mancher Unternehmer und manches Unternehmen gescheitert sind.

Erbschaftssteuer

Die 2015 gültige Rechtslage ermöglichte es Mittelständlern, ihre Erbschaftsteuerschuld jährlich mit einer Laufzeit von zehn Jahren um 10 Prozent zu reduzieren, wenn sie den gleichen Bestand an Mitarbeitern nachweisen können. Wird diese existenzerhaltende Regelung durch eine volle Erbschaftssteuerschuld abgelöst, besteht die Gefahr, dass viele Betriebe aufgrund mangelnder Substanz nach Entrichtung der Steuerschuld ihren Betrieb einstellen müssen.

Fachkräftemangel

Der im Kapitel 6.1 bereits dargestellte Engpassfaktor in der Wirtschaft, der Fachkräftemangel, trifft den Mittelstand in besonderer Weise, da hier das Bezahlungsniveau zumeist unterhalb von Großunternehmen liegt. Die Chance des Mittelstands liegt allerdings darin, die Vorteile einer Unternehmenskultur der kleinen, familiären Unternehmenseinheit im Rahmen des Personalmarketings und der Personalbeschaffung offensiv einzusetzen.

Das Handwerk

Sonderfall Handwerk

Das traditionsreiche Handwerk mit seinen Möglichkeiten vorindustrieller, ganzheitlicher Arbeit (vgl. Sennett, R. 2006), stellt einen besonderen Unternehmenstypus mit polyvalenten Entwicklungschancen und -risiken dar. Das Handwerk gehört zu den im Mittelstand dominierenden Kleinbetrieben mit durchschnittlich fünf Beschäftigten und einem zumeist die Kosten deckenden (einschließlich des Unternehmerlohns) Jahresumsatz. Gleichwohl erwirtschafteten 2012 rund 584 Tausend Handwerksbetriebe rund 510 Milliarden Euro Umsatz und beschäftigten 5 Millionen Personen. Auf der einen Seite wächst die Nachfrage nach traditioneller, qualitativ hochwertiger, individueller handwerklicher Leistung. Auf der anderen Seite reduziert sich in vielen Bereichen die Handwerksleistung auf die Montage industriell vorgefertigter Massenware oder die Montage modularer technischer Komponenten. Grundsätzlich steht das Handwerk vor erheblichen Zukunftsherausforderungen aufgrund

▸ des demografischen Wandels mit strukturellen Veränderungen auf der Anbieter- und Nachfrageseite,

▸ der Zunahme des Wettbewerbs durch die liberalisierten Ausübungsmöglichkeiten in einzelnen Gewerken und die Gewerbefreiheit in der EU,

▸ des digitalen Transformationsprozesses von der handwerklichen Haustechnik zur digitalen »Smart Home«-Technologie und

▸ des Übergangs vom herkömmlichen Handwerk zum Dienstleistungsmanagement (z. B. von der Gebäudereinigung zum Facility Management).

Wachstumsgrenzen bestehen im Handwerk bislang aufgrund des dominierenden »Prinzipal-Prinzips«. Bedingt durch die sehr geringe Arbeitsteilung sind die Hauptaufgaben auf den Eigner fokussiert, vom Einkauf, der Auftragsakquisition und Angebotserstellung, der Ausbildung und Anleitung der Mitarbeiter bis hin zur Leistungserstellung selbst. Eine professionelle betriebswirtschaftliche Unternehmensführung, Marketing, Kundenbeziehungsmanagement und moderne Personalführung bleiben auf diese Weise auf der Strecke.

Prinzipal-Prinzip

Eine Perspektive für eine betriebswirtschaftliche Optimierung der Betriebsgröße stellt die Intensivierung und Stabilisierung von Kooperations- und Netzwerkbeziehungen im Handwerk und mit anderen mittelständischen Unternehmen dar (vgl. Krüger, W. 2011).

Kooperation im Handwerk

Durch temporäre oder vertraglich fest vereinbarte Formen der horizontalen und vertikalen Kooperation können betriebswirtschaftlich effektive Betriebsgrößen geschaffen werden mit

▸ Synergie- und Rationalisierungseffekten über die gesamte Wertschöpfungskette vom Einkauf über die handwerkliche Fertigung bis hin zum Vertrieb, einschließlich der Finanzierung, der Entwicklung und dem Marketing,
▸ kundenfreundlichen Service- und Dienstleistungseffekten durch handwerkliche Beratungs- und Dienstleitungen aus einer Hand,
▸ Innovationseffekten durch die gemeinsame Nutzung moderner Technologie von Netzwerkpartnern auch außerhalb des unmittelbaren Bereichs des Handwerks.

Die Möglichkeit zur Integration von handwerklicher Qualifizierung und betriebswirtschaftlicher Professionalisierung bietet ein trial konzipierter Bildungsweg in Kooperation von Handwerkskammern und Hochschulen an. Auf diesem Bildungsweg können Interessenten eine Gesellen- und Meisterausbildung mit einem Bachelorstudiengang »Handwerksmanagement« kombinieren (vgl. FHM 2014).

9.2 Große Familienunternehmen

Große Familienunternehmen stellen zwar nur 0,1 Prozent aller Unternehmen in Deutschland, sie erwirtschaften aber 20 Prozent der Gesamtumsätze aller Unternehmen. Rund 4 500 Familienunternehmen erzielten 2012 einen durchschnittlichen Jahresumsatz von 410 Millionen Euro und beschäftigten durchschnittlich 1 500 Mitarbeiter (vgl. BDI 2015).

Bei großen Familienunternehmen sind – wie bei familiengeführten KMU – die Eigentums- und Leitungsrechte in der Person des Unternehmers oder der Unternehmerin bzw. deren Familie vereint. Allerdings gibt es bei großen Familienunternehmen eine Besonderheit in der Unternehmensführung. Von den großen, nicht kapitalmarktorientierten Familienunternehmen verfügt die Hälfte über einen Beirat (vgl. INTES Akademie 2009). Dieser Beirat ist nicht gesetzlich vorgeschrieben. (Das Mitbestimmungsgesetz schreibt allerdings vor, dass, unabhängig von der Rechtsform eines Unternehmens, in Betrieben mit in der Regel mehr als 2 000 Arbeitnehmern ein Auf-

Beiräte

sichtsrat gebildet werden muss.) In den letzten Jahren haben die Anzahl und die Kompetenzen der Beiräte in Familienunternehmen erheblich zugenommen. Je nach Geschäftsgrundlage nehmen Beiräte beratende Funktionen wahr oder verfügen über Kontroll- und Entscheidungskompetenzen. Insbesondere in Unternehmen, die von mehreren Familienstämmen gehalten werden, haben sich Beiräte in wirtschaftlich kritischen Situationen bei der Regelung der Unternehmensnachfolge, aber auch bei Streitigkeiten bewährt. Auch in und zwischen Vorständen und Aufsichtsräten und den Aktionären von Aktiengesellschaften kann es zu harten Auseinandersetzungen kommen. Gesetze, Satzungen und der Corporate Governance Kodex tragen dazu bei, dass Konflikte in einem geordneten Rahmen beigelegt werden. Bei Familienunternehmen geht es aber im Streitfall um eine gefährliche Mischung aus »Geld, Macht und Liebe«.

Beispiele   Streit in Familienunternehmen

▶▶▶ Die Namen ALDI, BAHLSEN, BERENTZEN, FISCHER, HARIBO, TCHIBO (Harz), JOOP, OETKER, PORSCHE, VW (Porsche/Piëch), TÖNNIES und viele andere stehen nicht nur für bekannte Marken und erfolgreiche große Familienunternehmen, sondern auch für Familienstreit und gerichtliche Auseinandersetzungen mit der Verwandtschaft. Schon in den vierziger Jahren des vergangenen Jahrhunderts trennten sich unversöhnlich verfeindete Brüder, nachdem sie ein Unternehmen gemeinsam aufgebaut hatten und führten ihre Fehde als Wettbewerber unter den Namen Adidas und Puma an ein und demselben Ort weiter. Bahlsen wurde zwischen den Familienstämmen nach erbitterten Auseinandersetzungen einfach halbiert. Rudolf-August Oetker hinterließ ein ausgeklügeltes Vermächtnis, das erbschaftsrechtliche Zweideutigkeiten vermeiden sollte, aber doch zum Familienstreit führte. Bei der VW AG eskalierte trotz Beteiligung der Arbeitnehmervertreter und des Landes Niedersachsen 2015 die Führungsnachfolgefrage im Aufsichtsrat und im Vorstand durch den (anteilsstarken) Familienpatriarchen Ferdinand Piëch. Bei den Auseinandersetzungen geht es um sehr viel Geld und Macht, aber vor allem auch um die ganze Bandbreite familiärer Gefühle. Es hat den Anschein, als ob hinter den familiären Zwistigkeiten psychologische Gesetzmäßigkeiten stecken. ◀◀◀

Dynamische Balance

Auch wenn kein Familienunternehmen vor Streitigkeiten gefeit ist, versteht doch die Mehrzahl der zumeist industriellen Familienunternehmen über lange Zeit hinweg eine »dynamische Balance« zwischen polaren Bezugspunkten der Unternehmensführung zu wahren. Darauf deuten die Ergebnisse einer Untersuchung von Chr. Böllhoff u. a. (2006) hin. Die dynamische Balance wird gewahrt zwischen:

- Tradition und Veränderung,
- Unternehmens*wert* und Unternehmens*werten*,
- Familien- und Fremdmanagement,
- Patriarchat und Mitarbeiterbeteiligung,
- Navigation und Intuition,
- Privatvermögen und Fremdkapital,
- Autarkie und Kooperation,
- Nischenpolitik und Markenführung,

- persönlicher Kundenbindung und professionellem Marketing,
- lokaler Verbundenheit und globaler Orientierung,
- Tüftelei und systematischer Entwicklung,
- Mäzenatentum und gesellschaftlicher Mitverantwortung (vgl. Böllhoff, Chr./Krüger, W./Berni, M. 2006).

Das ausgeprägte Risikobewusstsein von Familienunternehmen trägt dazu bei, sich von einem kurzfristigen Shareholder-Value-Denken abzuwenden und eine Strategie des langfristigen Unternehmenserhalts zu verfolgen. Kurzfristige Markterfolge und schnelle Gewinne mit unübersichtlichen Risiken entsprechen nicht dem wertorientierten Ansatz des Mittelstands. Auch die Fragilität des Besitzes erhöht das Risikobewusstsein in Familienunternehmen und fördert ein sparsames Wirtschaften in Anbetracht der permanenten Anspannung von Eigenkapital und Liquidität. Die Insolvenz und damit der mögliche Verlust von betrieblichem und privatem Vermögen ist eine von Familienunternehmen existenziell empfundene Bedrohung. Die Finanzstruktur in Familienunternehmen, die durch eine Mischung aus Eigenkapital, notwendigem Fremdkapital und privatem Vermögen gekennzeichnet ist, erfordert eine umsichtige Finanzstrategie. Für die großen Familienunternehmen sind einbehaltene Gewinne und Abschreibungen die wichtigste Basis der Unternehmensfinanzierung. Bankkredite sind traditionell die wichtigste Fremdfinanzierungsform. Alternative Finanzierungsformen wie Mezzanine- und Beteiligungskapital spielen für einen Großteil der Familienunternehmen eine untergeordnete Rolle. Für die Zukunft planen die größten Familienunternehmen, ausgehend von einer stärkeren Eigenkapitalbasis, sich noch mehr von innen heraus zu finanzieren (vgl. BDI 2015).

Werterhalt

Zu der Strategie des langfristigen Werterhalts des Unternehmens kommt häufig eine werteorientierte Unternehmensphilosophie hinzu. Diese kann sich implizit als Tradition und geübte Praxis zeigen, oder sich explizit in einem Familienkodex oder einem Leitbild niederschlagen. Die Werteorientierung in Familienunternehmen bezieht sich sehr häufig auf das Verhältnis zu den Mitarbeitern, den Kunden, aber auch gegenüber der Öffentlichkeit. Familienunternehmen suchen nach Mitarbeitern, die zu ihnen passen und deren Loyalität zum Unternehmen auch durch Loyalität zum einzelnen Mitarbeiter belohnt wird. Strategische Stellenstreichungen finden in Familienunternehmen selten statt. Es wird lange geprüft, wie Kosten im Personalbereich gespart werden, um dann ohne personelle Härten vorzugehen.

Werteorientierung

Beispiel **TRUMPF GmbH + Co KG**

▶▶▶ Die Trumpf Gruppe ist ein weltweit führendes Hochtechnologieunternehmen und stellt Werkzeugmaschinen sowie Laser und Elektronik für industrielle Anwendungen her. Mit mehr als 60 operativen Tochtergesellschaften ist die Trumpf Gruppe weltweit in allen wichtigen Märkten vertreten. Trumpf ist eine Managementholding, die durch eine Geschäftsführung geleitet wird, der zwei Familienmitglieder angehören. Das Bekenntnis im Leitbild zu »Eigenständigkeit, Wachstum aus eigener Kraft und zu Fairness, Maß und Vertrauen« hat Trumpf in den Jahren einer weltweiten Wirtschaftskrise beispielhaft unter Beweis gestellt: Ende 2008 brachen die Auftragseingänge ab. Einzelne Märkte verzeichneten ein Minus von 100 Prozent. Der Gesamtumsatz sank innerhalb von zwei Geschäftsjahren um 40 Prozent. Die Eigentümer investierten 75 Millionen Euro und hoben das Eigenkapital von 48 auf 53 Prozent an. Ein Kostensenkungsprogramm wurde gestartet, mit dem in zwei Jahren jeweils ca. 60 Millionen Euro eingespart wurden. Entlassungen wurden um jeden Preis vermieden – aus Verantwortung gegenüber den Mitarbeitern und in der Erwartung, dass nach der Krise die eigenen, gut ausgebildeten Mitarbeiter gebraucht werden. Zudem wurde deutlich mehr Geld in F&E-Projekte investiert. ◄◄◄

Hidden Champions

Auf die Nischenstrategie der »Hidden Champions« unter den großen Familienunternehmen wurde im Kapitel 3.3.6 eingegangen. Im deutschen Sprachraum gibt es derzeit rund 1 500 Unternehmen, die in ihrem jeweiligen Markt-/Nischensegment weltweit zu den Top 3 gehören, oder in Europa Marktführer sind. Diese Ansammlung exzellenter Unternehmen im Mittelstand ist vor allem ein Alleinstellungsmerkmal der deutschen Volkswirtschaft mit starken außenwirtschaftlichen Konsequenzen. Viele dieser Unternehmen sind in der Öffentlichkeit bekannt, wie OTTO BOCK, TRUMPF, STIEHL, KÄRCHER oder CLAAS. Völlig unbekannt und mit z. T. unspektakulären Produkten und doch mit Marktführerschaft lassen sich exemplarisch für zahlreiche Unternehmen folgende Hidden Champions nennen:
- ▶ flexi (Rolleinen für Hunde),
- ▶ UTSCH (KFZ-Kennzeichen),
- ▶ Invers (Carsharing-Systeme),
- ▶ IP LABS (Software für Fotobücher),
- ▶ Delo (Klebstoffe) und
- ▶ Belfor (Sanierung von Großschäden).

9.3 Aktiengesellschaften und Konzerne

9.3.1 AG-Organe und das Principal-Agent-Modell

Die 0,4 Prozent aller Unternehmen in Deutschland, die nicht dem Mittelstand zuzurechnen sind und zumeist die Gesellschaftsform einer Aktiengesellschaft haben, erwirtschafteten in den letzten Jahren im Durchschnitt knapp 70 Prozent des Bruttoinlandsprodukts.

Gesellschaftliches Misstrauen

Trotz dieser hohen Bedeutung von Aktiengesellschaften in der Volkswirtschaft besteht ein latentes gesellschaftliches Unbehagen gegenüber den großen Einzelunternehmen und Konzernen. Die Beispiele für massiven Stellenabbau bei sprudelnden Gewinnen, die Nutzung steuerlicher Schlupflöcher, exorbitante Gehaltssprünge im Vorstand trotz nachweislicher Managementfehler und persönliche Nutzenoptimierung der Topmanager von der Altersversorgung bis hin zur Abfindung prägen das Bild dieses Unternehmenstypus in Teilen der Gesellschaft mit.

In Deutschland ist das Aktiengesetz Grundlage für die Unternehmensführung von Aktiengesellschaften. Die Organe einer Aktiengesellschaft sind der Vorstand, der Aufsichtsrat und die Aktionärsversammlung. Dem Vorstand obliegt die Geschäftsführung der Gesellschaft. Der Vorstand wird durch den Aufsichtsrat kontrolliert und beraten. Der Aufsichtsrat setzt sich aus Mitgliedern der Anteilseigner zusammen, die durch die Aktionärsversammlung gewählt werden. Die Arbeitnehmervertreter im Aufsichtsrat erhalten ihr Mandat durch die Belegschaft. Ordentliche Aktionärsversammlungen müssen einmal jährlich abgehalten werden. Die Aktionäre stimmen über die Entlastung des Vorstands und des Aufsichtsrates ab. Die Aktionärsversammlung ist gegenüber dem Vorstand vergleichsweise schwach. Ihre Rechte und Pflichten beinhalten keine direkte Einflussnahme auf die Geschäftspolitik, soweit sie nicht vom Vorstand der Versammlung zur Beschlussfassung vorgelegt werden.

Zusätzlich zu dem Aktiengesetz bietet der Deutsche Corporate Governance Kodex, der 2002 auf eine gesetzliche Grundlage gestellt wurde, eine freiwillige Basis für eine verbesserte Transparenz in Aktiengesellschaften. Der Corporate Governance Kodex enthält Regeln, Vorschriften und Werte, wie eine Aktiengesellschaft in der Beziehung zu ihren wichtigsten Interessengruppen transparent geführt und kontrolliert werden soll (vgl. Kapitel 2.2.1). Aktiengesellschaften sind verpflichtet, quartalsweise ihre wirtschaftlichen Zahlen offen zu legen. Weichen die Zahlen negativ von der Zielplanung ab, muss eine Gewinnwarnung an die Aktionäre bzw. die Öffentlichkeit erfolgen.

Corporate Governance Kodex

Aktien sind verbriefe Teilhaberrechte an einer Aktiengesellschaft. Der Eigentümer einer Aktie ist am Grundkapital der Aktiengesellschaft beteiligt. Wird die Aktie über dem Nennwert am Aktienmarkt veräußert, stellt die Differenz eine Kapitalrücklage dar. Zudem bilden Gewinnrücklagen eine weitere Grundlage des Eigenkapitals einer Aktiengesellschaft. Aktien werden in Deutschland im DAX, M-DAX, Tec-DAX oder im Freiverkehr gehandelt. Die Aktionäre sind dividendenberechtigt. Vorstand und Aufsichtsrat entscheiden jährlich, je nach Geschäftslage, ob und in welcher Höhe eine Dividende ausgeschüttet wird.

Aktien und Dividende

Die Führungsverantwortung bei Publikumsgesellschaften liegt in der Regel bei Fremdmanagern, die außer einem möglichen Jobverlust und üblichen Haftungsrisiken, keine Investitionsrisiken tragen. Auch in den Aktiengesellschaften, bei denen Familienstämme mehrheitlich die Eignerseite im Aufsichtsrat stellen, bleibt gegenüber geschäftsführenden Fremdmanagern eine Ungleichheit der Informationen über

Principal-Agent-Ansatz

Information

Die »Principal-Agent-Theorie«

Vor allem in der angelsächsischen Managementliteratur wird die Principal-Agent-Theorie diskutiert (vgl. Alparslan, A. 2006) Damit wird das Problem einer möglichen Informationsasymmetrie zwischen dem »Prinzipal« (dem Unternehmenseigner bzw. den Aktionären) und dem »Agenten« (dem Manager) bezeichnet, dem die Verantwortung für das Unternehmen übertragen wird. Die Entwicklung eines Anreizsystems, das es dem Prinzipal ermöglicht, den mit einem Informationsvorsprung ausgestatteten Agenten in seinem Sinne handeln zu lassen, ist Ziel der Prinzipal-Agenten-Theorie. Ausgangsüberlegung ist, dass zwischen den Interessenlagen des Prinzipals und des Agenten eine Differenz besteht. Sieht der Aktionär insbesondere in der Steigerung des Unternehmenswertes (Shareholder Value) seinen Nutzen, kann der Nutzen für den Agenten darin bestehen, seine Arbeit risikoarm und konfliktfrei zu verfolgen. Da dem Prinzipal nicht alle Informationen in gleicher Weise zur Verfügung stehen wie dem Agenten, ist ein struktureller Interessenkonflikt angelegt. Um Interessenidentität zwischen Prinzipalen und Agenten herzustellen, werden Vergütungssysteme gefordert, die den Agenten durch performanceorientierte Gewinnbeteiligung in die identische Interessenlage bringen wie die Shareholder.

das operative Geschäft und mögliche strategische Optionen. Ungleich größer ist die Informationsdifferenz zwischen Vorständen und den einzelnen Aktionären, die auch als »Principale« definiert werden können.

Auch wenn die Grundannahme des Princpal-Agent-Ansatzes einfach und unspektakulär erscheint, wird dennoch erkennbar, unter welchem Handlungsdruck und welchen Zielkonflikten Manager in Führungspositionen von Publikumsgesellschaften stehen. Auf der anderen Seite sind sich aber auch Kleinaktionäre der Notwendigkeit einer langfristigen und nachhaltigen Geschäftspolitik bewusst. Entsprechend enthalten die meisten Modelle einer performanceorientierten Vergütung von Managern (Agenten) auf Wunsch und mit Billigung der Aktionäre (Principale) Komponenten einer »verzögerten« Auszahlung von Erfolgsboni (deferred compensation), um kurzfristigen Aktionismus zu vermeiden. Allerdings bleibt die Tatsache bestehen, dass nicht erreichte Renditeziele oder risikoabwägende Vorstandsaktivitäten schnell durch Kursverluste an den Börsen abgestraft werden.

9.3.2 Herausforderungen an die Unternehmensführung

Kapitalstarke, innovative und im internationalen Wettbewerb agierende Unternehmen experimentieren mit Globalisierungs- und Diversifizierungsstrategien – und nehmen dabei auch deutliche Kurskorrekturen vor.

Globalisierung
Während mittelständische Unternehmen und die großen Familienunternehmen international vor allem durch Verkaufsniederlassungen, aber auch durch Produktionsstätten vertreten sind, gehören die meisten der DAX-Unternehmen zu den eigentlichen Treibern der Globalisierung. Die Führung international ausgerichteter Konzerne erfordert die Balance zwischen Zentralisierung und Dezentralisierung und ein multikulturelles Management. Während die SIEMENS AG über eine lange Zeit im Zeichen der Markt- und Kundennähe die Politik dezentraler Eigenständigkeit verfolgte, wurde, auch aufgrund der Erkenntnisse über »schwarze Kassen« und eine gängige Bestechungspraxis in Schwellenländern, wieder eine stärkere Zentralisierung vorgenommen.

Kernkompetenz versus Diversifizierung
In zyklischen Abständen wird aufgrund strategischer Überlegungen eine Differenzierung der Geschäftsfelder bis hin zur Diversifizierung von Produkten und Dienstleistungen vorgenommen. Ebenfalls bei der Siemens AG erfolgte im Rahmen einer strategischen Restrukturierung die Rückbesinnung auf die eigenen Wurzeln und die eigene Kernkompetenz und die Veräußerung kernkompetenzfremder Geschäftsfelder.

Beispiel **Managementholding und Konglomerate**
▶▶▶ Einen Sonderstatus im Rahmen der strategischen Ausrichtung von Unternehmen bilden Konglomerat-Unternehmen, die nicht nur eine Produktdifferenzierung vornehmen, sondern in völlig unterschiedlichen Geschäftsfeldern tätig sind. Ein

Beispiel ist die HANIEL AG. In einer Management-Holding werden unterschiedliche Eigenbetriebe oder Beteiligungen gehalten. In den Einzelgesellschaften und Beteiligungen werden eigenständige Strategien verfolgt, die aber in der Management-Holding zusammengeführt und im Rahmen einer Gesamtbilanz konsolidiert werden. Das übergeordnete strategische Ziel der Holding ist eine Risikodiversifizierung. Entsprechend werden Beteiligungen oder Eigenbetriebe je nach Einschätzung der Marktlage veräußert oder neue erworben. Ein weiteres Beispiel ist GENERAL ELECTRIC (GE), ein weltweit tätiges Konglomerat-Unternehmen mit unterschiedlichen Geschäftsfeldern. ◀◀◀

Eine Besonderheit von Publikumsgesellschaften, bei denen sich die Mehrheit der Aktien im Streubesitz befindet, ist die »feindliche Übernahme«. Dabei verschafft sich ein Investor gegen den Willen des Vorstands und des Aufsichtsrats die Kontrolle über die Kapitalmehrheit eines Unternehmens. Eine Verhandlung mit dem Management des zu übernehmenden Unternehmens im Vorfeld erfolgt meist nicht, um Gegenmaßnahmen zu vereiteln. Um den Kurs der Aktie nicht in die Höhe zu treiben, erfolgt verdeckt der Aufkauf der Aktien über die Börse. Nach Erwerb eines größeren Aktienpakets erfolgt zumeist ein offizielles Übernahmeangebot. Dabei wird den freien Aktionären ein Kaufangebot gemacht, das meist über dem aktuellen Börsenwert liegt. Entscheidend ist meist das Votum der Banken über ein Ja oder Nein zum Kaufangebot an die Kleinaktionäre, für die die Banken das Depotstimmrecht ausüben.

Feindliche Übernahmen

Beispiele **Eine KG schluckt Aktiengesellschaften**

▶▶▶ 2001 machte die INA SCHÄFFLER KG ein Übernahmeangebot an den Wettbewerber auf dem Markt von Rad- und Kugellagern, die traditionsreiche FAG Kugelfischer AG. Vorangegangen war der diskrete Aufkauf eines Aktienpaketes. Die heftige Gegenwehr des Vorstands blieb erfolglos. Die Übernahme erfolgte. Wenige Jahre später ging die FAG Kugelfischer AG völlig in der INA SCHÄFFLER KG auf. 2009 wiederholte die INA SCHÄFFLER KG die Prozedur und verschluckte sich fast aufgrund der einsetzenden Wirtschaftskrise bei dem Versuch der Übernahme der ungleich größeren CONTINENTAL Gummi AG.

Prominentes »Opfer« einer feindlichen Übernahme war ebenfalls im Jahre 2001 die MANNESMANN AG geworden, die als erfolgreicher Produzent schweißnahtfreier Röhren im Jahr 2000 ihre Geschäftsstrategie radikal geändert hatte und als Mannesmann D2 zu einem der großen Netzwerkbetreiber in Deutschland wurde. Kurz darauf erfolgte deren feindliche Übernahme durch die britische VODAFONE. ◀◀◀

Schlüsselbegriffe

▸ Beiräte
▸ Dynamische Balance
▸ Feindliche Übernahme
▸ KMU
▸ Principal-Agent-Theorie
▸ Unternehmensnachfolge
▸ Wittener Thesen zu Familienunternehmen

10

Der Markt für Unternehmen

Leitfragen

Was tut sich auf dem Markt für Unternehmen?

▸ Crowdinvesting

▸ Private Equity

▸ Mergers & Acquisitions

Wie erfolgen Transaktionen?

▸ Asset Deal und Share Deal

▸ Formen der Unternehmensübertragung, z. B. MBO und MBI

Wie lassen sich Unternehmen bewerten?

▸ Finanzwirtschaftliches Rating

▸ Substanzwertbetrachtung

▸ Ertragswert-Betrachtung und Discounted Cashflow

▸ Goodwill: Markenwert, Customer Equity und Human Resources Value

Wie verläuft eine Due Dillegence?

▸ Letter of Intent und Data Room

▸ Gegenstände der Prüfung

Auch für Unternehmen selbst gibt es einen internationalen Markt. Mittelständische Betriebe, Großunternehmen, Konzernsparten und diverse Beteiligungsmodelle werden nach dem Prinzip von Angebot und Nachfrage gehandelt. Auf der Käufer- bzw. Verkäuferseite bewegen sich einzelne Unternehmen und Konzerne, Investmentbanken, institutionelle Anleger, Wagniskapitalgesellschaften und schließlich auch private Investoren.

Systematisch unterscheiden lassen sich auf diesem Markt:

▸ *spekulative* Unternehmensbeteiligungen und Unternehmenskäufe, die mit der Absicht erfolgen, die Beteiligung bzw. das Unternehmen nach einer bestimmten Zeit wieder gewinnbringend zu veräußern sowie

▸ *strategische* Unternehmensbeteiligungen und Unternehmenskäufe, die mit der Absicht erfolgen, eine führende Marktstellung zu erlangen oder auszubauen.

10.1 Formen der Beteiligung

10.1.1 Crowdinvesting

Crowdinvesting stellt die renditeorientierte Variante des Crowdfundings dar.

Vom ideellen zum kommerziellen Funding

> *Crowdfunding* dient vorwiegend dazu, kulturelle Initiativen zu unterstützen, ohne dass damit bei den Geldgebern primär eine finanzielle Renditeabsicht verbunden ist.
>
> *Crowdinvesting* dient dagegen der Finanzierung von Startups, Produkten und Projekten, wobei den Investoren sowohl eine erfolgsabhängige Rendite als auch eine Beteiligung am möglichen Exit-Erlös zusteht.

Interaktions- und Transaktionspartner

In diesem risikokapitalbestimmten Marktgeschehen gibt es drei Interaktions- und Transaktionspartner:

▸ Gründer in der (Vor-) Startup-Phase,

▸ die »Crowd«, d.h. die zahlreichen Kleininvestoren (»Schwarmfinanzierung«) sowie

▸ die Betreiber der Crowdinvesting-Internetplattform.

Crowdinvesting stellt also einen internetbasierten Marktplatz dar, auf dem Kreditgeber und Kreditnehmer miteinander kommunizieren und Transaktionen abschließen können, ohne dass Fonds, Banken oder Berater beteiligt sind. Die Betreiber der Internet-Plattformen erheben eine erfolgsabhängige Gebühr. Als Beteiligungsform eröffnet es privaten (spekulativen) Investoren die Möglichkeit, sich schon ab einer Beteiligungssumme von 100 Euro an Gründungen oder der Realisierung von Geschäftsideen und Projekten zu beteiligen, die sich zumeist noch in der Planungsphase befinden.

Schwarmfinanzierung auf dem Internetmarktplatz

Crowdinvesting ist eine unkonventionelle Form zur Finanzierung von Startups. In der Gründungsphase (vgl. Kapitel 8.2.1) ist eine Idee vorhanden, der Business Plan steht, aber man scheut den Weg zur Bank. In der Überzeugung, auch andere schnell von der eigenen Idee zu überzeugen, werden die Geschäftsidee, die Konzeption und der Kapitalbedarf (zwischen ca. 10.000 Euro und 200.000 Euro) auf einer Crowdinvesting-Plattform (z.B. »companisto«, »zentcap« oder »bankless«) eingestellt. Die Betreiber der Plattform nehmen, soweit möglich, eine Einteilung der Angebote nach Risikoklassen vor. Finden sich genügend Interessierte, die sich mit unterschiedlichen Beträgen dieser »Schwarmfinanzierung« anschließen und wird die Investitionssumme erreicht, wird das Angebot auf der Internetplattform geschlossen und das Projekt kann beginnen. Die Beteiligung erfolgt zumeist in Form von partiarischen Darlehen oder stillen Beteiligungen. Dem Kreditnehmer fließen damit Eigenkapital bzw. eigenkapitalähnliche Mittel (Mezzanine) zu (vgl. Kapitel 4.3.5), was wiederum seine Bonität gegenüber den Banken erhöht. Im Fall der Insolvenz kann der Kreditgeber 100 Prozent seiner Einlage verlieren. Eine Nachschusspflicht besteht allerdings nicht.

Die Idee entscheidet über den Erfolg

Ein Beispiel für ein besonders erfolgreiches Crowdinvesting, in dem sich die Investoren als fachlich kundig erwiesen, stellt das auf Server-Lösungen spezialisierte

Startup-Unternehmen Protonet dar. Nur wenige Tage nachdem die deutsche Crowd-funding-Plattform Seedmatch das Fundinglimit erhöht hatte, konnte Protonet in weniger als einer Stunde 200.000 Euro für die Neuentwicklung des Erfolg verspre-chenden Produktes »Protonet-Box« einsammeln.

Der Crowdfunding- und Crowdinvesting-Markt lag 2014 in Europa bei einem Volu-men von ca. drei Milliarden Euro. Deutschland rangiert mit 140 Millionen Euro auf Platz 3. Um den gesellschaftlich erwünschten Gründertrend zu unterstützen und die Risiken für die Anleger zu begrenzen, verabschiedete die Bundesregierung im April 2015 eine entsprechende gesetzliche Grundlage.

10.1.2 Venture Capital und Private Equity

In der Theorie und Praxis sind die begrifflichen und inhaltlichen Übergänge zwi-schen Venture Capital und Private Equity fließend. In den USA werden die Begriffe synonym gebraucht. Die Investitionen von Wagniskapital im Sinne von Venture Capi-tal erfolgen allerdings zumeist in junge, technologieorientierte Firmen in ihrer Früh-phase (early stage). Die Aktivitäten von Private-Equity-Gesellschaften zielen dage-gen mehr auf die Restrukturierung, Expansion und Steigerung der Marktattraktivität auch traditioneller Unternehmen.

In diesem risikokapitalbestimmten Marktgeschehen gibt es drei Interaktions- und Transaktionspartner, die sich vom Marktgeschehen des Crowdinvesting deutlich unterscheiden:

Interaktions- und
Transaktionspartner

▸ Unternehmen in allen Lebenszyklusphasen, von der Gründungsphase (Startup), der Wachstums-, Reife- und Sättigungsphase bis hin zur Krisenphase (vgl. Kapi-tel 8.1)
▸ Wagniskapitalgesellschaften und Banken, die nach zukunftsträchtigen Investiti-onsmöglichkeiten suchen,
▸ private oder institutionelle Anleger.

Die Konstruktion dieser Geschäftsart sieht folgendermaßen aus:
▸ Wagniskapitalgesellschaften (Investmentgesellschaften) sammeln von privaten und institutionellen Investoren Geld ein und beteiligen sich damit über den Akti-enmarkt oder direkt mit Mehrheits- oder Minderheitsbeteiligung an Unternehmen.
▸ In Einzelfonds, z. B. als Schifffonds oder Private-Equity-Fonds, werden die Inves-toren durch Kommanditanteile oder Zertifikate wiederum an dem Investment beteiligt.

So genannte Dachfonds beteiligen sich an unterschiedlichen Einzelfonds, um eine breite Risikodiversifikation vorzunehmen. Das Geschäftsmodell von Einzelfonds und Dachfonds zielt darauf, dass nach der Akquisition von Unternehmen bzw. Betei-ligungen, nach einer Wachstumsphase von ca. vier bis sieben Jahren, ein »Exit« aus den Zielgesellschaften bzw. Zielfonds mit der Erwartung eines Veräußerungsge-winns erfolgt.

Varianten des Private-Equity-Managements

▸▸▸ HANNOVER Finanz gehört zu den älteren, eher konservativ agierenden Beteiligungsgesellschaften in Deutschland. Die Gesellschaft hält im Durchschnitt für eine Laufzeit von sieben Jahren ein Portfolio von zwanzig Unternehmen. Je nach Gesellschaftsform und dem Kapitalbedarf des Zielunternehmens, hält Hannover Finanz unterschiedlich geartete Beteiligungen. Dass es bei diesen Beteiligungen auch um eine kontinuierliche Wertsteigerung und eine soliden Gewinnbeteiligung für die Investoren gehen kann, zeigt das Beispiel des Drogerie-Unternehmens ROSSMANN, das erst nach zwanzig Jahren Laufzeit und einem rasanten Wachstum aus dem Portfolio ausschied. Die EQUITA Management GmbH ist die Beteiligungsgesellschaft der Harald QUANDT Holding mit dem Investitionsfokus auf mittelständische Unternehmen. Die EQUITA vollzog bei dem Hersteller von Bremsen und Kupplungen STROMAG aus Unna den Exit in klassischer Form. 2007 wurde das ganze Unternehmen übernommen (Share Deal). Die Geschäftsführung wurde nicht ausgetauscht, die Einflussnahme beschränkte sich auf das Aufsichtsratsmandat. Nach vier Jahren wurde das Unternehmen an die britische GKN-Gruppe verkauft und verlor dabei seine Eigenständigkeit. APAX ist ein international agierender Investmentfonds, der in fünf ausgewählte Branchensektoren investiert. Zu den Besonderheiten des Fonds gehört, dass Apax vor dem Erwerb einer Beteiligung auch eine Nachhaltigkeitsprüfung durchführt, die sich auf die Umwelt, soziale Aspekte und Governance-Möglichkeiten bezieht. Der Aktionsfokus des Investments liegt auf Effizienzsteigerung, Kostensenkung und Verbesserung des sozialen Rahmens und der Unternehmensführung. Eine weitere Besonderheit besteht darin, dass die Investmentmanager von Apax verpflichtet sind, sich bei einer Transaktion selbst mit einem nennenswerten Betrag zu beteiligen. ◂◂◂

Heuschrecken und Leverage-Buy-out

Die politisch initiierte »Heuschreckendiskussion« spiegelt eine starke Polarisierung der Meinungen von Experten aus Wirtschaft, Politik und der Wissenschaft wider. Für die einen ist Private Equity ein zusätzliches Finanzierungsinstrument, das Unternehmen auch in schwierigen Zeiten frisches Geld und neue Impulse im Bereich Kostensenkung, Restrukturierung und Marketing zuführt. Für andere ist es ein Modell, durch das die Eigenkapitalbasis eines Unternehmens geschwächt und zum Spielball spekulativer Investoren wird. Zu dieser Position trägt die Finanzstrategie des »Leverage-Buy-outs« bei, die einige Private-Equity-Gesellschaften perfektioniert haben. Dabei wird die Eigenkapitalrendite des Investors bei günstigem Zinsniveau und einer positiven Gesamtkapitalrendite und ausreichendem Cashflow des erworbenen Unternehmens durch die Aufnahme von Fremdkapital stark erhöht. Mit anderen Worten, die Übernahmekosten werden mittels Akquisitionsdarlehen finanziert und dem Portfolio-Unternehmen aufgebürdet. Analysen eines prominenten Beispiels zeigen aber, dass diese Vorgehensweise auch zum Nutzen des Unternehmens beitragen kann.

HUGO BOSS – Spielball oder Gewinner?

▸▸▸ Im Jahre 2007 übernahm die Private-Equity-Gesellschaft PERMIRA den Mutterkonzern der Hugo Boss AG Valentino Fashion zu 97 Prozent. Der Kauf wurde durch die Aufnahme von Fremdkapital finanziert (Leverage-Buy-out). Die hohe Zinslast musste Hugo Boss auf Veranlassung des neuen Eigners u. a. durch die Ausschüttung einer Sonderdividende bedienen, was den damaligen Vorstandsvorsitzenden zur Aufgabe seiner Ämter unter Protest veranlasste. Jedoch wurde die Sonderdividende für die Zurückführung eines Teils der Kaufpreisfinanzierung für die Übernahme verwendet, was zur Entlastung der Mutter-Holding führte. Letztendlich profitierte die Hugo Boss AG von der Kapitalstrukturveränderung durch die Erhöhung des Fremdkapitals. 2015 veräußerte Permira das letzte Aktienpaket der Hugo Boss AG, deren Liquidität zu keinem Zeitpunkt gefährdet war und acht Jahre nach Beginn der Transaktionen wirtschaftlich besser dasteht, als vor der Übernahme durch Permira (vgl. Reirat, E. 2011). ◄◄◄

10.2 Mergers & Acquisitions

»Die Bezeichnung Mergers and Acquisitions (M&A), zu deutsch Fusion von Unternehmen und Erwerb von Unternehmen bzw. Unternehmensanteilen – steht für alle Vorgänge im Zusammenhang mit der Übertragung und Belastung von Eigentumsrechten an Unternehmen einschließlich der Konzernbildung, der Umstrukturierung von Konzernen, der Verschmelzung und Umwandlung im Rechtssinne, dem Squeeze out, der Finanzierung des Unternehmenserwerbs, der Gründung von Gemeinschaftsunternehmen sowie der Übernahme von Unternehmen.«
Quelle: Gabler Wirtschaftslexikon 2015.

Neben einer Fülle betriebswirtschaftlicher und rechtlicher Aspekte ist aus der Perspektive der Unternehmensführung entscheidend, dass bei M&A-Transaktionen strategische Überlegungen die Hauptrolle spielen. Spekulative Gesichtspunkte – die Treiber von Private-Equity-Transaktionen – sind von untergeordneter Bedeutung. Kooperationen, Fusionen und Unternehmenskäufe zielen auf Wachstum. Begrenzte Ressourcen und verteilte Märkte stellen Wachstumsbremsen für die Unternehmensentwicklung dar.

Horizontale Integration

Durch den Zukauf eines Wettbewerbers können neue Kunden und Märkte gewonnen werden. Zudem kann auf diese Weise ein Wettbewerber vom Markt verdrängt werden. Das Bundeskartellamt wacht allerdings darüber, dass durch Fusionen und Unternehmenskäufe keine marktbeherrschende Stellung entsteht, die zu Lasten des Wettbewerbs und damit der Kunden geht. Aus diesen Gründen hat das Bundeskartellamt 2015 beispielsweise die Übernahme des Lebensmittelfilialisten TENGELMANN durch den Wettbewerber EDEKA untersagt.

Zu den rechtlichen Rahmenbedingungen des Unternehmenserwerbs gehört auch, dass für die übernommenen Mitarbeiter ein Bestandsschutz von einem Jahr besteht, d. h., der neue Arbeitgeber tritt beim Betriebsübergang voll in die Rechte und Pflichten der bestehenden Arbeitsverhältnisse ein.

Diversifikation und vertikale Integration

Unternehmenskäufe können auch der Diversifikation dienen, um mit neuen Produkten und Dienstleistungen auf neuen Märkten stärkere Renditen zu erwirtschaften als auf den angestammten Geschäftsfeldern. Die HANIEL Holding ist ein Beispiel

Betriebsübergang nach § 613a BGB

»(1) Geht ein Betrieb oder Betriebsteil durch Rechtsgeschäft auf einen anderen Inhaber über, so tritt dieser in die Rechte und Pflichten aus den im Zeitpunkt des Übergangs bestehenden Arbeitsverhältnissen ein. Sind diese Rechte und Pflichten durch Rechtsnormen eines Tarifvertrags oder durch eine Betriebsvereinbarung geregelt, so werden sie Inhalt des Arbeitsverhältnisses zwischen dem neuen Inhaber und dem Arbeitnehmer und dürfen nicht vor Ablauf eines Jahres nach dem Zeitpunkt des Übergangs zum Nachteil des Arbeitnehmers geändert werden. Satz 2 gilt nicht, wenn die Rechte und Pflichten bei dem neuen Inhaber durch Rechtsnormen eines anderen Tarifvertrages oder durch eine andere Betriebsvereinbarung geregelt werden. (...)«

für diese Geschäftspolitik. Das Unternehmensportfolio wird regelmäßig auf die Profitabilität der einzelnen Gesellschaften überprüft. Weniger gewinnorientierte Sparten werden verkauft und der Verkaufserlös fließt in den Erwerb zukunftsträchtiger Geschäftsfelder (vgl. auch Kapitel 9.3.2). Neben dem Erwerb von Unternehmen derselben Sparte (horizontale Integration), der Diversifikation durch den Erwerb neuer Geschäftsfelder, kann strategisch auch eine vertikale Integration vollzogen werden. Diese kann dazu dienen, Zulieferer aufzukaufen, um sich unabhängiger zu machen und die eigene Fertigungstiefe zu erhöhen (Rückwärtsintegration). Wird dagegen aus Kostengründen und zur Konzentration auf das Kerngeschäft ein Outsourcing von Unternehmensteilen vorgenommen, wird von einer vertikalen Desintegration gesprochen.

Auf der Verkäuferseite können mittelständische Familienunternehmen stehen, die nicht mehr in eigener Regie fortgeführt werden können oder sollen. Breit aufgestellte Konzerne verkaufen einzelne Sparten, wenn eine neue strategische Ausrichtung vorgenommen wird. Die niederländische OSRAM Holding verkaufte aus diesem Grund 2015 ihr traditionsreiches Glühbirnengeschäft, mit dem das Unternehmen vor 120 Jahren seine geschäftlichen Aktivitäten begonnen hatte.

Beispiele Unternehmenskäufe und Verkäufe

▶▶▶ Das Jahr 2014 war ein Spitzenjahr für Unternehmenstransaktionen mit deutscher Beteiligung. Das Transaktionsvolumen belief sich auf 237 Milliarden Euro. Die gezahlten »Vielfachen« (Multiplees) auf den Ertrag vor Zinsen, Steuern und Abschreibungen (Ebitda) bewegten sich bei großen Übernahmen im zweistelligen Bereich. Bei kleineren Übernahmen wird das Acht- bis Neunfache des Ebitda gezahlt (vgl. Angermann M&A International 2014).

In Deutschland wechselten u. a. folgende Unternehmen den Besitzer:

▶ ARCANDOR,
▶ E-PLUS,
▶ RHÖN-KLINIKUM.

International akquirierte u. a.

▸ die BAYER AG die Consumersparte der amerikanischen MERCK & Co,

▸ ZF FRIEDRICHSHAFEN den drittgrößten Automobilzulieferer der Welt TRW,

▸ HAPAG LLOYD das Containergeschäft der chilenischen COMPANIA SUD AMERIKANA de VAPORES. ◂◂◂

10.2.1 Asset Deal oder Share Deal

Beim Erwerb oder der Veräußerung eines Unternehmens gibt es aus strategischer, taktischer und praktischer Sicht zwei mögliche Transaktionsgegenstände: Vermögensanteile (Share) und Wirtschaftsgüter (Assets).

> Beim Share Deal erwirbt der Käufer ein Unternehmen oder Teile eines Unternehmens durch den Kauf von Vermögensanteilen in Form von Aktien oder GmbH-Geschäftsanteilen oder Gesellschaftsanteilen an einer Personengesellschaft.

Beim Kauf bzw. Verkauf eines Unternehmens, das sich in der Wachstums- oder Reifephase befindet, wird in Deutschland in den meisten Fällen ein Share Deal, also ein Anteils-Erwerb gewählt. Mit dem Erwerb der Anteile gehen die damit verbundenen Rechte und Pflichten auf den Käufer über. Wenn es den strategischen Interessen des Käufers und den materiellen und ideellen Interessen des Verkäufers entspricht, bietet der Share Deal die Chance, die Kontinuität des Unternehmens zu wahren. Diese Kontinuität gilt auch gegenüber Kunden und Lieferanten, da die bestehenden Verträge ebenfalls übernommen werden. Befindet sich das Unternehmen in einer Krisenphase, ist der Share Deal für den Käufer in den meisten Fällen ungünstig, da durch den Erwerb auch alle Haftungsrisiken an den Käufer übergehen. Umfang und Gestaltung des Standard-Kaufvertrages sind bei einem Share Deal (im Vergleich zum Asset Deal) überschaubar, es sei denn, der Käufer besteht auf speziellen Haftungsregelungen gegenüber dem Verkäufer.

Die Besonderheiten des Share Deals sind:

Share Deal – Besonderheiten

▸ Verhältnismäßig einfache Erfassung des Kaufgegenstands.

▸ Knappe Vertragsform und zügige Abwicklung des Share-Deal-Vertrags.

▸ Sämtliche Verträge bleiben unberührt.

▸ Das gesamte Unternehmen (bzw. Anteile werden) wird veräußert bzw. gekauft.

▸ Der Verkäufer bleibt nicht mit einer ausgehöhlten Mantelgesellschaft zurück.

> Beim Asset Deal erwirbt der Käufer ein Unternehmen oder Teile eines Unternehmens durch den Kauf von Wirtschaftsgütern in Form von Produktionsanlagen, Grundstücken, Gebäuden, Einrichtungen, Vorräten und Patenten sowie den damit verbundenen Verträgen und Verbindlichkeiten.

Beim Asset Deal kann sich der Käufer die für ihn wertvollen Vermögensgegenstände auswählen. Das für den Asset Deal nötige Vertragswerk ist allerdings von vornherein komplex: Jedes einzelne der zu verkaufenden Wirtschaftsgüter mit allen dazu gehörenden Arbeits-, Vertrags- und Rechtsverhältnissen wird in den Kaufvertrag aufgenommen. Der Käufer kann die erworbenen Wirtschaftsgüter in eine bestehende oder neu zu gründende Gesellschaft überführen. Eine besondere rechtliche und vertragliche Anforderung stellt die Übertragung der immateriellen Vermögensgegenstände dar. Hierzu gehören die gewerblichen Schutzrechte, wie Marken und Patente, der als »Goodwill« bezeichnete Wert des Firmennamens und das sonstige im Unternehmen liegende Know-how.

Asset Deal –
Besonderheiten

Die Besonderheiten des Asset Deals sind:
▸ Die Kaufgegenstände lassen sich exakt definieren.
▸ Der Käufer hat die Möglichkeit – die Zustimmung des Verkäufers vorausgesetzt – nur die für ihn interessanten Assets zu erwerben.
▸ Der Erwerb der möglicherweise risikobehafteten Mantelgesellschaft ist nicht nötig.
▸ Durch die genaue Benennung der Kaufgegenstände wird die Übernahme möglicher versteckter Verbindlichkeiten vermieden.
▸ Die Absetzbarkeit der Anschaffungskosten und die Verrechenbarkeit der Finanzierungskosten mit Erträgen sind für den Käufer möglich.

10.2.2 Formen der Unternehmensübertragung

Im Rahmen der Transaktion von Unternehmen lassen sich unter strategischen Gesichtspunkten die folgenden Übernahmeformen unterscheiden:
▸ Der *familieninterne Generationswechsel* mit der Absicht, die Einheit von Führung und Besitz zu erhalten.
▸ Die *additive Übernahme* eines (Wettbewerbs-)Unternehmens, bei der dieses vorerst in wesentlichen Teilen fortgeführt wird: Das Know-how wird genutzt, der Kundenstamm übernommen und Synergiepotenziale werden gesucht. Eine Verschmelzung ist nicht ausgeschlossen, aber auch nicht vordringliches Ziel.
▸ Die *Verdrängungsübernahme*, bei der, nach Ablauf der gesetzlich geregelten Fristen des Betriebsübergangs, die Unternehmensbestandteile verwertet werden und das Unternehmen vom Markt genommen wird.
▸ Die *Fusion*, bei der in der Regel zwei Unternehmen aus derselben Branche verschmolzen werden. Anders als beim Verkauf führt die Fusion nicht zu einer Veräußerung, sondern zu einer Zusammenlegung der Aktivitäten durch den Austausch von Beteiligungen. Ziel dieser Transaktion ist es, Marktstärke zu erlangen und deutliche Synergie- und Kostensenkungseffekte zu erzielen.

MBO und MBI

▸ *Das Management Buy-out (MBO)*, bei dem etablierte Unternehmen oder Teile davon durch das vorhandene Management wirtschaftlich übernommen und weitergeführt werden. Die Vorteile dieses Ansatzes können darin bestehen, dass
  – das Management mit dem Unternehmen vertraut ist und somit kein Know-how verloren geht,

- eine Verunsicherung von Mitarbeitern, Kunden und Lieferanten vermieden werden kann,
- eine Leistungssteigerung des Unternehmens durch jüngere, betriebserfahrene Manager möglich ist.

▸ *Das Management Buy-in (MBI)*, bei dem etablierte Unternehmen oder Teile davon durch fremde Personen (auf eigene Rechnung) wirtschaftlich übernommen und weitergeführt werden. Die Vorteile dieses Ansatzes können darin bestehen, dass
- das vorhandene Unternehmen meist in seiner bisherigen Form bestehen bleibt,
- häufig erfahrene Manager mit neuen Visionen ins Unternehmen kommen,
- die potenziellen Fremdmanager eine intensive Risikoprüfung vorgenommen haben, so dass der Schritt zu einem MBI als Indiz für die Zukunftsfähigkeit des Unternehmens gewertet werden kann.

Die beiden letztgenannten Übernahmeformen sind insbesondere für die große Zahl der KMU von Bedeutung, bei denen eine familiäre Nachfolge nicht möglich oder nicht gewollt ist und die Strukturen oder Ertragsperspektiven nicht dazu geeignet sind, einen Fremdmanager zu bestellen. Findet sich dann im Wettbewerbsumfeld kein Unternehmen, das den Betrieb zu einem fairen Preis übernehmen will, sind ein MBO und MBI willkommene Alternativen. Allerdings erfordern diese Übernahmemodelle vom Übergebenden eine hohe Flexibilität im Hinblick auf den Kaufpreis und die Vertragsmodalitäten. Interne und externe Manager mit Übernahmeambitionen verfügen in der Regel über begrenztes Eigenkapital. Ein strukturiertes Finanzierungsmodell kann neben Bankdarlehen und Mezzanine-Finanzierung auch in einer

MBO und MBI bei KMU

▸ Leveraged-Buy-out-Finanzierung,
▸ Private-Equity-Finanzierung und
▸ Earn-out-Finanzierung

bestehen. Die beiden erst genannten Finanzierungsmodelle wurden bereits an anderer Stelle erläutert. Nach dem Earn-out-Modell wird ein Teil des Kaufpreises mit der Eigentumsübertragung fällig. Die Zahlung des Restbetrags kann nach einem festzulegenden Zeitpunkt bei Erreichen vertraglich zwischen Käufer und Verkäufer vereinbarter betriebswirtschaftlicher Kennziffern fällig werden. Für den Verkäufer eines Unternehmens bedeutet ein Earn-out-Deal ein gewisses Risiko. Nur wenn die vereinbarten Ziele auch erreicht werden, kommt eine entsprechende Zahlung zustande. Aus diesem Grund ist es wichtig, dass der Verkäufer auch nach dem Verkauf noch entsprechenden Einfluss im Unternehmen hat. Es eröffnet auch die Chance für den Käufer, dass sich der Verkäufer nach wie vor für das Unternehmen engagiert, um seine mittelfristigen Erlösvorstellungen zu realisieren. Von Vorteil für den Käufer ist auch, dass der Verkäufer das Risiko aus Konjunktur-, Markt- und Unternehmensentwicklung zu einem nicht unerheblichen Teil mitträgt.

Earn-out-Finanzierung erfordert wechselseitiges Vertrauen

Für den Übergebenden kann sich der Verkaufserlös darstellen als:
▸ Veräußerungserlös,
▸ Veräußerungsrente,
▸ Versorgungsrente oder
▸ Beteiligung am zukünftigen Unternehmensgewinn (Earn-out).

Alle Elemente der Vermögensübergabe und Unternehmensnachfolge müssen in ihrer Interdependenz auch einer steuerlichen Bewertung unterzogen werden.

Für die Findung eines Kaufpreises ist die Anwendung eines Bewertungsverfahrens unerlässlich.

10.3 Die Bewertung von Unternehmen

Bei der Bewertung eines Unternehmens gibt es weder die richtige Methode, noch gibt es das absolut richtige Bewertungsergebnis. Es geht bei der Ermittlung eines Unternehmenswertes darum, eine Bandbreite an Aspekten und Wertansätzen zu ermitteln, die nachvollziehbar sind, eine hohe Plausibilität haben und zwischen den Beteiligten zur sachorientierten Kommunikation beitragen. Den objektiven Unternehmenswert gibt es nicht.

Wertbandbreite des Ertragswerts

Die Wertbandbreite des Ertragswerts kommt dadurch zustande, dass verschiedene Szenarien (konservativ, realistisch, optimistisch) und verschiedene weitere Annahmen aufgestellt werden. Dabei werden hinsichtlich der Ertrags-/Kostenentwicklung, des Geschäfts- und Finanzierungsrisikos des Unternehmens und der Branchenentwicklung verschiedene Varianten ausgewertet. Ausgehend vom Substanzwert, der materiell vorhanden ist und welcher je nach Kapitalintensität der Geschäftstätigkeit variiert, wird eine Wertuntergrenze bestimmt. Je nach Ertragswertszenario werden dann die Kaufpreisoptionen und der angenommene Wert des »Goodwill« als Differenz von Ertrags- und Substanzwert, festgelegt. Alle im Rahmen einer Unternehmensbewertung erhaltenen Resultate bedürfen einer fachmännischen Beurteilung und Plausibilitätsprüfung. Nur wer die werttreibenden Faktoren und die einer Bewertung zugrunde liegenden Annahmen detailliert versteht, ist in der Lage, den ermittelten Unternehmenswert zu interpretieren.

Neben den klassischen kapitalwertorientierten Bewertungsverfahren wird im Folgenden auch das Ratingverfahren von Kreditinstituten vorgestellt, das Maßstäbe für eine gute Unternehmensführung und die Werttreiber der Unternehmensentwicklung aufzeigt.

10.3.1 Kreditwirtschaftliches Rating

Basel II/III

Bei der Kreditvergabe an Unternehmen führen Banken auf der Basis der als Basel II/III bezeichneten Eigenkapitalvorschriften ein Risikorating durch. Je höher die Risikobewertung, und damit die Kreditausfall-Wahrscheinlichkeit für die Banken, desto höher fällt bei einer Kreditzusage die Zinsbelastung für das Unternehmen aus. Das der Prüfung hinterlegte mathematische Ratingsystem kann hier nicht abgebildet werden. Dafür werden die wichtigsten quantitativen und qualitativen Kriterien genannt, die sich an einer optimalen Unternehmensführung bzw. an optimalen Wettbewerbsbedingungen orientieren. Je nach Größe und Branche des Unternehmens kommen der gesamte Katalog oder Teile zur Anwendung.

Abb. 10-1

Quantitative und qualitative Kriterien des Unternehmensratings

1. Kennzahlen der Unternehmensführung	9. Unternehmensorganisation
Hohe Umsatzrendite	Klare Aufbauorganisation
Hohe Cashflowrate	Eindeutige Zuständigkeiten
Hohe Eigenkapitalquote	Schlanke Organisation
Geringe Kapitalbindung	Straffe Abläufe, eindeutige Schnittstellen
Hoher Return on Invest	Angemessene EDV-Unterstützung
2. Unternehmensstrategie	**10. Beschaffungsmanagement**
Aktueller Businessplan	Niedrige Material- und Lagerhaltungsquoten
Plausible Strategie für mehrere Jahre	Einkaufskooperationen
Regelmäßige Strategieoptimierung	Integriertes Warenwirtschaftssystem
Einbindung aller relevanten Bereiche	Effizientes Lagermanagement
Kommunikation der Strategie im Unternehmen	**11. Leistungsprozesse**
3. Produkte und Dienstleistungen	Moderner Maschinenpark
Diversifiziertes Produktportfolio	Kein Investitionsstau
Ausgewogener Deckungsbeitrags- und Lebenszyklus	Effiziente Abstimmung der Leistungsprozesse
Hohe Kunden- und Serviceorientierung	Steuerbarkeit der Teilprozesse
Geringe Reklamationsrate	Flexible Kapazitätsanpassung
4. Marktstellung	Hohe Kapazitätsauslastung
Marktführer im Marktsegment	**12. Qualitätsmanagement**
Eindeutige Wettbewerbsvorteile	Aktives QM-System
Hohe Markteintrittsbarrieren	Zertifizierung des QM-Systems
Kaum Substitute vorhanden	Regelmäßige Qualitäts-Audits
Auskömmliche Gewinnmarge	**13. Forschung & Entwicklung**
5. Branchenentwicklung	Alleinstellungsmerkmale durch F&E
Jährliches Wachstum > 5 %	Systematische Marktverwertung der F&E
Gleichmäßige Marktnachfrage	Effiziente Produktentwicklung
Geringer Innovationsdruck in der Branche	**14. Unternehmensplanung**
Factoring	Integrierte GuV-Bilanz- und Investitionsplanung
6. Marketing	Automatische Soll-Ist-Vergleiche
Marketingkonzept inkl. Marktforschung	**15. Controlling und Finanzen**
Zielgruppenorientierter, wirtschaftlicher Einsatz der Marketinginstrumente	Aussagekräftiges Management-Informationssystem
7. Vertrieb	Differenzierte Kostenrechnungssysteme
Integ. Vertriebsplanung mit Zielvereinbarungen	Liquiditätsmanagement und Mahnwesen

(Fortsetzung auf der Folgeseite)

Abb. 10-1	

Quantitative und qualitative Kriterien des Unternehmensratings (Fortsetzung)

Festlegung von Key-Accounts	**16. Risikomanagement**
Wirtschaftliche Vertriebsorganisation	In allen Bereichen integriert
8. Lieferanten	Geregelte Unternehmensnachfolge
Vielzahl von Lieferanten	**17. Management und Personal**
Regelmäßige Bewertung der Lieferanten	Erfahrenes Management und Personal
Kurzfristiger Lieferantenwechsel möglich	Aktives Personalmanagement
Langjährige, gute Zusammenarbeit	Ausbildung und Personalentwicklung
Quelle: Eigene Darstellung	

Bei einer finanzwirtschaftlichen Unternehmensbewertung im Rahmen eines M&A-Prozesses kommt dieser Katalog nicht zur Anwendung. Teilaspekte sind aber auch Gegenstand einer Due Diligence (vgl. Kapitel 10.4).

10.3.2 Substanzwertmethode

Grund und Boden, Gebäude und Maschinen

Der Wert eines Unternehmens ergibt sich daraus, welche Reproduktionskosten ein Käufer aufwenden müsste, um den zum Verkauf stehenden Betrieb in der bestehenden materiellen Form zu errichten. Der Nutzen der Substanz besteht für den potenziellen Käufer also darin, dass ihm Ausgaben für die ansonsten vorzunehmenden Anschaffungen erspart bleiben. Die Substanzwertmethode konzentriert sich einzig auf den Wert der bilanzierten Aktiva, einschließlich der aufgelösten stillen Reserven, und nach Abzug der Schulden bzw. Verbindlichkeiten. Der Substanzwert kann als Untergrenze bei der Bewertung eines Unternehmens gesehen werden, da die Substanz zum Bewertungszeitpunkt materiell vorhanden ist. Für Verkäufer eines Unternehmens mit eigenem werthaltigen Immobilienbestand und modernen Anlagen und einer schwachen Ertragskraft ist die Anwendung der Substanzwertmethode günstig. Für ein ertragsstarkes Softwareunternehmen mit einer normalen Rechnerausstattung und angemieteten Räumen kommt die Substanzwertmethode nicht in Betracht.

10.3.3 Ertragswert und Discounted Cashflow

Blick in die Zukunft

Eine Gemeinsamkeit, die das Ertragswertverfahren und das Discounted-Cashflow-Verfahren (DCF) haben, ist die zeitliche Perspektive. Beide Wertermittlungsverfahren sind zukunftsorientiert. Das heißt, dass bei der Wertermittlung nur zukünftige Daten von Bedeutung sind. Da für die Wertberechnung gegenwärtig noch unbekannte Zahlen herangezogen werden, können Ertragswertverfahren und DCF-Verfahren nie absolut exakte Werte ermitteln. Zwar werden die verwendeten Daten an

Hand von Zahlen der letzten und des aktuellen Jahres ermittelt. Allerdings bleiben sie immer ein Stück weit spekulativ, da sie ja Resultat einer Prognose sind. Darüber hinaus ist beiden Verfahren gemein, dass sie auf einen erwartbaren Wert abstellen. Sie geben also Auskunft darüber, ob sich die Investition in oder das Halten von einem Unternehmen/einer Immobilie voraussichtlich lohnen wird oder nicht. Bei der Berechnung des Wertes wird in beiden Fällen die Kapitalwertmethode angewendet. Zum einen erfolgt die Ermittlung jeweils für mehrere Zeitphasen. Daneben sind beide Methoden Gesamtwertverfahren. Das heißt, dass stets der gesamte Wert eines Unternehmens, eines Projektes oder einer Immobilie ermittelt wird und nicht nur der eines Teilbereiches.

Bei dem Ertragswertverfahren werden zukünftige Erträge des Unternehmens als Ausgangspunkt herangezogen. Von diesen ausgehend erfolgt dann die Berechnung des Wertes. Beim DCF-Verfahren werden dagegen zukünftige Cashflows, die diskontiert werden, als Ansatzpunkt gewählt. Ein weiterer Unterschied liegt darin, dass das Ertragswertverfahren immer einen Nettoansatz hat, während das DCF-Verfahren je nach Variante auch einen Bruttoansatz haben kann. | *Verfahrensmerkmale*

Entscheidend für die Wahl einer der beiden Verfahren kann der Zweck der Bewertung sein. Steht bei der Wertermittlung das Interesse an Marktpreisen im Vordergrund, so ist das DCF-Verfahren besser geeignet. Sind dagegen individuelle Entscheidungswerte vorrangig, so empfiehlt sich das Ertragswertverfahren. | *Auswahl des Verfahrens*

Ein Kriterium für die Wahl des Bewertungsverfahrens kann die Unternehmensgröße sein. Die Anwendung des DCF-Verfahren ist mehr für große Unternehmen geeignet, für kleine Unternehmen ist dagegen das Ertragswertverfahren praktikabler. Zwischen dem Ertragswertverfahren und dem DCF-Verfahren bestehen einige methodische Unterschiede, sie ähneln sie sich insgesamt aber mehr, als dass sie sich unterscheiden.

10.3.4 Goodwill: Marke, Kunden, Mitarbeiter

> Die Differenz zwischen dem Ertragswert und dem Substanzwert wird als Goodwill bezeichnet. Der Goodwill beschreibt den Kaufpreisteil, der zusätzlich zum Wert der materiell vorhanden Vermögensteile, für den Kundenstamm, die Reputation, die Marke, die Marktstellung, den Zugang zur Arbeitsleistung der Mitarbeiter und für sonstige immaterielle Aktiven bezahlt wird. | *Weiche Faktoren, harte Zahlen*

Die Höhe des Goodwills hängt mitunter von der Branche ab. Wird ein Unternehmen mit einer kapitalintensiven Geschäftstätigkeit verkauft, ist der Goodwill im Verhältnis zum Verkaufspreis um einiges geringer als bei einem reinen Dienstleistungsunternehmen, wo wenig physische Substanz vorhanden ist.

Die im Folgenden dargestellten Wertermittlungsverfahren, Brand Equity, Customer Equity und Human Resources Value werden in der Methodendiskussion mit sehr vielen, z.T. unterschiedlichen Ansätzen unterlegt. Ein jeweils einheitliches, praktisch durchgängig verwandtes und robustes Verfahren besteht nicht. Dennoch gibt es in der internationalen Praxis der Rechnungslegung den Trend, außerhalb der Bilanz,

z. B. im Geschäftsbericht, den immateriellen Wert der Marke, der Kunden und der Mitarbeiter zu berücksichtigen.

Markenwert – Brand Equity

> Markenbewertung ist ein Verfahren, um materielle und immaterielle Werte einer Unternehmens- oder Produktmarke zu ermitteln.

Ziel ist, die Gesamtwirkung der Marke zu quantifizieren und – teilweise – in einen monetären Wert zu überführen.

Drei mögliche Verfahren

Unterscheiden lassen sich drei Herangehensweisen:

▸ *Monetärer Ansatz*: Bei diesem Ansatz wird versucht, den Markenwert dadurch zu bestimmen, dass ausschließlich die auf die Marke zurückzuführenden Umsätze und Gewinne ermittelt werden, die also ohne die Marke nicht erwirtschaftet worden wären. Methodisch sind hier zur Ermittlung des Markenwertes Befragungen und vergleichende Tests möglich.

▸ *Verhaltenswissenschaftlicher Ansatz*: Bei diesem Ansatz wird davon ausgegangen, dass die Marke sich im Bewusstsein der Konsumenten verändert und stückweise vom Produkt oder der Dienstleistung löst und zu eigenständigen assoziativen Bildern führt. Die Verfahren zur Ermittlung des Markenwertes auf der Basis dieses Ansatzes sind entsprechend explorativer Natur mit Hilfe von Assoziationstest und Interviews.

▸ *Integrative Modelle* verknüpfen Konsumenten- und Marktperspektive: Ökonomische Daten sowie positive und negative Vorstellungen werden gleichermaßen als notwendig erachtet, um von einem Markenwert zu sprechen und diesen zu ermitteln.

Die Macht der Marke

Beim Verkauf von Marken werden hauptsächlich finanzorientierte Methoden angewandt: Aktuelle und perspektivisch zu realisierende Umsätze mit der Marke erscheinen dann am wichtigsten und bestimmen einen punktuellen Markenwert. Um die Effektivität der Markenstrategie und die Effizienz des Markenmanagements zu beurteilen, bieten sich konsumentenorientierte, verhaltenswissenschaftliche Verfahren an. Damit lassen sich Aussagen über die Ausbildung bzw. Gestalt der Marke treffen, Plan- und Zielgrößen bestimmen oder auch das jeweilige Budget rechtfertigen. Immer häufiger werden Markenwerte, neben der Bilanzpflicht beim Verkauf von Marken, auch freiwillig in der externen Berichterstattung von Unternehmen, z. B. im Geschäftsbericht, angeführt. Dies zeigt unter anderem potenziellen Investoren, Übernahmekandidaten oder Übernahmewilligen extern gebundenes immaterielles Kapital und daraus resultierende Markt- und Umsatzpotenziale.

Quantitative und qualitative Betrachtung

Bei der quantitativen und qualitativen Betrachtung von Marken lassen sich folgende Merkmale differenzieren und wertmäßig definieren:

▸ *Markenertrag:* Markenertrag ist der Ertragsanteil an den Gesamterträgen des Unternehmens, der auf die Marke zurückzuführen ist. Er kennzeichnet auch den durch die Marke generierten Mehrwert eines Produkts oder einer Dienstleistung im Vergleich zu einem markenfreien Angebot.

Ermittlung des
Kundenwerts

> **Information**

Die wertvollsten Marken

Der Aufbau und die Pflege einer Marke loh-
nen sich. Beim Interbrand-Ranking werden
nicht nur die finanziellen Kennzahlen, die
Wirkung der Marke auf den Kunden und die
relative Marktstärke, sondern auch der
Einfluss der Marke auf den zukünftigen
Gewinn gemessen. Die Top-Ten-Liste in
Deutschland für 2014 enthält folgende
Marken:

- ▸ MERCEDES
- ▸ BMW
- ▸ SAP
- ▸ DEUTSCHE TELEKOM
- ▸ VOLKSWAGEN
- ▸ SIEMENS
- ▸ BASF
- ▸ AUDI
- ▸ ADIDAS
- ▸ BAYER

▸ *Markenimage*: Das Markenimage beschreibt die bei den bestehenden oder potenziellen Konsumenten vorherrschenden Einstellungen, Vorstellungen und Assoziationen über die jeweilige Marke.

▸ *Stabilität*: Die Markenstabilität kennzeichnet die Standfestigkeit einer Marke
gegenüber gesellschaftlichen Veränderungen und Einflüssen der Gesellschaft und
des Marktes.

▸ *Markenstärke*: Die Markenstärke beschreibt die Kraft einer Marke, das Verhalten
der Konsumenten (positiv) zu beeinflussen.

Kundenwert/Customer Equity

Während die Marke sich im Besitz eines Unternehmens befindet und entsprechend
bewertet und veräußert werden kann, ist ein Unternehmen immer in Gefahr, aus welchem Grund auch immer, Kunden zu verlieren. Für die Ermittlung eines Kundenwertes bedeutet das, retrospektive Kundenbetrachtungen hinsichtlich Umsatz und
Ertrag sind möglich, Zukunftsbetrachtungen sind dagegen hoch spekulativ.

Zur Ermittlung des Kundenwertes können folgende Ansätze beitragen:

▸ Bei der *Kunden-Deckungsbeitragsrechnung* werden Erlöse und Aufwand für jeden
Kunden gegenseitig aufgerechnet, um die Überschüsse pro Kundenbeziehung zu
erhalten.

▸ Bei der *ABC-Kundenanalyse* werden die Kunden nach ihrem Umsatz und/oder
Deckungsbeitrag eingeteilt. Nach der Pareto-Regel sind die 20 Prozent umsatz-
stärksten Kunden die A-Kunden, die 20 Prozent umsatzschwächsten sind C-Kun-
den, der Rest sind B-Kunden. Um Hinweise für die Bearbeitung dieser Kundengruppen zu gewinnen, muss auch deren Potenzial berücksichtigt werden.

▸ Bei dem *Scoring-Modell* werden alle Transaktionen mit einem Kunden gewichtet
und mit positiven oder negativen Punkten bewertet. Der gewichtete Punktewert
wird zur Kundeneinteilung herangezogen.

▸ Unter dem *Customer Lifetime Value* versteht man allgemein den Deckungsbeitrag,
den ein Kunde im Laufe seines gesamten »Kundenlebens« mit einem Unternehmen erwirtschaftet. Dabei wird die Profitabilität eines Kunden in Form seines Kapitalwertes für die einzelnen Perioden der Geschäftsbeziehung geschätzt.

Während der Customer Lifetime Value jede Kundenbeziehung einzeln betrachtet und den Wert jeder einzelnen Kundenbeziehung individuell ermittelt, bezieht sich die Customer Equity auf die Summe aller Customer Lifetime Value Werte. Dabei entsteht eine Kennzahl, die über die mögliche zukünftige wertmäßige Umsatzentwicklung eines Unternehmens Aufschluss geben kann.

Zukunftswert des Kunden

Je größer die Customer Equity eines Unternehmens, umso höher dürften die Umsätze und Einnahmen mit bestehenden Kunden in der Zukunft ausfallen. In der Konsequenz werden Unternehmen mit einer höheren Customer Equity auch an den Finanzmärkten oder bei Unternehmenstransaktionen höher bewertet, da die Customer Equity einen zuverlässigen Ausblick auf die zukünftige wertmäßige Umsatzentwicklung und Rendite mit aktuellen und zukünftigen Bestandskunden gibt. Allerdings wird der Customer Lifetime Ansatz nur in wenigen Unternehmen konsequent umgesetzt. Zu groß ist die Unsicherheit hinsichtlich eines zukünftigen Kundenverhaltens.

Ermittlung der Customer Equity

Zur Ermittlung der Customer Equity werden mindestens drei Messgrößen herangezogen:

▸ *Value Equity:* Wie beurteilt und bewertet ein Kunde die Produkte und Dienstleistungen eines Unternehmens? Welchen Wert haben sie für ihn? Welche Bedeutung haben sie für ihn?

▸ *Brand Equity:* Welche Rolle spielt/welchen Stellenwert hat bei einer Entscheidung für das Produkt oder die Dienstleistung die Marke des Produktes bzw. des Unternehmens? Welche Faktoren bezüglich des objektiven Werts des Produktes bzw. der Dienstleistung sind dabei entscheidend?

▸ *Retention Equity:* Wie hoch ist die Bereitschaft des Kunden, ein Produkt bzw. die Dienstleistung eines Unternehmens zu beziehen, auch wenn es qualitativ vergleichbare und preislich attraktivere Angebote am Markt gibt?

Humanressourcenwert – Human Resources Value

In der betriebswirtschaftlichen Forschung ist es bislang nicht gelungen, ein schlüssiges Modell und einen praktikablen Ansatz der Wertermittlung von Mitarbeitern zu entwickeln.

Ermittlung des Humanressourcenwerts

Zur Ermittlung des Vermögenswertes des Humankapitals eines Unternehmens gibt es drei Ansätze:

▸ *Kostenbasierte Methode:* Bei dieser Methode werden die Beschäftigungs- und Wiederbeschaffungskosten angesetzt. Die Kosten für die Einstellung eines Beschäftigten können klar abgegrenzt und dann über die erwartete zukünftige Dauer der Betriebszugehörigkeit abgeschrieben werden.

▸ *Marktbasierte Methode:* Der Wert eines Mitarbeiters/einer Mitarbeiterin wird daran gemessen, was man für ihn oder sie auf dem Beschaffungsmarkt bezahlen muss. Durch Gehaltstudien und Benchmarks kann ermittelt werden (zumindest in gehobenen Positionen), ob der Wert des Mitarbeiters unterhalb oder oberhalb des durchschnittlichen Marktwertes liegt.

▸ *Einnahmebasierte Methode:* Bei dieser Methode nimmt man die Einnahmen, die sich ein Unternehmen vom Beitrag des Mitarbeiters verspricht, meist in Form des Zeitwertes des erwarteten Netto-Cashflows. Diese Methode ist dann geeignet, wenn der Beitrag der Mitarbeiter direkt bestimmten Einnahmen zugeordnet werden kann.

Ein Beispiel einer Humankapitalrechnung bietet Andrew Mayo (2001) an. Dabei werden die folgenden Aspekte miteinander verknüpft:

▸ Der Aufwand des Unternehmens für einen Mitarbeiter, ausgedrückt in einem aggregierten Wert für
  – Beschaffungskosten,
  – relativer Marktwert,
  – Beschäftigungskosten.
▸ Der Nutzen eines Mitarbeiters für ein Unternehmen in den Dimensionen
  – Fähigkeiten,
  – Entwicklungspotenziale,
  – Leistung,
  – Loyalität.

Die gewichteten Nutzenfaktoren werden auf einer Skala ermittelt und bilden einen individuellen Humanwert-Multiplikator. Auf diese Weise kann ein Vergleich der Humankapitalwerte der Mitarbeiter untereinander in einem Unternehmen erfolgen. Mit einer Humankapital-Gesamtrechnung kann aber auch in einem Benchmarkverfahren ein Vergleich mit anderen Unternehmen oder Unternehmensteilen vorgenommen werden.

Humanwert-Multiplikator

10.4 Das Due-Diligence-Verfahren

Das Due-Diligence-Verfahren (ordungsgemäße Prüfung) ist fester Bestandteil von M&A-Transaktionen, bei denen neben dem Verkäufer und Käufer auch Wirtschaftsprüfer, Steuerberater, Anwälte und Banken beteiligt sein können.

Zeigt in Vorverhandlungen die eine Seite ein ernsthaftes Interesse, von einer anderen Seite ein Unternehmen zu erwerben, wird in der Regel dieses Interesse in Form eines »Letter of Intent« (LOI) bekundet. Der LOI ist prinzipiell für den potenziellen Käufer unverbindlich, d. h. er kann auch jederzeit aus dem Verfahren aussteigen. Üblicherweise wird aber in einem LOI eine Verschwiegenheitspflicht vereinbart, die beide Seiten betrifft. Der Verstoß gegen die Verschwiegenheitspflicht kann mit der Vereinbarung einer Strafzahlung verbunden sein.

Letter of Intent – LOI

Der Kaufinteressent beginnt nach der Einigung über den LOI mit seiner Due Diligence, in deren Zuge er auch mit den Anwälten, Steuerberatern, Wirtschaftsprüfern und Banken des Verkäufers spricht. Seine teilweise sehr hohen Investitionen in die Due Diligence sind durch die Vereinbarungen zur Exklusivität und die Regelungen zur Kostenübernahme beim Scheitern der Verhandlungen geschützt. Während der Käufer den Kaufgegenstand prüft, bereiten die Anwälte des Verkäufers den Kaufvertrag vor.

Die Due Diligence hat zum Ziel, dem Käufer ein möglichst genaues Bild über das zu erwerbende Unternehmen zu vermitteln. Dazu stellt der Verkäufer den Beratern in einem »Data Room« alle relevanten betrieblichen Informationen zur Verfügung.

Unterschieden wird zwischen folgenden möglichen Inhalten einer Due Diligence:

▸ Strategische Due Diligence, um die Pläne, Konzepte und eingeleiteten Maßnahmen des Unternehmens kennen zu lernen.

▸ Die finanzielle Due Diligence zur Prüfung der betriebswirtschaftlichen Kennziffern und zur Feststellung der wirtschaftlichen Situation des Unternehmens als Basis der Unternehmensbewertung.

▸ Die Commercial Due Diligence, um die Wertschöpfungskette des Geschäftsmodells zu eruieren, eine Wettbewerbsanalyse und ein Benchmarking von Kunden, Produkten und Preisen vorzunehmen.

▸ Die steuerliche Due Diligence, um mögliche bilanzielle Rückstellungen auf ihre steuerliche Wirksamkeit in der Zukunft, oder aber auch um mögliche Zahlungsverpflichtungen und Stundungen zu erfassen.

▸ Die rechtliche Due Diligence, zur Prüfung der Besitzverhältnisse im Unternehmen, vertraglicher Verpflichtungen und von Patentrechten.

▸ Personalwirtschaftliche Due Diligence, um die Altersstruktur, den Qualifikationsstand und den Umfang der Altersversorgungsleistungen festzustellen.

▸ Technische Due Diligence, um den Zustand der Anlagen und Maschinen, der Gebäude und des Fuhrparks zu prüfen.

▸ IT-Due Diligence, um das Alter und die Funktionalität der Hardware und Software und den Stand der digitalen Verknüpfung zu prüfen.

▸ Umwelt-Due Diligence, um verdeckte Lasten zu erkennen, die für den Käufer in der Zukunft Haftungsrisiken in sich bergen könnten.

Schlüsselbegriffe

▸ Asset Deal
▸ Crowdfunding
▸ Crowdinvesting
▸ Customer Equity
▸ Customer-Lifetime-Value
▸ Discounted Cashflow
▸ Due Diligence
▸ Earn-out-Ansatz
▸ Ertragswertmethode
▸ HumanRessources Value
▸ Letter of Intent (LOI)
▸ Leverage-Buy-out
▸ Management buy out
▸ Management buy in
▸ Mergers & Acquisitions
▸ Private Equity
▸ Share Deal
▸ Substanzwertmethode

Nach Abschluss der Due Diligence können die Vertragsverhandlungen beginnen. Kommt es zu einem Vertragsabschluss, ist es möglich, dass ein Teil der Kaufsumme erst nach Ablauf einer vertraglich vereinbarten Zeit gezahlt wird, um das Risiko verdeckter Mängel, die im Rahmen der Due Diligence nicht erkannt worden sind, zu verringern.

Literatur

AGP (2011): Mitarbeiterbeteiligung. Führungskonzepte für den Mittelstand, hrsg. von der Arbeitsgemeinschaft in der Wirtschaft, Kassel.

Alparslan, A. (2006): Strukturalistische Prinzipal-Agent-Theorie, Wiesbaden.

Angermann (2014): Angermann M&A Deal Report International 2014, Hamburg.

Baum, H.-G./Coenenberg, A./Günther, T. (2007): Strategisches Controlling, 4. Auflage, Stuttgart.

Bea, F. X./Göbel, E. (1999): Organisation, Stuttgart 1999.

Berthel, J./Becker, F. G.(2010): Personalmanagement. Grundzüge für Konzeptionen betrieblicher Personalarbeit, 9. Auflage, Stuttgart 2010.

BDI (2015): Die größten Familienunternehmen in Deutschland. Daten, Fakten, Potenziale, hrsg. vom Bundesverband der Deutschen Industrie, Berlin.

BDI (2015): Chancen nutzen. Vertrauen stärken. Gemeinsam handeln. Digitale Agenda der deutschen Industrie, hrsg. vom Bundesverband der Deutschen Industrie, Berlin.

BMU (2007): Nachhaltigkeitsmanagement in Unternehmen. Von der Idee zur Praxis: Managementansätze zur Umsetzung von Corporate Social Responsibility und Corporate Sustainability, hrsg. vom Bundesministerium für Umwelt, Berlin.

Borkenau, P./Ostendorf, F. (1993): NEO-Fünf-Faktoren-Inventar (NEO-FFI) nach Costa und McCrae (Hogrefe), Göttingen.

Borutta, A./Münchhausen, G./Wittwer,W. (2003): Individuelle Kompetenz als Stabilisierungsfaktor bei Veränderungsprozessen – Neue Lernkonzepte in KMU's. BiBB, Berlin.

Böllhoff, Chr./Krüger, W./Berni, M. (Hrsg.): Spitzenleistungen in Familienunternehmen. Ein Managementhandbuch, Stuttgart.

Cooper, R. G. (2002): Top oder Flop in der Produktentwicklung. Erfolgsstrategien. Von der Idee zum Launch, Weinheim.

Cube von, F./Alshuth, D. (1989): Fordern statt verwöhnen. Die Erkenntnisse der Verhaltensbiologie in Erziehung und Führung, München 1992.

DCGK (2015) Regierungskommission Deutscher Corporate Governance Kodex c/o Deutsches Aktieninstitut e.V. Frankfurt/Main

DFKI (2014): Die 4. Industrielle Revolution, hrsg. vom Deutschen Forschungszentrum für künstliche Intelligenz, Saarbrücken.

Erpenbeck, J./von Rosenstiel, L. (2003): Handbuch Kompetenzmessung, Stuttgart.

Erpenbeck, J./Heyse, V. (2005): Kompetenzbilanzierung – Vom Zauberwort zum PE-Instrument. In: Graf, J. (Hrsg.): Das Jahrbuch der Management-Weiterbildung, Bonn.

Faust, Th. (2011): Compliance-Management – Ein Patentrezept gegen Korruption? Unternehmerischer Kampf gegen Bestechung und Bestechlichkeit. Projekt ethos, Essen.

FHM (2014): Handwerksmanagement. Flyer der Fachhochschule des Mittelstands (FHM) Bielefeld.

Franke, G. (2002): Instrumente zur Erfassung informellen Lernens im Prozess der Erwerbsarbeit, BiBB, Berlin.

Freeman, R. E./Moutchnik, A. (2013): Stakeholder Management and CSR: questions and answers. In: Umwelt- Wirtschafts-Forum, Berlin.

Friebe, H. (2013): Die Steinstrategie. Von der Kunst nicht zu handeln, München.

Gabler Wirtschaftslexikon (2015): Mergers & Acquisitons, http://wirtschaftslexikon.gabler.de/Archiv/13477/mergers-acquisitions-v8.html

Gmünden, H. G. (2004): Einflussfaktoren von Unternehmensgründungen. In: Achleitner, A.-K. u. a. (Hrsg.): Jahrbuch Entrepreneurship 2003/04, Berlin/ Heidelberg.

Herfurth, U. (2015): Herfurth & Partner, Pressemeldung, Hannover, April 2015.

Hersey, P./Blanchard, K. H. (1988): Management of organizational behavior, New York.

Herzberg, F. (1968): One more time: how do you motivate employees? In: Harvard Business Review 46.

Hölscher, R., Hornbach, Chr. (2008): Unternehmenskrise: Entstehung und Symptome, Haufe ProFirma Professional Online.

GEM (2010ff): Global Entrepreneurship Monitor. Global Entrepreneurship Research Association, London Business School.

IfM (2015): Mittelstand im Überblick, Bonn.

INTES/Die Familienunternehmer – ASU (2010): Der Governance-Kodex für Familienunternehmen (GKfU), o. O.

Kaplan, R. S./Norton, D. O. (1996): Using the Balanced Scorecard as a Strategic Management System. In: Harvard Business Review (Januar-Februar 1996).

KfW-Gründungsmonitor (2014), hrsg. von der KfW-Bank, Frankfurt.

Kreutzer, R. T./Land, K.-H. (2013): Digitaler Darwinismus. Der stille Angriff auf Ihr Geschäftsmodell und Ihre Marke, Wiesbaden.

Krüger, W. (2009): Führen jetzt! Leadership in stürmischen Zeiten, München.

Krüger, W. (2015): Teams führen, 7. Auflage, Freiburg.

Krüger, W./von Schubert B./Wittberg, V. (Hrsg.) (2010): Die Zukunft gibt es nur einmal! Plädoyer für mehr unternehmerische Nachhaltigkeit, Wiesbaden.

Krüger, W./Wittberg, V. (Hrsg.) (2008): Nachhaltiges Kostenmanagement. Kostentreibern auf der Spur, Stuttgart.

Levenson, H. (1972): Distinctions within the concept of internal-external control: Development of a new scale. Proceedings of the 80th Annual Convention of the American Psychological Association.

Macharzina, K./Wolf, J. (2010): Unternehmensführung. Das internationale Managementwissen, 7. Auflage, Wiesbaden.

Maslow, A. H. (1981): Motivation und Persönlichkeit, Olten.

Mayo, A. (2001): The Human Value of Enterprise. Valuing People Assets, London.

McClelland, D. (1961): The achieving society, Princeton.

Merk, R./Krüger, W. (2012): Karrieremöglichkeiten in der beruflichen Bildung, hrsg. vom Bundesministerium für Wirtschaft und Technologie und der Fachhochschule des Mittelstands (FHM), Bielefeld.

Mewes, W. u. a. (Hrsg.) (2000/2001): Mit Nischenstrategie zur Marktführerschaft: Strategie-Handbuch für mittelständische Unternehmen. Band 1 und 2, Zürich.

Mintzberg, H. (1975): The manager's job: folklore and fact. Harvard Business Review, Juli-August 1975.

Neuberger, O. (1995): Führen und geführt werden, 5. Auflage, Stuttgart.

Niemeier, W. (2008): Kompetenzprofile erfolgreicher selbständiger mittelständischer Unternehmer, Berlin.

Pelz, W. (2004): Kompetent führen. Wirksam kommunizieren, Mitarbeiter motivieren, Wiesbaden.

Pümpin, C./Prange, J. (1991): Management der Unternehmensentwicklung, New York.

Retmann, T./Grammes, T. (Hrsg.) (2014): Wirtschafts- und Unternehmensethik, Schmalbach.

Rotter, J. B. (1975): Some problems and misconceptions related to the construct of internal versus external control of reinforcement. Journal of Consulting and Clinical Psychology, 1975, 43.

Olesch, G. (2009): Fachkräftemangel als Herausforderung. In: Kruse, O./Wittberg, V. (Hrsg.): Fallstudien zur Unternehmensführung, Wiesbaden.

Porter. M. E. (1980): Competitive Strategy: Techniques for analyzing industries and competitors, New York

PwC und Strategy& (2014): Deutsche Industrie will 40 Milliarden Euro pro Jahr in Industrie 4.0 investieren. Pressemeldung vom 14. Oktober 2014, Frankfurt.

Ramge, Th. (2015): Der Kampf der Copycats. Was ist das Erfolgsgeheimnis der Internet-Champions? In: Brand Eins, Nr. 01/2015, S. 114 – 123.

Reimann, H. (2011): Mittelstandsmanagement. Einführung in Theorie und Praxis, Stuttgart.

Reirat, E. (2011) Chancen und Risiken von Private Equity als Finanzierungsalternative: Finanzanalyse am Beispiel des Leveraged-Buy-Outs der Hugo Boss AG. Unveröffentlichte Bachelorarbeit, Fachbereich Wirtschaftsrecht Fachhochschule Gelsenkirchen, Abt. Recklinghausen.

RKW Kompetenzzentrum (2014): Leitfaden Strategische Personalplanung für kleine und mittlere Unternehmen, Rationalisierungskuratorium der deutschen Wirtschaft, Eschborn.

Rutschmann, M./Belz. Chr. (2014): Reales Marketing, Stuttgart.

Saatchi & Saatchi (2014): Markenführung zwischen Intuition und Big Data – Neue Strategien in dynamischen Märkten. Präsentation von Chr.Rätsch auf dem Gundlach-Markenforum 2014, Bielefeld.

Skinner, B. F.(1999): The Behavior of Organisms: An Experimental Analysis. Nachdruck Skinner Foundation, Harvard

Sennett, R. (2007): Handwerk, Berlin 2007.

Siegrist, J. (2015): Arbeitswelt und stressbedingte Erkrankungen. Forschungsevidenz und präventive Maßnahmen, München.

Simon, H. (2011): Die Wirtschaftstrends der Zukunft, Frankfurt/Main, New York.

Simon, H. (2014): Die Erfolgsstory der Hidden Champions geht weiter. In: Handelsblatt vom 14. Mai 2014.

Sprenger, R. K. (2010): Mythos Motivation, 19. Auflage, Frankfurt/Main.

Staehle, W. H. (1994): Management. Eine verhaltenswissenschaftliche Perspektive, 8. Auflage, München.

Schimansky, A. (Hrsg.) (2004): Der Wert der Marke. Markenbewertungsverfahren für ein erfolgreiches Markenmanagement, München.

Timmons, J. A. (1995): How to raise Capital. Techniques and Strategies for Financing and Valuing your Small Business, o. O.

Vahs, D. (2005): Organisation. Einführung in die Organisationstheorie und -praxis, Stuttgart.

WIFU (2006): Wittener Institut für Familienunternehmen: 10 Wittener Thesen zu Familienunternehmen

Winkelmann, P. (2012): Vertriebskonzeption und Vertriebssteuerung, 5. Auflage, München.

Wittberg, V. (2010): Nachhaltigkeit im Finanzmanagement. In: Krüger, W./von Schubert B./Wittberg, V. (Hrsg.) (2010): Die Zukunft gibt es nur einmal! Plädoyer für mehr unternehmerische Nachhaltigkeit, Wiesbaden.

Stichwortverzeichnis